启真馆 出品

公众史学

|第三辑|

李娜 主编

ZHEJIANG UNIVERSITY PRESS
浙江大学出版社

前　言

今天的中国，历史似乎无处不在：公众以怀旧的情感倾听往昔的声音，述说身边的历史；以主人翁的态度用第一人称与历史直接对话；相信直觉，将"过去"生动地植入"现在"。当亲历者的声音在历史解读中显得日益重要，当历史的场景得以生动地再现，当普通人开始质疑曾经理所当然的历史叙事、解释或论断，开始发掘那些隐藏的或未曾被讲述的故事，开始关心宏大历史所不屑于关注的种种细节，历史便不再被垄断，不再是专家学者的专利，不再是对权力精英的背书；历史开始百花齐放、百家争鸣。公众史学——一门新兴学科，一种新型史观，一场知识自组织运动，一种大众文化——应时代而生。

公众史学是突出受众的问题、关注点和需求的史学实践；促进历史以多种或多元方式满足现实世界的需求；促成史家与公众共同将"过去"建构为历史。其基本旨趣，亦是其新颖之处，在于多样性与包容性。

媒体的变革意味着获取知识的途径更多元、更平等、更活跃，意味着历史发现、解释与传播的空间日益扩大，也意味着人人都可能成为史家。但是，这并不意味着人人都能够成为史家。史学的方法和技能依然不可替代：对信息或知识的审辨、分析、比较和应用，对历史的深度体验，对历史真实性的求证，对历史环境的解读与保护等，均需要长期严格的专业训练。换言之，历史的严谨、客观与公正没有也不应该因为公众的参与或新媒体的介入变成消遣，变得容易。

历史的"公众转向"标志着另一种史学的可能性，成为开创新形态历史研究的契机。公众史学的发展既要上升到学科高度，成为专门之学，学理清晰、构架完整、自成体系，又要突破专门之学的种种弊端，不断探索、鼓励创新、敢于纠错、勇于实践、侧重具体、无意排他。

《公众史学》坚持开放的视域、启蒙的精神、独立清正的学术追求；通过平实易懂、流畅亲切的语言，通过细节，构建历史的丰富性；通过情景再现，返回历史现场，发掘复杂甚至矛盾的历史事实，并为之提供论辩的空间；书写民间的历史情感和具体的伦理诉求；建构一种民间记忆的多元图景。

《公众史学》是公众史学的研究者、实践者和教育者与公众交流的平台。《公众史学》鼓励跨学科、多领域、学院内外的交叉与合作，鼓励学者与研究受众之间"共享权威"；期待积极、活跃的公众参与；强调就具体问题、具体人物的微观互动。

求真的勇气与实践、学识服务于公众的谦卑是《公众史学》的原动力。史学，或任何学科之进取，当有一股力量、一种精神、一番创新。"路漫漫其修远兮"，愿同人共同努力！

目　录

理论探索、前沿与反思

公众史学与环境

历史与记忆

历史与媒体

开拓者

评论

CONTENTS

THEORY, HISTORIOGRAPHY, AND REFLECTION

PUBLIC HISTORY AND THE ENVIRONMENT

HISTORY AND MEMORY

理论探索、前沿与反思

热情的历史学："外行"历史制造者 *

本杰明·法林（Benjamin Filene）

本杰明·法林是位于罗利的北卡罗来纳历史博物馆（North Carolina Museum of History）的主管。他毕业于耶鲁大学，获美国研究博士学位，专著包括《放开手？在用户生成世界里的历史权威》（*Letting Go? Historical Authority in a User-Generated World*）、《平民的浪漫化：公众记忆与美国民乐》（*Romancing the Folk: Public Memory and American Roots Music*）。他曾是北卡罗来纳大学格林斯博罗分校（University of North Carolina at Greensboro）历史学教授、公众史学项目负责人，并于1997年至2006年期间担任明尼苏达历史学会（Minnesota Historical Society）的资深策展人，设计了著名的"开放之屋：如果墙壁会说话"（*Open House: If These Walls Could Talk*）展览，该展览荣获美国各州与地方历史协会（American Association for State and Local History）的创新奖。

摘要：博物馆和历史遗迹都在用尽浑身解数吸引观众，同时也哀叹公众对历史缺乏兴趣，但是仍有一些博物馆和大学之外的人，他们没有经受过专业训练，通常也没有资助，却开始以一种点燃无数人热情的方式研究历史。他们并不受制于制度规范，被我们称为"外行历史制造者"：他们中有谱系学家、遗产旅游开发商、历史重演者（re-enactor）。他们建构了同过去的情感联系，这种联系在直觉层面上比智识层面上更有作用。公众史学随着不断的职业化，似

---

* Benjamin Filene, "Passionate Histories: 'Outsider' History-Makers and What They Teach Us," *The Public Historian,* vol.34 no.1, 2012, pp. 11–33. © 2012 by the Regents of the University of California and the National Council on Public History. Published by the University of California Press. 该文由李娟（兰州大学历史文化学院讲师）翻译。

乎也越来越背离初衷。但是，外行们的努力似乎展现了将热情的观众带进博物馆的新策略，并为公众史学培训项目提供了可教授的新技巧。

关键词：流行的历史制造；博物馆展览；谱系学；职业化；公众史学教育

Abstract

Even as museums and sites struggle to attract audiences and bemoan the public's lack of interest in history, people working outside museums and universities, without professional training, and often without funding, are approaching history in ways that fire the enthusiasm of thousands. Unmoored by institutional expectations, they are what we might call "outsider history-makers"：genealogists, heritage tourism developers, and reenactors, among others. They establish emotional connections to the past that operate on the level of instinct more than intellect. As public history professionalizes, the field seems increasingly at odds with this approach. The efforts of the outsiders, however,suggest new strategies for drawing passionate audiences to museums and point to new sets of skills that public history training programs should be teaching their students.

Key words

popular history-making, museum exhibitions, genealogy, professionalization, public history education

公众史学应该影响公众，这似乎是不言而喻的，然而博物馆和历史遗迹还在努力向观众说明历史学的重要性。我们这些博物馆的捍卫者努力维持参观人数，筹集资金，维护博物馆在社区的地位，那么我们就要问了，公众为何不理解历史？他们为何无法像我们一样热爱过去？他们为何不能将博物馆视为生命中不可或缺之物？我们需要人们关心博物馆，就像他们关心学校、健康和邻里那样，对博物馆予以个人的、充满感情的、发自肺腑的关心。因为正是出于这种关心，人们才买门票、缴纳会费、游说立法委员。人们都愿意周围有历史博物馆，但是人们真的热爱历史博物馆吗？

或许问题不在公众，而在博物馆。许多博物馆都在绞尽脑汁地想办法让自己变得更加容易亲近,有时候成效不错,但绝大多数博物馆都没能捕捉到令历史变得鲜活的灵感。那是一种什么样的灵感,在哪里可以找到呢?

有些线索隐藏在博物馆外。一些博物馆和大学之外的人,他们没有经受过专业训练,通常也没有资金支持,却以一种点燃无数人热情的方式研究着历史。他们中有谱系学家、遗产旅游开发商、历史重演者、收藏家、口述史家、博主、剪贴家(scrapbookers)和艺术家。他们并不受制于制度要求,我们称之为"外行历史制造者"。他们尊重过去,但是并不受职业团体或专业训练的牵绊,因而能够打破严苛的学术规则,无视文章格式和注释要求。在他们看来,过去并不遥远也不冰冷,给人以温暖的陪伴。他们挣脱了学术和专业约束,创造出热情的历史学(passionate histories),将过去视为鲜活且永不枯竭的资源,并沉醉其中。

这些外行人手中的历史学怎么样呢?他们的方法能够为博物馆带来好处吗?如果可以的话,这些方法为何没有稳稳地扎根博物馆世界?而这对于公众史学以及培养下一代公众史学专家的博物馆研究项目而言,有何意义?

热情的价值

10多年以前,戴维·西伦(David Thelen)和罗伊·罗森茨魏希(Roy Rosenzweig)研究了美国人对历史的态度,结果表明,"历史"一词会让人们产生消极联想,但他们却欣然接受"过去"一词,因为他们认为这个词具有高度个人色彩,一点也不陌生。人们珍视他们的祖母讲的故事;博物馆里的展品让他们回忆起他们曾开过的旧车、他们的母亲用过的沉重熨斗。西伦和罗森茨魏希让我们相信,历史爱好者就在他们之中,而博物馆似乎刚好能影响到他们。[1]

在努力打造这些关系的过程中,一群学者和从业者探索着公众史学机构怎样能影响更多的人。这些与之相关的著作,包括《博物馆与多元社区》(*Museums and Communities*)、《博物馆和社区》(*Museums and Community*)、《博物馆与他们的社区》(*Museums and Their Communities*)、《博物馆与多源社区》(*Museum and Source Communities*)、《博物馆和社区之工具包》(*A Museums and Communities Toolkit*) 等，存有一种模式。[2] 尽管人们兴趣盎然地希望将博物馆和历史遗迹变成他们的一部分，但大多数历史博物馆与遗迹一如 20 多年以前，仍处于社区生活的边缘。威廉斯堡基金会（Colonial Williamsburg Foundation）前副主席卡里·卡森（Cary Carson）最近在《公众史学家》（*The Public Historian*）上质疑，历史博物馆和遗址是否正面临"迅速地被遗忘"："媒体上这类机构死亡或正在死亡的消息已经司空见惯了"，"没有任何国家组织能维持博物馆的参观人数……但是有一种看法是毋庸置疑的，那就是在过去 5 年中，付费参观历史博物馆已经一败涂地"。[3] 根据观众研究公司"外展顾问"（Reach Advisors）的报告，历史机构的地位岌岌可危。这家公司在 2007 年的研究中发现："在调查涉及的 8 种博物馆中，历史博物馆和历史遗址的流行程度最低，大约只有 31% 的人参观过历史遗址，23% 的人参观过历史博物馆。此外，无论对于人口统计学上的哪类人群，历史博物馆的受欢迎程度都最低。"[4] 在 2007 年，这一领域的领导者们在"远眺庄园"（Kykuit，洛克菲勒家族产业，位于纽约塔里镇附近）的会议中心开会，商讨如何应对这一危机。美国历史保护信托会（National Trust for Historic Preservation）负责管理历史遗迹的副主席詹姆斯·沃恩（James Vaughan）总结称："许多美国历史遗迹都正在经历着访客减少、资金不稳定和管理糟糕的境况，所属社区也越来越认为它们与周遭的社会变化无关，对这些变化也反应迟钝。"[5] 这种衰退已经造成了历史机构的不断紧缩，特别是一些城市和州还缩减了对这些机构的预算。[6]

就在这些令人沮丧的消息中，一种有关历史学的、充满活力的声音正回响在活跃的秘密世界中，它非但不非常隐秘，而且就在我们身边。历史学正在大众文化中蓬勃发展——在电视、电影、小说、网络上以及人们的起居室里。[7] 如果对于过去的兴趣正在增长，而博物馆和遗址却在挣扎求生，我们就需要重新认识这种情况。或许我们这些博物馆里的人太注重我们认为人们需要的东西，却忽略了他们真正想要什么。那么外行历史学家们的驱动力又是什么呢？

首先，他们并不认为自己是外行。他们并没有有意地将自己定义为大学、博物馆和历史遗迹的对立面。从某些方面而言，真相也许更让人不安：这些外行人没有挑衅博物馆和大学的意思，而是根本没有将它们放在眼里，忽视比蔑视更糟糕。外行历史学家们所研究的历史，就是那些与他们直接相关的事物。

更重要的是，这种研究要求建立与过去的情感联系。如果我们看一看各式各样的外行历史学，就能发现一些在直觉层面比在智识层面更有影响力的主题和关注点：家族、声音、地点、时间和旅行。这些主题本身并不尖锐，但是按照外行历史学家轻描淡写的说法，这些主题指向一种更加个人、更加热情的理解过去的方式，它们身上体现的价值从根本上挑战着职业历史学家的工作。不过这些价值也能帮助我们明白，要如何才能跨越"外行"和"内行"之间、业余历史学家和职业历史学家之间的鸿沟。

　　当然，这些鸿沟并非绝对不可跨越。就像不少博物馆也雇用了历史重演者，一些历史重演者也热爱博物馆一样，一些学院派的历史学家也研究家谱，而一些谱系学家也有博士学位。不过鸿沟仍旧存在，而且如果要真的填平它，我们还需要超越狭隘的职业身份，关注公众如何以及何时开始关注过去。研究外行历史学背后的每一种价值观，将帮助我们理解，这些历史研究方式是如何维系着研究者和读者。这种理解又将向我们指出所有历史制造者的共同基础，更重要的是，指出怎样将热情的历史学带入博物馆。

　　比如，家族在历史上的力量这一主题，这是个自我封闭的研究主题，研究者有谱系学家、或许全然外行但全情投入的业余历史制造者，他们还遭到了"正牌"历史学家的蔑视。对家谱数据的兴趣至少可以追溯到 19 世纪晚期，当时像美国革命女儿会（Daughters of the American Revolution，成立于 1890 年）这样的先驱组织开始追溯家族谱系。随着 20 世纪 70 年代小说《根》（Roots）的风靡，涌现了大量的寻根活动，这种活动在最近几年又伴随着谱系网站（ancestry.com）这样的技术再次活跃。[8] 根据约翰·福尔克（John Falk）和贝弗利·谢泼德（Beverly Sheppard）的报告，家谱研究现在已经成为仅次于园艺的第二大爱好。[9]

　　大众媒体也注意到了这一现象。2004 年，英国广播公司（BBC）开始播出《客从何处来》（Who Do You Think You Are），在这部每集一个小时的纪录片中，每集将有一位名人追溯自己的家谱。到 2010 年年末，这部纪录片已经播出了 60 集，还衍生出了同名杂志。[10]2006 年，美国公共服务电视网（PBS）开始播放《非裔美国人的生活》（African American Lives），这是一部由亨利·路易斯·盖茨（Henry Louis Gates）主持的迷你剧，利用历史学和 DNA 技术追

溯一些杰出的非裔美国人的家族谱系，比如奥普拉·温弗瑞（Oprah Winfrey）
和乌比·戈德堡（Whoopi Goldberg），在 2008 年还包括了蒂娜·特纳（Tina
Turner）、克里斯·洛克（Chris Rock）、玛雅·安吉罗（Maya Angelou）等人。
2010 年，美国版的《客从何处来》在全国广播公司（NBC）首播，该节目追
寻一些名人家族，如女演员莎拉·杰西卡·帕克（Sarah Jessica Parker）、歌手
莱昂纳尔·里奇（Lionel Ritchie）和蒂姆·麦格罗（Tim McGraw）、足球运动
员埃米特·史密斯（Emmitt Smith），以及电视剧《老友记》（Friends）里的莉
萨·库卓（Lisa Kudrow）（她也是该节目的监制）。[11]

　　如果说家谱是最引人注目的描绘家族的例子，那么《故事汇》
（StoryCorps）就是声音力量的代表。2003 年，电台节目制作人戴夫·伊塞
（Dave Isay）构想并制作了《故事汇》，该节目建立在一个看似简单的前提之上。
参与者通常成对出现，在一间隔音的录音室里采访彼此，他们手里拿着一包纸
巾，面对面坐在桌子两端，桌上有台灯和两个话筒。[12] 一位有经验的工作人员
负责操作录音设备，有时也会插个问题。录制过程为 40 分钟，之后参与者会
收到一张有关采访内容的复制光盘，还有一份复制光盘将会被送到华盛顿特
区，保存在国会的美国民间生活中心图书馆里。[13] 最开始只在纽约中央车站设
立了一间录音室，但是人们的热情高涨，到 2005 年已经有了两间设立在银色
气流拖车上的移动录音室，并开始下乡。[14] 2005 年，全国公共广播电台（NPR）
也开始每周播放剪辑片段，于是该节目变成了一种现象，衍生出了两本书和美
国公共服务电视网上一系列精彩的短文。[15]

　　《故事汇》的重点并不是汇聚有关过往的信息，而是突出了第一人称视角。
尽管国会图书馆保留了所有的采访，但是这个项目的力量在于个人生活的辛
酸，而非海纳百川的气度。在全国公共广播电台的一段广播采访中，山姆·哈
蒙（Sam Harmon）觉得自己一生中最糟糕的日子，就是在二战期间在海军服
役时。那天，驻扎在诺福克的他，正驱车赶往华盛顿特区。在纪念碑中穿行之
后，他决定去看场电影，于是便走到有玻璃窗的售票处："我伸手取票并放下
钱。（售票员）把钱退了回来……她看见我黑色的手，拒绝卖票给我。玻璃上
倒映着国会大厦的圆顶，正好就印在她愤怒的脸上……"另一段故事来自德布
拉·费希尔（Debra A. Fisher），她回忆着她父亲在奥斯威辛的经历如何一直如

影随形地纠缠着他。"我记得他从不排队……因为他觉得只有去死的人才排队，他就是这样定义生活的。"[16]《故事汇》邀请普通人将个人经历视为历史。

　　通过分享这些故事，《故事汇》为听众人性化了这些历史，并邀请他们从情感上参与其中。全国公共广播电台播放的精心编辑的小短文将这种情感传递给听众，只有叙述者的声音，没有画外音。语调是亲切的，但经过筛选和编辑的故事却让声音流露着痛苦与温暖。两分钟长的故事变成了一次情感宣泄。节目副导演马特·欧祖克（Matt Ozug）认为《故事汇》广播的典型特色就是"精心创造的微故事……认真打造的音频，就是为了催人泪下，你要知道，制作团队就是要用包含情感的内容直击人心"[17]。《故事汇》的声音让过去发生的故事变得令人身临其境。普通人成为这个时代故事的演员和自身经历的讲述者。

　　外行历史学家将历史学个人化的另一种方法，是将过去与日常世界联系起来，将历史置于我们生活的地方。比如，"重摄"项目就是将一栋建筑或者街道的照片与它曾经的照片并置。这些照片沉默不语，可是却能让参观者在一幅普通的风景前驻足流连。于是一个不起眼的地方变成了一处历史变化的遗迹：两张并列的照片展示出建筑、电车、树木，当然还有过去人们的模样，如今时过境迁。为何会变化，谁造成了这些变化？这些变化不可避免吗？它们代表"进步"还是"失去"？其中一系列相当震撼的照片是摄影家杰森·鲍威尔（Jason Powell）拍摄并发布在 Flickr 上的。[18]他将一张老照片举在照片中的场景前，然后再拍摄下来，这样一来他就创造出了过去与现在的对比效应。他通常会选择具有历史性的画面，好像曾经住在这里的人又幽灵般地走在街上。当鲍威尔举着老照片的时候，他的手总是出现在画面里，这巧妙地呈现了他本人在过去与现在之间的连接作用。

　　遗产旅游同样努力让人们重新走进那些看起来很普通的地方。历史遗迹保护专家曾经利用旅游让人们关注这类重要历史遗迹，最近几十年受社会史的影响，这一领域范围已经被极大地拓展了。尽管许多社区是由非专业人士在推进这项工作，但他们经常让游客讲述关于某地往昔的别样故事，披露隐藏的历史，也给本地历史带来了新视角。在北卡罗来纳州，经济和环境正义团体"足智社区"（Resourceful Communities）就同资源枯竭的乡村社区合作，展示了所在城镇的非裔美国人的历史，将这些遗产视为在不破坏自然资源的前提下，重振经济的方法。[19] "足智社区"支持北卡罗来纳州春湖（Spring Lake）的"桑德勒家族遗产协会"（Sandhills Family Heritage Association），该协会在桑德勒乡村向家族聚会的参与者和游客提供有关非裔美国人的历史旅游项目。另一个合作伙伴是北卡罗来纳州新伯尔尼的"住宅区商业专家协会"（Uptown Business Professionals Association），开发出了有关 1922 年火灾的旅行项目——"火焰踪迹"（Trail of Flames），当年那场大火摧毁了 40 个城市街区，住在那里的绝大多数都是非裔美国人。[20]

最后，也许与过去情感联系最紧密的莫过于历史重演者。驱动历史重现的是一种荒诞却引人入胜、难以摒弃的想法，即回到过去、亲历历史。历史重演者从外部开始研究历史，希望通过一丝不苟地重现制服、食物、武器和军队阵型，进入历史人物的内心世界。历史重演者全力以赴地投入这个梦想，相同的动力也驱使游客前往美国迪士尼大道。迪士尼网站这样邀请人们：

> 漫步在这条大道上，世纪之交的建筑风格和交通再现了上世纪初美国中部小镇的精髓。漫步在小巷，倾听从楼上窗户里飘出的日常生活的喧嚣；倾听空气里的古老声音，比如火车汽笛和理发店的弦乐四重奏。闪烁的汽灯增添了怀旧气氛，马蹄声声，各色马车走在街道上。刚出炉的面包和其他诱人的香气飘出窗外。[21]

批评者指出，迪士尼的历史一帆风顺，不可能离奇有趣（大道上的建筑都是按照 5∶8 的比例重建的），[22] 但不是所有的穿越之旅都依靠的是快乐的历史。美国公共服务电视网的《边疆之屋》（Frontier House）节目就邀请三个家庭"穿越"到"1883 年的蒙大拿州地区"："你们将遇到的挑战是暴风雪、饥饿、烈日、森林大火、邻里关系等等。"[23] 《1900 年的屋子》（The 1900 House）是美国公共服务电视网的另一个同类节目，鲍勒家族（Bowler family）从 400 多个参与者中脱颖而出，获得回到维多利亚时代伦敦的机会，在那里女性身着鲸须支撑的紧身衣，用抹布、苏打粉和手动吸尘器打扫三层楼的房子。由于维多利亚时代的人其实不必从头学习当时的各种工作，因此鲍勒家族的辛苦劳作显得很不真实；但是对这个家族（以及那些感同身受的观众们）而言，穿越到过去遇到的痛苦和磨难加强了这样一种感受，即经历漫长的旅途，将现代生活抛掷身后。[24] 就像战场历史重演者要忍受压缩饼干和漏风的帐篷，时间穿梭者感到的不适似乎增添了经历的真实性，并让他们获得了最渴望的东西：与过去的亲密接触。

热情的历史学是"优秀"的历史学吗？

当然，指出外行历史学家使用的这些孤立素材，显得有些矫情。一些项目也许仅仅优先考虑了家庭、声音、地域或时间穿梭，但大多数引起共鸣的热情的历史学都综合了其中的几个要素。比如《故事汇》就争取到了声音的力量，但访问往往聚焦家族史。谱系学家追踪家族根源，但是也常常做访问。历史重演者努力回到过去，但体验的丰富时常依赖地点的真实，或者像"南方联盟退伍军人之子"（Sons of the Confederate Veterans）那样依赖家谱。

但是梳理支撑业余历史学的这些要素，可以帮助我们理解其诉求，明白热情的历史学为何无法安身在博物馆和大学。实际上，最受欢迎的外行历史学往往受到学院和历史博物馆的专业人士的嘲笑。数十年学科训练，让职业历史学家获得了一系列标准，以此判断某个历史学主题的可行性：这段历史被讲过了吗？有历史记录——档案或文献支持吗？它对于我们理解过去有何深远意义？外行们则根本不关心这些。相比于那些从外部被定义的价值，比如原创、证据和语境，外行们更注重内在价值，更注重情感共鸣。

外行们所珍视的家庭、地域、声音、时间穿梭等都和传统历史学家的核心原则相冲突。比如，职业历史学家会认为家庭和地方史本质上过于狭隘。可是什么才算广阔呢？在职业历史学家看来，小故事肯定不算，宏大场面才重要。个人的声音也挑战着历史学家的传统假设，威胁着学者作为公正解释人的信誉。尽管在这个后现代时代，没有几个历史学家愿意宣称自己是客观的，但还是设想能够不偏不倚地判断证据，并让读者相信，他始终同研究主题保持着某种重要的距离。第一人称的声音可以很好地说出想法，但它们不可能自己承担起解释的重任。[25] 时间穿梭的想法也让历史学家觉得其在解释上过于天真。这种想法反映出他们误解了历史记录的不完整性，也误解了当代视野如何影响了对过去的看法。重建历史肯定是不可能的，而且这也不是职业历史学家的目标。但是在外行们尝试逃入往昔的地方，职业历史学家却可以发现历史新问题（和新材料），而这将产生出新的解释。

在这些学科关注点中最重要的是，职业历史学家们普遍感到，外行过于关心，或者更确切地说是自以为是地假设，他们关心的东西别人也一样关心。换言之，外行对待历史学的方式过于私人化了。[26] 他们与研究对象的关联太密切，甚至因一些生疏的名字和日期而兴奋，而这些对于其他人而言仍旧没什么意义，而且脱离了更加广阔的意义世界。谁会关心皮克特冲锋（Pickett's charge）时南方联军制服上的扣子是什么样的啊？又有谁会关心"过去－现在"照片上那些戴着高帽、乘着马车、行走在大道上的人？什么才是人们期待看到的？这是一种可以追溯到历史学职业化时期的忧虑。1904 年，威斯康星州历史学会的会长鲁本·戈尔德·思韦茨（Reuben Gold Thwaites）应邀为美国历史协会（American Historical Association）组建一个有关地方史的委员会，他写道："有时候，这些地方历史学会让我很泄气，因为其中大多数管理者的头脑都极其狭隘，沉迷于古物研究不能自拔。"[27]

在公立的研究性图书馆里，四分之三的访问者都是家谱爱好者，然而还是被图书馆员所蔑视，说他们有微观强迫症，贪婪地占用着微型胶片机。2007 年的一期《史密森人》（Smithsonian Magazine），封面主题是"家谱为何是胡说"（"Why Genealogy Is Bunk"）。[28] 一位朋友回忆道，她在哈佛大学的贝克图书馆精心钻研时，收到了一张表格，背后写着如果她"不研究家谱"将会很受欢迎。她留言说，自己的研究非常依赖家谱，但保证在贝克图书馆期间循规蹈矩。历史学家丽贝卡·康纳德（Rebecca Conard）曾研究过，美国各州与地方历史协会（American Association for State and Local History）是如何部分地参与"检验各州与地方历史学会中家谱的影响力"[29]。就像历史学家威廉·克罗农（William Cronon）解释的那样，历史学家不可能将家谱信息视为历史，除非它能被安置在某个更广阔的背景中："家谱学是一项奇妙的消遣，但是家族树应该仅仅是历史研究的开端……我们需要将每一棵家族树安置在更广阔的历史丛林中。"[30] 职业历史学家也一直批评《故事汇》缺乏系统性和自我克制。我们真的需要国会图书馆保留成千上万个有关感恩节晚餐、儿时淘气的出格行为以及爱情宣言的故事吗？我们能从这一大堆零碎中获得什么？而且，这些故事本身还会因记忆模糊和家族神化而变形；在全国公共广播电台播放时被高度编辑；而且随着家族成员成为采访者，以及该项目提供的大量样本问题（"说说你生命中最快乐的时刻"），让情绪性反应先于深思熟虑。[31]

　　在《口述史评论》（*Oral History Review*）中，四位学者总结道，尽管《故事汇》有值得称道之处，但并不算口述历史："他们的采访不是真正的口述史采访，只能说是一种高度仪式化的表演，将讲述者嵌入某个更大的公众文化效应和记忆之中。"[32] 口述史学家迈克尔·弗里施（Michael Frisch）详细叙述道，2008 年《故事汇》的创始人戴夫·伊塞（Dave Isay）在口述史协会（Oral History Association）发表纲领性演讲后，曾面临大量批判："绝大多数攻击都涉及专家权威——《故事汇》可以或者应该宣称自己的确是口述史，如果是（或者不是）口述史，那么这说明什么？另一些人则从"故事汇"项目的情感力量中看到了一种很不对劲的、操纵式的，甚至偷窥式的情感，而这一点即便从口述历史的标准而言都太过分了。"[33]

　　这么说外行历史学家做得很糟糕吗？他们将狭隘的情感投入过去的做法毫无意义吗？尽管外行研究历史的方式狭隘、以自我为中心，但对其仔细审视可以让我们更加宽容地对待他们的研究，也能帮助我们发现"专业"和"业余"之间的鸿沟或许并没有一开始时那么巨大。虽然所有外行都拼命在细节上做文章，但他们的作品实际上也以历史研究的某些核心标准为基础，这些核心标准也是职业历史学家作品的基础。比如，外行的这些节目开发了地域所蕴含的价值，其实可能正好强调了历史学中最基本的观点：历史是发生过的事，也是发生在我们自家后院的事。在"过去－现在"的照片或者遗迹旅游中，来自过去的人在那些似乎已经死气沉沉的地方来来往往，这本身就在暗暗地证明一个事实：在我们之前有人来过这里。但是这一点真的需要证明吗？今天的大众媒体上充斥着怀旧，可我们也正生活在一个扼杀历史的文化中：美国政治、经济和文化都奖励进步势头——成长、新技术、青春。当代人的生活中萦绕着一种失落感，但也伴随着这样一种心照不宣的观念，即认真对待这些悔恨遗憾，就是拒绝进步的浪潮，将被社会抛下、被边缘化。"历史就发生在此处"这个简单的观念带来了更长远宽阔的视野。之前有人来过，暗示着之后有人会来。它暗示着一种主人翁意识，这种意识会让人们在为修建公寓而拆除古老的商业区图书馆时大声疾呼。它也是一剂针对当下狂热追求的潜在解毒剂，即过分强调经济收益，忽略了大众真正的品质和更长期的稳定。揭示某地域的历史，正是邀请公众将自身视为某段历史的经历者，是一种持续变化的力量的一部分，这种力量来自过去却塑造着未来。

谱系学研究看似只关注家谱，实际上却揭示了同样宏大的历史经验。为历史记录中面目模糊的祖先收集相关信息，正好传达出了社会史的核心概念：你本身就是历史人物。创造历史的不仅仅是王侯将相，还有你的先祖。档案里只记录了他们出生、劳作、死亡，他们结婚、搬家、参与选举，或许还买了一块地；而你，是他们后代的后代。对于研究者而言，家谱强调的观念是，你本人也正在创造历史，而且将给后人留下可供思索的痕迹。

发掘声音力量的节目以一种重要的方式拓展了这种关怀。这些访谈节目让人们用自己的声音讲述过去的故事，这本身就表明，普通人不仅参与了历史创造，也是历史的解释者。《故事汇》鼓励人们反思自己的生活，并认真聆听彼此的反思。戴夫·伊塞说："我们的使命是通过聆听去褒扬彼此的生活。"[34] 这样一来，《故事汇》本身也暗示着，普通人的自我理解是有见地、有价值的。《故事汇》鼓励普通人理解自己的生活，因此他们不仅是历史主体，更是历史意义的创造者。它鼓励人们将过去视为活生生的遗产，这遗产与他们如影随形，而他们也通过自己的生活重塑着这遗产。

所有时光穿梭所追求的浪漫主义，实际上是在鼓励人们重视历史研究中的关键因素。历史学家可能会反感再造过去的观念，但是历史重演者却把历史研究者最核心的困境具体化了：过去是外行人永远不可能踏足的异乡吗？如果是，那么还值得试着去开启过去之门吗？即便是将历史视为一连串主观解释的后现代主义者，都不得不面临这一困境：如果通往过去的大门完全关闭了，敲门又有什么用呢？说到底，所有历史学家都相信，我们有可能从过去发现意义；而争论在于，我们应该在多大程度上承认，我们都有各自的解释框架，而这种框架塑造了我们对于历史的理解。[35] 历史重演者可能对这种抽象的争论没有多少耐心，但是他们努力追溯过去，证明过去在多大程度上可能或不可能被恢复。这些时间穿梭者们坚定地精确拼凑历史经验，因此也富有成效地证明，历史解释是一项持续的建构工作。

外行历史学的大体内涵——历史发生、普通人经历历史、人人都能解释过去、历史是被建构的叙事——对职业历史学家而言也是基本的概念,基本到几乎不需要说明。但是这一事实本身却表明,"外行"和"内行"、"爱好者"和"历史学家"、"大众"和"专家"之间的鸿沟有可能被弥合,他们也有可能实现对话。与其无视外行,我们或许应该将他们的努力视为一种邀请——澄清我们学术研究中的个人因素。职业历史学家们其实也受到了某些欲望的驱动——揭示往昔、建构人类关联、发现当代共鸣。外行们的工作提醒我们,如果把这些目标和需求隐藏起来,我们就错失了让公众参与的机会,而正是这些让历史研究成为一件充满激情的事。

让热情的历史学进入展馆

外行历史学家让那些隐含于各种传统历史著作中的情感力量得以浮现。于是,社区参与和体验设计领域中的领军人物努力想要达到的目标,就这样被外行完成了:从情感上吸引公众,以此传达核心历史概念。因此,博物馆能从外行身上学到什么呢?博物馆面临的挑战和机遇需要它们打造出一些项目,开发出热情的历史学背后的核心价值,并将其影响力扩展到坚定的外行历史学家之外。

博物馆似乎应该重新自我定位,以衔接支撑外行历史学的价值观念。学术界人士对于地方历史和家族史颇有偏见,但刚起步的人却没有这么大的困扰。大多数博物馆都始于相对狭窄的地理区域,如某个城市或某个州;同样地,典型的历史住宅或遗址都用于保护个人家族往事或重大地方事件。博物馆工作人员还有个优势,即衡量他们成功的并不是同行评议而是公众支持,不管是门票钱还是外部基金,都算公众支持;博物馆的核心工作应该是鼓励公众密切关注过去。

尽管博物馆和历史遗迹往往缩减了外行历史学家给地方史或家族史注入的热情,但是这些机构始于一种对内容的忠诚,认为有义务讲述自身所在的这所房子的家族,所在城市、乡村或州的"完整历史"——这是一项几乎不可能完成的任务。在责任感的推动下，博物馆传达出了大量信息，覆盖众多领域，却唯独少了与参观者的情感接触。这就像在许多高中历史课本上，历史变成了一大堆发生在很早以前、远离其他所有人的事件信息。

当博物馆确实尝试深入外行关注的价值时，效果可能很强烈。最成功的项目往往拥有外行历史学中潜在的热情，而且往往更为热情，且超出了狭窄的或以自我为中心的关注点。我曾在明尼苏达历史学会设计了一场展览，出人意料地触动了人们对家谱的热情，这让我开始思考热情的历史学的可能性。此展览名为"开放之屋：如果墙壁会讲话"（以下简称"开放之屋"），于 2006 年在明尼苏达州历史中心举行，这场展览聚焦于展示圣保罗一间不太引人注目的房屋——我们正好在图书馆发现了一张这间屋子在 1925 年的照片，于是就打算讲述在这间屋子生活过的人的故事。随着这间屋子从单户变成两户、三户，最后一共生活过五十个家庭：1888 年，德国移民舒马赫一家（Schumachers）建造了这间房屋，并成了当地的药剂师；20 世纪 20 年代，意大利移民家庭弗拉斯科内（Frascones）、达洛亚（D'Aloias）和提努奇（Tinuccis）来到这里，在火车场站工作；20 世纪 80 年代，越南战争后被迫逃离老挝的苗族难民家庭杨家（Yangs）、方家（Vangs）和何家（Hers）来到此处。

对于这次展览的组织团队而言，"开放之屋"是一次历史叙事的实验，探索微观史如何在展馆中将过去人性化。但是在"开放之屋"展出的数年中，当我描述我的工作时，参观者们的反应才最令我惊奇。每当我简要描述这个项目的基本情况时——这间房屋以及曾生活在其中的家族的故事——人们总是主动告诉我有关他们的房子和家族的故事。于是我听到了祖屋被卖掉或拆除，人们去老屋凭吊故去已久的祖父母，移民的来来去去，还有盘根错节的家族树。人们触及了通过家族展开的历史概念，并发自肺腑地关心它。因此，尽管展览的策划者们并没有关注家谱，但是对家谱的热情却让参观者的直觉变成了展览的基础，这一点意味深长，让我们开始试着在展馆创造有意义的体验。

人们与家族历史的联系使得"开放之屋"在两个层面发挥作用。首先，这场展览本身如家谱一样，鼓励参观者自我审视——探索自身的历史。"开放之屋"由一连串房屋组成，每一间都代表一个时代，讲述当时发生在这间房屋里的家族往事。参观者们了解了舒马赫家族、弗拉斯科内和杨家的故事，根据累积极性评估展示，他们也形成了个人体验。当他们探索"开放之屋"住户们的生活时，也在思考自己的家族——怎么来到这里，如何定居、适应环境，与贫穷和偏见抗争。[36]

其次，"开放之屋"不仅鼓励人们探索自我，还帮助他们走出家族向外看。它鼓励参观者与那些非本种族的人产生共鸣，因而让他们看到了更加广泛的家族经验模式。展览里不同房间所承载的故事，揭示了不同时代移民的某些共同经历，比如融入新学校的艰难，或者对公民资格考试的恐惧。这些并列的故事也表明了时代的差异，比如移民如何区别于难民，去工业化是如何增加了新住户寻找稳定工作的困难。在每一间房内，窗型板上都写着"向外看"，突出了那个时代给人们的生活带来的机会与制约。也就是说，"开放之屋"以人们对家族历史的热情为基础，并以此为桥梁，让参观者反思超越自身的广阔经验。

另一些尝试深入外行价值观的博物馆项目，也运用了这种将历史内化，同时提供向外路径的方式。比如，近期的几场展览就运用了外行对个人声音的诉求，引导参观者进入不熟悉的领域。2005—2006 年，"纽约之奴"（Slavery in New York）在纽约历史学会（New-York Historical Society）展出，试图揭示一段大多数参观者不熟悉的历史：1827 年以前，奴隶是纽约历史不可分割的一部分。展览展出了大量手工制品、图像、报刊评论、法庭记录、影像制品和互动媒体。但是最有力的素材或许是参观者自己创造的，即当代纽约人诉说自己所见所闻的录像。展览期间，有 6000 名参观者，其中 80% 是非裔美国人，在展览设置的讲述生活的"故事收集站"（"story-capture" station），录下了自己的观后感。[37] 这些参观者都说自己惊讶地意识到，原来奴隶制绝不是只有南方才有，他们在当代纽约的日常生活中也能发现种族主义的残留。他们的个人反思从情感上增强了这个历史故事的重要性，并拓展了其影响力。

新南方的莱文博物馆（Levine Museum of the New South）利用回放视频平台提出了最近历史学遇到的一些困难。它举办的展览"变化之地：从黑白到彩色"（Changing Places: From Black and White to Technicolor，2009–2010）描绘了在夏洛特市，随着最近 20 年中大量不同种族的涌入，新老居民之间有时不太愉快的互动。在展馆的视频平台上，参观者录下自己对地区变化的想法以及自己处理文化差异的经验。[38] 在"纽约之奴"和"变化之地"中，被挑选出的视频都被剪辑为连续播放的，供后来的参观者观看。倾听这些感想，可以让参观者们思考自身对于展览的情感反应，并给展览带来某种集体体验。声音的并置也在展馆里暗暗营造出一种交流，一种市民对话。

加利福尼亚奥克兰博物馆（Oakland Museum of California）探索州历史的展览"加利福尼亚故事"（*The Story of California*，2010），利用另一种方式将个人声音引入展馆。在关于"1960—1975年动荡年代"的展览中，博物馆邀请了24位加利福尼亚人记录下他们对那个时期的个人体验，由此创造出"记忆盒子"。伴随着他们讲述的参与越南战争的个人回忆、跨种族婚姻必然面临的歧视，展览还展出了来自这些客座策展人的个人生活展品。这第一人称的故事增强了展览其他部分的分量，在这些部分，参观者可以通过便利贴、索引卡和电脑终端分享自己的感想。[39] 博物馆用个人视角取代无所不知的博物馆人的声音，也就提供了能让参观者产生共鸣的观点，鼓励参观者反思历史，帮助他们在展览的宽泛主题中找到个人兴趣所在。

这种让另一种视野浮现的主意，也激发了其他探索地域力量的成功的博物馆项目。比如，下东区移民公寓博物馆（Lower East Side Tenement Museum）的核心诉求，就是挖掘那些生活在普通区域——果园街97号公寓——的普通人的经验。参观者进入这栋建筑，导游会给他们介绍不同时期住在这里的人们的故事：14岁的维多利亚·孔菲诺（Victoria Confino），希腊裔西班牙犹太人（由一位穿上戏服的人扮演）；莱文家族（the Levine），他们的公寓被当作服装作坊；罗加尔－舍夫斯基家族（Rogar-shevskys）曾为安息日布置餐桌；孩子夭折的犹太摩尔家族（the Moores）。[40] 下东区移民公寓博物馆实现了杰森·鲍威尔在"过去－现在"照片中的承诺：在你今天所站的街道上，遇到曾在这里走过的人。博物馆还利用紧张的气氛吸引参观者关注移民历史的核心问题——血汗工厂的工人，同化和传统之间的张力，住房代码和城市改革——同时也鼓励人们反思当前下东区移民的生活，以及他们所面临的社会公正困境。下东区移民公寓博物馆还将这种方法拓展到了博物馆之外的建筑，他们同下东区圣奥古斯丁圣公会教堂合作，解释这座教堂19世纪的"奴隶走廊"，当时在楼上的秘密房间里，非裔美国人可以在白人看不见的情况下做礼拜。该项目揭露出了隐藏在教堂庄严建筑之下的痛苦历史。[41]

圣路易斯城市博物馆（City Museum in St. Louis）非常与众不同，它也利用了强大的地方意识来获取影响力。这里充斥着一种类似马戏团的狂欢氛围——从怪物城市（Monstro City，世界上最具标志性的、最庞大的、最怪异的猴爬架组合）到世界上最大的铅笔——但是建造这些装置的材料，全部都是从圣路易斯回收的。这座博物馆坐落在占地60万平方英尺（1平方英尺约等于0.093平方米）的前国际鞋厂，特点就是呼呼运转的传统鞋带机，一些已经有140多年历史，为参观者制造了各色鞋带、项链和项带。另一场展览展出了从被拆毁的圣路易下城区建筑中抢救出来的巨大赤土色建筑碎片。这些碎片上没有贴任何说明文字，就那样默默地矗立着（早期展览还配上了空灵的歌剧），从情感上传达出城市辉煌岁月的流逝感。[42]

像老斯特布里奇博物馆（Old Sturbridge Village）、殖民地威廉斯堡镇（Colonial Williamsburg）这种活生生的历史遗迹，也在努力寻求"历史在此发生"（history-happend-here）的感觉。不过讽刺的是，那些更加都市化的机构运用的方法似乎更加贴近外行对地点的迷恋——他们渴望揭示出当前这块土地上隐藏的故事。下东区移民公寓博物馆或者圣路易斯城市博物馆精心重建的马车路和隔离的视域，让过去不再同当下分离，当你穿过大门，过去似乎被打开了。

所有历史遗迹和活生生的历史地域，在某种程度上都利用了地域的力量，这些博物馆项目也在某种程度上利用了时光穿梭的魔力。穿越时空的奇妙感觉驱动着历史重演者，虽然没什么人能抓住这种感觉，但是一些创新项目似乎利用外行的时间穿梭的魅力，打造出了更具想象力的东西。康纳草原互动历史主题公园（Conner Prairie Interactive History Park）位于印第安纳波利斯市郊，不仅在白天提供生动的历史体验，还在晚上补充了一档名为《追随北极星》的节目。参与者被分成小组，并被告知他们现在是一群逃亡奴隶，正逃往"地下铁路"（Underground Railroad）。节目网站保证："你会离开那个令你舒服的世界。《追随北极星》并不适合所有人。你应该准备好扮演一名逃亡奴隶，走进气候多变的蛮荒大陆，注意脚下的路，说粗鲁的话。"[43]的确，在这90分钟的节目中，人们可能在黑暗中痛苦地蹒跚而行，在遭遇奴隶猎人时尖叫，并决定是彼此不离不弃，还是扔下行动缓慢的同伴。然而，就像重现战场一样，这个节目让人从现实中亲密而感性地接触过去，而这种感受是旁观者无法获得的。

位于印第安纳波利斯康纳草原以南 20 英里（1 英里约等于 1.61 千米）处的印第安纳历史学会（Indiana Historical Society）通过 2010 年开启的系列展览"你在那里"（*You Are There*），将时空穿梭的想法带入了展馆。每台装置前都有一张黑白照片，它与原物一样大小，被投射到一片雾幕上。参观者穿越这张照片，就能走进被精心复原的照片上的场景，穿着戏服的演员扮演照片中的人。不久前的展览包括（同时开放的三间屋子）1924 年的汽修店、1945 年的杂货店和 1968 年罗伯特·肯尼迪（Robert F. Kennedy）在马丁·路德·金（Martin Luther King, Jr.）遇刺当晚发表著名演讲的地点。[44] 展览设置了一些真实事件发生的时代场景，参观者通过在其中交流，就能亲身了解一些问题，比如汽车文化如何改变了小镇生活，家庭如何面对物质匮乏，以及 20 世纪 60 年代晚期发生的动乱冲突等。

培养热情的历史学家

如果尝试深入外行历史学中蕴含的价值观，可以创造出具有突破性、具有广泛吸引力的作品，那么为何没有更多的博物馆这样做呢？部分原因是，博物馆优先考虑详尽、公允的"各种历史信息"，因而限制了让热情参与其中的机会。如果博物馆强调那些闪烁的好奇心、求知欲以及个人参与的编年纪事，那么许多枯燥的展览会变得很有生气。除了博物馆对展出内容的传统观念，还有其他外部因素限制了更多博物馆拥抱热情的历史学。像全国人文科学基金（National Endowment for the Humanities）这样的联邦基金，驱使博物馆关注那些具有学科意义的主题（人文学科主题），而这可能会使这个主题失去激情。全国人文科学基金在评估项目的时候，优先奖励的选题是有关原创性观点对历史背景的阐释，及其与当代历史编纂的联系，而非参观者在展馆的情感经历。相反，私人赞助人却因其本身狭隘的兴趣，限制了展览可能产生的共鸣。对赞助人或赞助公司品牌代表的个人喜好的迎合，也会导致博物馆选择那些缺乏广泛情感诉求的主题。

除了上述外部原因以外，造成历史博物馆日益没落的另一个因素是公众史学本身的职业化。"公众史学"一词被创于 30 年以前，但在最近的 10 到

15 年间，这一领域才极为成功地将自己建设为一门学科。专业机构，比如全国公众史学委员会（National Council on Public History）、美国各州与地方历史协会、美国博物馆协会（American Association of Museums）都越来越多地为“最佳实践”、同行评议和机构评估提供精心设计的工具。[45] 分支领域的专家也应运而生（博物馆教育者、策划人、观众评估员）。于是，伴随着历史悠久的期刊，比如《博物馆人》（*Curator*）、《公众史学家》，现在还包括《收藏史杂志》（*Journal of the History of Collections*）、《国际博物馆运营与管理杂志》（*International Journal of Museum Management and Curatorship*）、《博物馆与社会问题》（*Museums and Social Issues*）、《展览之风》（*Exhibitionist*）[46] 等等，大量的公众史学研究出现了；同时，相当数量的公众史学的专著（仅 2011 年向全国公众史学委员会图书奖提交的著作就有 74 部）也出现了，马萨诸塞大学出版社这样的学术出版机构，也规划出版了公众史学系列丛书。[47] 最令人震惊的是，公众史学的培训项目数量在过去 20 年中激增。《全国公众史学委员会之公众史学项目指南》（NCPH's Guide to Public History Programs）中，罗列了100所提供公众史学硕士学位的学校，一些学校甚至开始提供公众史学博士学位。[48] 曾经，历史博物馆的从业者大多都是碰巧进入这一领域的，突然间，许多有学位证书的专业人士进入了历史博物馆，支持他们的是各种协会、会议、讨论组（listservs）、同行评议奖学金、领导－培训工作坊以及一系列政策和程序。

但我们不就是在热情建设公众史学领域的过程中，变成了自己最糟糕的敌人吗？公众史学的职业化似乎并没有帮助专业人士完成我们急切想要建立的，也需要建立的纽带——不是专业人士之间的纽带，而是专业人士与公众的纽带。真正吸引人们走近往昔、关心历史的最具创造力的作品，正在从公众史学专业领域之外产生。比如，在《故事汇》团队的核心创意或行政职位上，没有一个是受过专业训练的历史学家或公众历史学家。[49] 21 世纪最具影响的公众史学项目，同致力于向读者解释过去、重视过去的历史学科没有任何关系。当然，我们不可能期待谁能垄断具有创造力的史学作品，但是让我们换个方式提问：近来在专业化的公众史学队伍中诞生过任何具有突破性的通俗历史作品了吗？难道是我们这个领域还太稚嫩，无法参与这样的考验？还是说，是时候想想我们没能做到的原因了？

　　当《故事汇》开始取得巨大成功的时候，我曾向几个同事表达过我的羡慕之情，我说："那个点子要是我想到的有多好。"他们也表示羡慕。更让人难过的是，我们觉得自己几乎（差不多）想到过《故事汇》的主意。为何我们没有重视这一闪而过的念头？为何我们没有像伊塞那样把它变成现实？对于专业历史学家而言，《故事汇》的点子太简单了。伊塞不过是录了一大堆故事，意义何在？这个项目缺乏智力诱惑，它所询问的问题，无论在时间、空间还是知识性上，都散乱不堪。同行们会怎么评价我们？伊塞运营《故事汇》节目时，对细节的关注（企业家的精神）值得称道，但我们也应该承认，他很巧妙地保护了核心观念的优雅简洁：邀请人们彼此讲述，记录故事，带着敬畏聆听。让这个节目具有影响力的，是它无所畏惧地关注宏大画面：伊塞有一本书就叫作《聆听是一种爱》（*Listening Is an Act of Love*），有自尊的历史学家不会怀有这样一种甜蜜的情感。但是，为什么没有呢？

　　一些最著名的博物馆项目抓住了热情的历史学的精髓，但其中不少项目带头人都不是历史学家，这着实令我震惊。尽管鲁思·艾布拉姆（Ruth Abram）是下东区移民公寓博物馆的创办负责人，但她的驱动力是自己的社会服务背景以及社会活动家的身份。[50] 城市博物馆背后的创造性力量是艺术家鲍勃·卡西利（Bob Cassilly），他是受过传统训练的雕塑家，后来加入一个艺术家团队，将老鞋厂搬进现实。[51]

　　我们这些运营公众史学项目的人，说到底还是渴望能培养出下一代博物馆人。我们会成功吗？外行历史学和相对精神萎靡的主流历史博物馆之间的火药味，让我们犹豫不决。时间真的无法倒流。一如之前的许多学科，比如法律、教育、图书馆学、科学历史学，博物馆正在走职业化之路。职业化道路有一些优点，比如通过专业培训项目，博物馆可以雇用到受过更好训练、更有经验的年轻专家。不计其数的有能力的人正在思考或写作有关公众实践的意义和技巧。

　　尽管公众史学的职业化是不可避免的，但这一领域的最终形态仍有待我们塑造。因此我们要考虑，什么才最能满足学生和公众史学领域的需要，满足这个无视历史价值的国家的公众文化的需要。现在公众史学领域正处在过渡时期，我们需要退后一步思考，公众希望从公众史学中获得什么？外行历史学展现出的价值体系，如情感联系、个人视角、与当下的关联、天马行空的幻想，几乎与专业学科完全相悖：如果认真对待这些价值观念，我们就不得不重新检视自己。检视的结果也许要求大幅改变公众史学在全世界运转的方式。

打破边界的创造力是可以被教授的吗？能让情感意识深入人心吗？能聆听直击心灵的故事，赢得羞涩的被访问者的信任吗？我觉得可以。但是我们需要转换培训项目的重心，更强调外行历史学家使用的技巧，而不是一味要求最优秀的实践、经历、出版物和同行评议，也就是要强调聆听、协助、跨越边界、讲故事和游戏。这种转变将影响那些我们雇来当老师的人。如果要教导学生如何点燃历史热情，博士学位是最重要的因素吗？可能不是。随着项目数量的激增，我们将会很快看到有历史博士学位（或公众史学博士学位）的人运作的项目，但是他们自己并不在博物馆或与参观者有关的机构任职。我们需要为公众史学和博物馆研究项目的从业者创造更多的空间，或许还应该设立不需要博士学位的教职岗位，以奖励在专业实践领域颇有技巧和经验的人。[52]

转向热情的历史学，还会塑造我们的项目人选。我们需要的学生要有创造力，而非只有美国研究生入学考试分数（GRE）和绩点成绩（GPA），必要的时候，他们还要能在博物馆地下室待几个小时，给藏品喷编码。我们需要有热情、能点燃公众史学运动的学生。我们需要向学生开放项目（和博物馆场地），这样他们就不会回避公众史学而去选择纪录片新闻、网络开发、表演艺术、传播或法律。我们要欢迎那些敢于创造不符合专业严苛模式要求的作品的人。

一旦有了这些具有突破性的人，我们还要给他们提供能鼓励他们的热情的课程。许多公众史学项目已经能够让学生从事公众课题，但是我们要努力将这项工作纳入课程体系。我们要承认，这种结局更具开放性、更以项目为基础的工作，其"学习目标"并不明确。如果某项公众史学项目能让社区伙伴感受到热情，那么该项目的关系、进程和情感主旨就要比长篇累牍的文字评论或者专业优雅的最终产品重要。我们还需要配合其他部门，鼓励跨学科的、催生新鲜视角的工作。如果创造力和合作技巧是公众史学的核心，那么即便它会代替有关重建（Reconstruction）的研讨班，我们也要允许所有课程参与创造和合作。[53]

我们还需要改变评定等级的方式，这样就能奖励那些另辟蹊径的工作，而不仅仅是被认为勤勉认真的学术工作。为此，我们需要继续拓宽对"学术"的定义。全国公众史学委员会、美国历史学家组织（Organization of American Historians）、美国历史协会最近发布了一则重要报告，关于"历史学家的聘用、晋升和公众参与"（Tenure, Promotion, and the Publicly Engaged Historian），强烈要求大学将展览、公众项目、电影以及其他宣传形式视为历史学家的合理工作。[54] 一些部门正在适应这种更加宽泛的标准，但是任何追求终身教职的公众历史学家都知道，申请材料里的学术专著才更重要。我们这些教授公共实践的人本身能将公共实践视为核心工作吗？

对于我们之中那些关心公众史学的人，外行历史学家提供了一种理解潜在观众为何关心历史的方法。外行历史学家还邀请我们重新发现，一开始是什么让我们走进了公众史学这一领域。公众历史学家要调整定位，以便理解赋予外行历史学以生命的个人热情，并利用它们打开更广阔的历史思考。如果我们在规划机构使命、设计展览、运作培训项目时，优先强调对过去的热情参与，我们就能创造出一个生机勃勃的未来，到那时，博物馆、遗址和公众历史学家全都身处大众历史探索的汪洋之中，那时还会有"外行"吗？

注 释

[1] David Thelen and Roy Rosenzweig, *The Presence of the Past: Popular Uses of History in American Life*, New York: Columbia University Press, 1998.

[2] Ivan Karp, *Museums and Communities*, Washington, DC: Smithsonian Institution Press, 1992; Elizabeth Crooke, *Museums and Community: Ideas, Issues and Challenges*, New York: Routledge, 2008; Sheila Watson, *Museums and Their Communities*, New York: Routledge, 2007; Alison K. Brown and Laura Peers, ed. *Museum and Source Communities*, New York: Routledge, 2003; W. Turrentine Jackson, *A Museums and Communities Toolkit*, Washington, DC: American Association of Museums, 2002. 另外可参见相关研究：Robert R. Archibald, *A Place to Remember: Using History to Build Community*, Walnut Creek, CA: Alta-Mira Press, 1999; Robert R. Archibald, *The New Town Square: Museums and Communities in Transition*, Walnut Creek, CA: AltaMira Press, 2004; Ellen Hirzy, ed., *Mastering Civic Engagement: A Challenge to Museums*, Washington, DC: American Association of Museums, 2002; Portia Hamilton-Sperr and Ellen Cockran Hirzy, eds., *Museums in the Life of the City*, Washington, DC: American Association of Museums, 1995; Portia Hamilton-Sperr, *Museums in the Social and Economic Life of a City*, Washington, DC: American Association of Museums, 1998; Pam Korza, Barbara Schaffer Bacon, and Andrea Assaf, *Civic Dialogue, Arts & Culture: Findings from Animating Democracy*, Washington, DC: Americans for the Arts, 2005.

[3] Cary Carson, "The End of History Museums: What's the Plan B?" *The Public Historian* 30, no. 4,

2008, p. 9, p. 11（原文此处被强调）。卡森（Carson）继续推测，这个问题甚至比大多数人认为的更加根深蒂固："参观人数下降的趋势已经持续了不止五六年，甚至"9·11"以前就在下降，已经有 20 多年了。因此，所有那些归咎于恐怖主义、汽油价格、吝啬的共和党人以及其他近距离内的可怕事物的解释，都是说不通的。20 世纪 70 年代统计的参观人数不如新近的统计数字靠谱，但是这种下降趋势是确实存在的。"（第 15—16 页）妮娜·西蒙（Nina Simon）也赞同这种观点，她在总结一份关于 2008 年国家艺术赞助报告时说："在过去 20 多年中，参观博物馆、画廊、行为艺术的人数一直在下降，而且相比总人口的情况，参观者中以老人和白人居多。" Nina Simon, *The Participatory Museum,* San Francisco: Creative Commons, 2010, p. i.

[4] Museum Audience Insight, "Family Visitation at Museums, Part II: Historic Sites and History Museums," http://reachadvisors.typepad.com/museum_audience_insight/2007/10/august-e-news-f.html (accessed November 29, 2011).

[5] James Vaughan, "Introduction: The Call for a National Conversation," *Forum Journal* 22, 2008, http://www.preservationnation.org/forum/library/journal-marketing/spring-2008/(accessed November 29, 2011). 其他评论者也认为历史住宅博物馆面临重大危机，达拉斯遗产村庄（Dallas Heritage Village）的长期负责人问道："为何这么多的住宅博物馆和乡村在苦苦挣扎？" "House Museum Partnerships with Local Governments: A Broken Model?" *History News* 66, 2011, p. 21. 亦可参见 Richard Moe, "Are There Too Many House Museums?" *Forum Journal* 16, 2002, pp. 4–11.

[6] 比如 "Timeline: Museums and the Recession," *ArtInfo,* June 29, 2009, http://www.artinfo.com/news/story/31099/timeline-museums-and-the-recession/ (accessed November 29, 2011). "The Recession and the Arts: The Impact of the Economic Downturn on Nonprofit Cultural Organizations of New York City," New York: Alliance for the Arts, May 2010, http://www.allianceforarts.org/pdfs/051910%20 Recession%20% 26%20the%20Arts%20II.pdf (accessed November 29, 2011).

[7] 杰罗姆·德·格罗特（Jerome de Groot）研究了当代英国的各种通俗历史表达，提出了"历史万花筒"（Historiocopia），即"大量历史意义的泛滥"。Jerome De Groot, *Consuming History: Historians and Heritage in Contemporary Popular Culture*, New York: Routledge, 2009, p. 13.

[8] Sheila O'Hare, "Genealogy and History," *Commonplace* 2, April 2002: http://www.common-place.org/vol-02/no-03/ohare/ (accessed June 30, 2011).

[9] John H. Falk and Beverly K. Sheppard, *Thriving in the Knowledge Age,* Lanham, MD: AltaMira Press, 2006, p. 68.

[10] BBC, *Who Do You Think You Are?* http://www.bbc.co.uk/programmes/b007t575/episodes (accessed May 31, 2011); IMDb, "Episode List for 'Who Do You Think You Are?,' " http://www.imdb.com/title/tt0429466/episodes (accessed June 30, 2011); *Who Do You Think You Are?* magazine http://www.whodoyouthinkyouaremagazine.com/issue/june-2011 (accessed May 31, 2011).

[11] NBC, *Who Do You Think You Are?* http://www.nbc.com/who-do-you-think-you-are/ (accessed May 31, 2011).

[12] 负责在一旁协助的工作人员偶尔也会访问个别参与者，比如参见 Dave Isay, ed., *Listening Is an Act of Love: A Celebration of American Life from the StoryCorps Project*, New York: Penguin, 2007, p. 86, p. 207. 文中的一些内容均引自本杰明·法林（Benjamin Filene）对《故事汇》节目及其与历史学关系的详细分析，"Listening Intently: Can StoryCorps Teach Museums How to Win the Hearts of New Audiences?" in *Letting Go? Historical Authority in a User-Generated World*, ed. Bill Adair, Benjamin Filene, and Laura Koloski, Philadelphia: Pew Center for Arts and Heritage, 2011, pp. 174–193.

[13] "The StoryCorps Interview Step by Step," in "Ask Now, Listen Forever," ca. 2008, promotional brochure in author's possession.

[14] "Media Advisory: News Conference to Announce Launch of Mobile StoryCorps Booths at Library of Congress," StoryCorps Press Kit, May 18, 2005, in StoryCorps Corporate Subject File, folder 1, American Folklife Center, Library of Congress.

[15] Dave Isay, *Listening Is an Act of Love*, p. 103. 另可参见 Dave Isay, Mom: A Celebration of Mothers from StoryCorps, New York: Penguin Press, 2010, StoryCorps, "Animation," http://storycorps.org/animation (accessed June 27, 2011).

[16] Isay, *Listening Is an Act of Love*, pp. 184–185, p. 174.

[17] 笔者对马特·欧祖克（Matt Ozug）的访问记录，纽约，布鲁克林，2008 年 8 月 6 日，第 5 页。

[18] Flickr, "Looking into the Past," http://www.flickr.com/photos/jasonepowell/sets/72157613841045343/ (accessed June 27, 2011). 谷歌支持的网站"历史钉"（Historypin）同样也贴满了当代和历史照片。http://www.historypin.com/ and Cody Switzer, "Blending Old and New Tech to Make History Come to Life," *Social Philanthropy*, July 12, 2011:http://philanthropy.com/blogs/social-philanthropy/historypin-hopes-to-give-old-photos-a-new-life/28896 (accessed November 29, 2011). 亦可参见 "那是哪儿？"（What Was There，www.whatwasthere.com/）、"费城之地项目"（www.philaplace.org/）以及其他地图网站，参见 Rainey Tisdale, "Do History Museums Still Need Objects?" *History News* 66, Summer 2011, p. 22.

[19] Resourceful Communities, "What We Do," http://www.resourcefulcommunities.org/what_we_do (accessed June 27, 2011).

[20] Sandhills Family Heritage Association, "Programs," http://www.sfha-nc.org/ (accessed July 1, 2011); New Bern Now, "The 'Trail of Flames' Tour," http://newbernnow.blogspot.com /2010/08/trail-of-flames-tour-13–of-new-berns.html (accessed June 27, 2011).

[21] Disneyland Resort, "Main Street U.S.A.," http://disneyland.disney.go.com/disneyland/main-street-usa/ (accessed June 15, 2011).

[22] Mike Wallace, "Mickey Mouse History: Portraying the Past at Disney World," in Mickey Mouse History and Other Essays on American Memory, Philadelphia: Temple University Press, 1996, p. 136.

[23] PBS, "Frontier House," http://www.pbs.org/wnet/frontierhouse/(accessed June 15, 2011).

[24] PBS, "The 1900 House," http://www.pbs.org/wnet/1900house/index.html and "The Family," http://www.pbs.org/wnet/1900house/the-family/index.html (accessed June 15, 2011); Jill Lepore, "Playing Dress Up," *Commonplace*, http://www.common-place.org/vol-01/no-01/talk (accessed June 27, 2011). 格罗特写道："历史重现让参与者和潜在的参观者们想起历史的其他重要方面。历史重现更加纯粹的形式，是根据苦难、复杂和贫困构思的，将过去展现为与当下有联系性的差异。" *Consuming History*, p. 105.

[25] 当然，口述史学家已经在学科内建立了相当重要的专业地位，但是他们通常也更加重视传达更广泛倾向的访问，而非追寻个人化的故事。

[26] 有关家谱学家的这一观点，参见 William Cronon, "Why the Past Matters," *Wisconsin Magazine of History* 84, Autumn 2000, p. 9.

[27] Rebecca Conard, *Benjamin Shambaugh and the Intellectual Foundations of Public History*, Iowa City: University of Iowa Press, 2002, p. 20.

[28] Richard Conniff, "The Family Tree, Pruned." *Smithsonian* 38, July 2007, pp. 90–97. 但是封面上的这个大标题更加具有煽动性。参见 Genea-Musing, "Smithsonian mag cover: 'Why Genealogy is Bunk,' " http://www.geneamusings.com/2007/06/smithsonian-mag-cover-why-genealogy-is.html (accessed June 27, 2011).

[29] Conard, *Benjamin Shambaugh and the Intellectual Foundations of Public History*, p. 32.

[30] Cronon, "Why the Past Matters," p. 9.

[31] StoryCorps, "Great Questions List," http://storycorps.org/record-your-story/question-generator/list (accessed July 15, 2010).

[32] Nancy Abelmann, Susan Davis, Cara Finnegan and Peggy Miller, "What Is StoryCorps, Anyway?" *Oral History Review* 36, Summer-Fall 2009, pp. 256–257.

[33] Michael Frisch, "From A Shared Authority to the Digital Kitchen, and Back," in *Letting Go?* p. 135.

[34] "StoryCorps Memory Loss Initiative," brochure, n. d. (ca. 2009), in author's possession. 2008 年，《故事汇》（*StoryCorps*）节目和全国公共广播电台（NPR）宣布感恩节后的一天为"全国聆听日"。National Public Radio, "NPR and StoryCorps Kick-Off First Ever National Day of Listening," http://www.npr.org/about/press/2008/112408.NationalDayListening.html (accessed July 29, 2010).

[35] 海登·怀特（Hayden White）指出，建构过去的过程中浮现的各种挑战以及本质上的主观性，具有某种普遍基础："后现代主义在表现历史真实上进行的实验，也许正好可以帮助我们超越那种引人非议的差异——专业历史学家与业余爱好者或者历史学'实习生'之间的差异。"Hayden White, "Afterword," In Keith Jenkins, Sue Morgan, and Alun Munslow, eds, *Manifestos for History*, New York: Routledge, 2007, p. 231.

[36] 在被记录下谈话或被评估人员访问的参观者中，有大约四分之三都提到了展览和个人生活之间的联系。他们将展出的历史故事同自己家族的故事联系起来——评估者将其称为他们自己的"内在历史"。Kirsten Ellenbogen, Beth Janetski, Murphy Pizza, "Summative Evaluation Report: Open House: If These Walls Could Talk." unpublished, prepared for the Minnesota Historical Society, 2006, p. 4. 有关"开放之屋"（*Open House*）的进一步论述，参见 Benjamin Filene, "Make Yourself at Home: Welcoming Voices in Open House: If These Walls Could Talk," in *Letting Go?*, pp. 138–155.

[37] Richard Rabinowitz, "Learning from the Visitors to Slavery in New York," in Kathleen McLean and Wendy Pollock, eds., *Visitor Voices in Museum Exhibitions*, p. 62; Chris Lawrence, "Talk-Back Culture," in *Visitor Voices*, p. 66; Slavery in New York, "Visitor Responses," http://www.slaveryinnewyork.org/gallery_2_responses.htm (accessed June 22, 2011).

[38] Changing Places, "Exhibit Introduction," http://www.changingplacesproject.org/exhibit-introduction/ (accessed June 22, 2011); *Changing Places*, "Video Talkback Booth," www.changing placesproject.org/video-talkback-booth/?phpMyAdmin=328c4db31f6et51a4bceb (accessed June 21, 2011).

[39] Kathy McLean, "Whose Questions, Whose Conversations?" in *Letting Go?*, pp. 74–76; The Oakland Museum of California, "Forces of Change," http://museumca.org/blog/project-updates-forces-change and "Keeping History Current," http://museumca.org/blog/start-here-keeping-history-current (accessed June 22, 2011); Carol Kino, "Giving Museum-Goers What They Want," *The New York Times*, May 13, 2010, http://www.nytimes.com/2010/05/16/arts/design/16oakland.html (accessed June 22, 2011).

[40] The Tenement Museum, "Visit," http://www.tenement.org/tours.php (accessed June 29, 2011).

[41] Liz Sevcenko, Reverend Deacon Edgar W. Hopper, and Lisa Chice, "The Slave Galleries Restoration Project," in Pam Korza and Barbara Schaffer-Bacon eds, *History as Catalyst for Civic Dialogue: Case Studies from Animating Democracy*, Washington, D.C.: Americans for the Arts, 2005, pp. 1–25.

[42] City Museum, http://www.citymuseum.org/about.html and "All Attractions" http://www.citymuseum.org/allattractions.html and "Renovated Architectural Hall," http://www.citymuseum.org/renarchitecture.html (accessed June 23, 2011); The Shoelace Factory, http://www.shoelacefactory.com (accessed June 23, 2011).

[43] Conner Prairie Interactive History Park, "Follow the North Star," http://www.conner prairie.org/Plan-Your-Visit/Special-Events/Follow-the-North-Star.aspx (accessed June 22, 2011).

[44] http://www.indianahistory.org/indiana-experience/you-are-there (accessed June 22, 2011); John

Dichtl, "The Indiana Experience: 'You Are There,' " *Journal of American History* 98, June 2011, pp. 129–134. 卡森也注意到了时间穿梭："博物馆参观者现在期待着被送回他们想象中的某个时空，他们已经不满足于仅仅被告知有关过去的情况，除非能亲身体验一回。" Carson, "The End of History Museums," p. 18.

[45] 比如可参见 American Association of Museums, "Standards," http://www.aam-us.org/aboutmuseums/ standards/stbp.cfm#bp(accessed June 30, 2011)；National Council on Public History, "Best Practices for Public History Training," http://ncph.org/cms/education/graduate-and-undergraduate/(accessed June 30, 2011). 2011 年，美国博物馆协会（American Association of Museums）的博物馆评价项目三十周年庆。Ford Bell, "A Notable Milestone," 笔者于 2011 年 6 月 21 日收到电邮。

[46] Exhibitionist 在英文中有 "表现欲望、嗜好" 的含义，用于博物馆语境，是展览或呈现的一种方式，这里意译为风格。（李娜补译）

[47] "2011 Spring NCPH Board Meeting AGENDA," National Council on Public History, April 7, 2011, p. 12.

[48] National Council on Public History, "Guide to Public History Programs," http://ncph.org/cms/ education/graduate-and-undergraduate/guide-to-public-history-programs/ (accessed June 30, 2011).

[49] 笔者对于专业历史学家缺席的评价始于 2008 年夏季，当时正在访问该项目的核心成员。

[50] 艾布拉姆（Abram）在布兰迪斯大学获得社会工作硕士学位，并开始就职于全国有色人种协进会的法律保护基金会（NAACP Legal Defense Fund）、美国公民自由基金会（American Civil Liberties Foundation）和妇女运动联盟（Women's Action Alliance），她还是 "马宗：犹太反饥饿联盟"（Mazon: A Jewish Response to Hunger）的创始人之一。后来她在纽约大学获得了历史学硕士学位。Sharon Udasin, "A Preservationist, Moving On," *The Jewish Week*, June 4, 2008), http://www.thejewishweek.com/news/new_york/preservationist_moving (accessed June 30, 2011); Arts and Business Council of New York, "New and Events: Encore Awards" (1999), http://www. artsandbusinessny.org/news_events/awards/encore/1999/005.asp (accessed June 30, 2011).

[51] City Museum, http://www.citymuseum.org/about.html (accessed June 23, 2011).

[52] 杜克大学创设了一个正规教职，"实践教授"（Professors of the Practice），以聘用学术圈以外的专业人士；他们签订的是多年度的工作合约而非终身制。2004 年，杜克大学有 10% 的教员都属此类。Piper Fogg, "For These Professors, 'Practice' Is Perfect," *The Chronicle of Higher Education* (April 16, 2004), http://www.fctl.ucf.edu/careertrack/documents/dukePractice.pdf (accessed December 1, 2011), p. 2. 从 2011 年到 2012 年，北卡罗来纳大学正在制订类似的教职 "学院教授"（Academic Professionals）。

[53] 布法罗分校博物馆学设立的新硕士课程，设想通过学院的国际创意研究中心（International Center for Studies in Creativity），向学生教授有关创造性解决问题的课程。"M. A. in Museum Studies Program Proposal," State University of New York College at Buffalo, 2011.

[54] 与报告同时出炉的白皮书引用了美国历史协会（American Historical Association）对历史学术研究的定义——"发现、交流、解释和展示有关过去的信息"。Tenure, Promotion, and the Publicly Engaged Historian: A White Paper, p. 8. http://ncph.org/cms/wp-content/uploads/2010/06/ Engaged-Historian-White-Paper-FINAL1.pdf, accessed June 30, 2011.

文化冲突：关于实践型历史学家和学术型历史学家之间"共同点"的争议 [*]

杰克·M. 霍尔〔Jack M. Holl〕

杰克·M. 霍尔于 1969 年获得康奈尔大学博士学位。在威廉姆斯学院和华盛顿大学任教之后，霍尔于 1974 年加入了美国原子能委员会（U. S. Atomic Energy Commission）历史项目。1980 年他成为美国能源部（U. S. Department of Energy）首席历史学家。1989 年他担任堪萨斯州立大学艺术与科学学院副院长，同时担任历史系主任，是军事史与 20 世纪研究中心的创始人。他还曾担任联邦政府历史学会（Society for History in the Federal Government）主席（1979—1980 年）和全国公众史学委员会（National Council on Public History）主席（1984—1985 年）。他与理查德·休利特（Richard Hewlett）合著了《为了和平与战争的原子能（1953—1961 年）：艾森豪威尔和原子能委员会》（*Atoms for Peace and War 1953–1961: Eisenhower and the Atomic Energy Commission,* Berkeley: University of California Press, 1989）一书，此书荣获 1989 年亨利·亚当斯奖（Henry Adams Prize）及 1990 年理查德·利奥波德奖（Richard Leopold Prize）。他还著有《阿尔贡国家实验室（1946—1996 年）》（*Argonne National Laboratory 1946–1996*, Urbana: University of Illinois Press, 1997)，此书荣获 1998 年亨利·亚当斯奖。

* Jack M. Holl, "Cultures in Conflict: An Argument Against 'Common Ground' Between Practicing Professional Historians and Academics," in *The Public Historian*, vol. 30 no.2, 2008, pp. 29–50. © 2008 by the Regents of the University of California and the National Council on Public History. Published by the University of California Press. 该文由李小龙（浙江大学人文学院世界史专业硕士）翻译。

摘要：实践型历史学家和学术型历史学家之间有着根本的区别，任何对"共同点"传统的颂扬都掩盖了这两者间存在的根本文化差异。过去的 30 年里，自联邦政府历史学会和全国公众史学委员会成立以来，实践型历史学家们一直在努力探寻公众史学的定义。作者认为，"我们困惑于自己的身份，许多在联邦政府工作的历史学家并不愿被看作公众史学家，（因为这是）学者们对非学术性的历史学家的委婉说法"。相反，联邦历史学家是一批在公众领域内实践自己特长的专业人才。凭借对联邦政府历史部门（尤其是对能源部历史办公室的特别关注）和对学术领域内的历史学系以及政策的广泛了解，作者认为"职业历史学家应该以他们工作的内容，而不是他们在哪里工作来定义"。历史学界必须认识到，联邦历史学家和其他职业历史学家"占有着他们的坚实基础，也许这尚未被完全描绘出来"，这表明在公众和学术界之间存在不止一个"中间地带"。

关键词：能源部；政府出版物；公众史学；联邦历史；三里岛；原子能委员会

Abstract

There is a fundamental distinction between practicing professional historians and academics, and any celebration of a "common ground" tradition masks the fundamental cultural differences between historians who practice and historians who teach. Over the past three decades, since the founding of the Society for History in the Federal Government and the National Council on Public History, practicing professional historians have struggled with definitions of public history. "Struggling with our own identify," the author states, "many federal historians did not want to be labeled public historians, the professor's euphemism for non-academic historians." Rather, federal historians belonged to a "cadre of professionals who practiced their specialties in the public sector." With extensive knowledge of the federal history sector (with particular attention given to the historical office of the Department of Energy) as well as academic history departments and policies, the author argues that "professional historians [should] be defined by what they do, rather than by where they work." The historical profession must acknowledge that federal and other professional historians "occupy their own solid ground, perhaps not adequately mapped," and represent more than a "middle ground" between the public and the academy.

Key words

Department of Energy, government publications, public history, federal history, Three Mile Island, Atomic Energy Commission

实践型历史学家（practicing professional historians）[1] 的独特之处是什么？自从 30 年前我开始纠结于罗伯特·凯利（Robert Kelley）关于公众史学的定义时起，就已确信实践型历史学家属于历史学的一个独立流派。他们的特点并不在于其与学术型历史学家（academic historians）所共有的知识背景，而在于由他们独特的身份、价值观、视角和使命所构成的工作文化。一些历史学家强调了实践型历史学家和学术型历史学家之间的共同点，然而任何对"共同点"传统的颂扬都掩盖了这两者间存在的根本文化差异。用一个生物学上的比喻来说，实践型历史学家并不简单是具有不同受众的非学术性的历史学家，而是在一个独特的（distinct）学科范式下工作的完全不同的物种。

多年来，人们付出了许多善意的努力以弥合学术型和实践型历史学家之间的文化鸿沟。但是现在我认为更应该致力于拓展我们职业文化的广度和深度。我不再同意菲利普·斯卡尔皮诺（Philip Scarpino）和参与公众史学运动的其他朋友的观点，他们认为联邦历史学家（federal historians）和学术型历史学家之间有着很多的重要的共同点。[2] 自两个专业的历史学会成立以来[3]，这种弥合双方"鸿沟"的努力便与两者在自我定义和使命上出现的差异如影随形。我在联邦政府的历史实践生涯表明，实践型历史学家与对公众史学和大众史学（popular history）感兴趣的学术型历史学家之间的差异是显而易见的，这更使我确信目前在联邦政府的历史实践已构成了一种独特的职业实践。

联邦政府历史学会成立至今已有近 30 年历史。1979 年，因面临着巨大的职业危机和动荡形势，联邦历史学家们决定成立自己的职业组织，以独立于为美国历史协会（American Historical Association）和美国历史学家组织（Organization of American Historians）所主导的学术界。与此同时，还有一部分联邦历史学家与委托历史项目历史学家（contract historians）以及自称为公众史学家的学者们一道组成了全国公众史学委员会。某种程度上，这两个运动的兴起都归功于由美国历史协会和美国历史学家组织联合赞助的全国历史促进协调委员会（National Coordinating Committee for the Promotion of History）执行主席阿尼塔·琼斯（Arnita Jones）的努力。我在能源部时的领导理查德·休利特当时主持了全国历史促进协调委员会下的联邦政府资源小组（National Coordinating Committee's Federal Government Resource Group）的工作，该小组在激励联邦历史学家方面起到了主要的作用。尽管联邦政府历史学会和全国公众史学委员会是有所关联的两个机构，但除了当时在 C&W 咨询机构的皮尔·坎特伦（Pill Cantelon）成为这两个协会共同的执行秘书长以外，它们并不紧密契合。

　　大多数联邦历史学家试图与全国公众史学委员会保持密切的联系，但是我们中的许多人对这个吸引了大量学者的对立组织持谨慎态度。因为双方的支持者不尽相同，所以我们在招募成员时没有重大的冲突。联邦政府历史学会得到了在华盛顿特区的政府历史学家们（government historians）的广泛认同，而全国公众史学委员会则成了真正意义上的全国性组织，他们很少会在首都举行会议。我对这两个团体都被两个主要的学术协会认定为"公众史学"的组织表示不满。我们困惑于自己的身份，许多联邦历史学家并不愿被看作公众史学家，（因为这是）学者们对非学术性的历史学家的委婉说法。

　　在 20 世纪 70 年代的就业危机中，学者们向其学生大力提倡"非传统的"或"另类的"职业路径——去档案馆、博物馆或政府部门工作。毫无意外，我们这些就职于联邦政府的历史学家并没有把我们的工作当作是"另类的"或是"二等职业"。"应用"历史学这个词既不精确，也显得尴尬，似乎是仿照对应用科学和基础科学的简单区分一般，而后者在学术界中明显占据高人一等的地位。加利福尼亚大学圣巴巴拉分校的罗伯特·凯利教授怀着良好的动机和崇高的精神前来解救处于困境中的我们。作为公众史学的倡导者，凯利教授提出了他认为是既庄重又明确的定义。他在内部刊物中写道："公众史学是指史学知识和史学技能运用于学术界以外的场所中。"[4]这个定义简短、优雅而且包罗万象。但是在我看来，凯利关于公众史学的定义同样是含混不清的。[5]

　　按照凯利的标准，所有受雇于学术界之外的职业历史学家与那些在工作中运用历史学方法的"公众史学家"就混为一谈了，比如律师、政治学家、经济学家、政策分析师、业余爱好者，甚至是历史小说家。讽刺的是，尽管他的定义明确地排斥学术型的历史学，凯利却以自己在大学的教授职责之外的一些咨询服务为由认定自己是一名"公众史学家"。按照这个标准，所有接受讲座费用或是因写作一篇百科全书式的文章而得到报酬的教授，或许都可以把自己视为"公众史学家"。凯利定义的另一个严重的问题是，我们这些经历过安全审查后（behind a security veil）在联邦政府历史机构工作的人其实并不将自己当作"公众史学家"，这是历史法院（Court History）中的学术批判家们永远不会让我们忘记的事实。不管是否进行过正式的安全审查，作为联邦历史学家，我们的关键任务之一是向所属机构及其官员提供与机构相关的共同历史与记忆（institutional memory）[6]。这个职责经常需要向位高权重的政治家或高级公务员提供机密的历史信息。在这一点上，我们只有在凯利教授定义的最广泛和最无意义的程度上才是"公众史学家"。

　　简单说来，我试图遏制凯利在联邦政府中所推动的公众史学运动的上升趋势，却收效甚微。为什么我们需要一个独特的术语如"公众史学"去定义一个在我看来是非常普遍的现象呢？既然我以自己的技艺为生，那为什么我不能仅仅只是一个寻求报酬的职业历史学家呢？尽管并非学者，但任职于联邦政府的历史学家们正是实践型的专业人士，和那些在政府里工作的律师、经济学家、统计学家、会计师以及其他专业人士并无二致。我们都属于在公共部门内实践着自己特长的一批专业人士。历史学家通常避免使用专业术语去描述普通的、日常的事物，那么为什么学术型历史学家要提倡公众史学这个崭新而又模糊不清的领域呢？

　　答案就在于职业化这一特殊概念，学术型历史学家合理化地塑造了他们自身，并通过其专业组织予以强化。[7]绝大多数的职业历史学家都在学校内教书，以及在高校中从事研究和写作。[8]这部分人的相对数量如此之多，以至于我带的研究生中很多人没有意识到除了教职以外还有其他的就业机会。当一名学者就意味着成为一位典型的职业历史学家。相比于其他学科，它们的职业实践与学术教学之间可谓是泾渭分明。例如，在法学、医学、工程学、会计、建筑学和精神病学中，实践和教学、职业和学术之间的区别是显而易见的。它们之间的角色可能会有重叠，但是要从学术训练中区分出职业实践来其实并没有语义上的混淆。确实，在这些学科中职业实践的领域是占主导地位的，以至于从业者并不称自己是"职业的"，相对于大学里他们的老师而仅仅自称为律师、医生、工程师、会计师、建筑师和精神病医生等等。实际上，甚至我所认识的英语教授们都并不介意英语教学者和职业作家之间的区别，尽管他们中的一些人都积极参与这两方面。你能想象在学术型英语和公众英语间存在着职业鸿沟吗？[9]

然而，我和同侪们立即放弃了阻遏"公众史学"运动的尝试，因为凯利所倡导的这个运动同时得到了美国历史协会和美国历史学家组织的大力赞助，而它们的帮助对于联邦政府历史学会的启动和运营来说也是非常重要的。美国历史学家组织给予联邦政府历史学会以强有力的言辞上的支持，美国历史协会则通过全国历史促进协调委员会为罗杰·安德斯（Roger Anders）所编辑的《联邦政府历史学会指导大纲》（SHFG's *Directory*）（以下简称《指导大纲》）提供了至关重要的资金支持。与莎伦·吉布斯（Sharon Gibbs）编辑的内部通讯《联邦党人》（*Federalist*）一道，《指导大纲》为塑造协会内成员的身份和凝聚力发挥了重要作用。一些联邦历史学家担心这份《指导大纲》向旨在缩减预算的白宫和国会揭示了太多关于联邦历史学家活动的广度和范围的信息。高级别的联邦历史学家更为担心我们这个新的组织也许会使这个职业领域出现"巴尔干化"的倾向。相反，一些先前从未加入过任何历史协会的年轻历史学家开始加入他们的第一个职业组织。正如我在别处提到的那样，讽刺的是，"与其说是我们的行动分裂了这个职业领域，不如说我们将联邦历史学家带到了公众史学领域的主流当中"[10]。

联邦政府历史机构和各种历史职业机构都做出了沟通融合的努力。然而，在联邦政府中书写历史为不同的职业文化问题注入了一些实践的经验，这表明了文化特性的成分存在：它以常设机构为中心，同时在项目团队上变动无常；它对自身资料库的分类、评估、取向和管理；许多研究的多重目的性以及经常需要合作完成的本质。作为实践型历史学家，我们寻求制度化发展的这个协会聚焦于研究的内容——例如，将能源史作为一个领域——而不是我们在哪里或以什么方式实践的相似性。公众史学项目似乎关注于其他的方面。从自身参与职业历史的经历中我认识到，在学术研究和联邦政府的历史实践两者间并不能找到"共同点"，同样，在后者与公众史学间也是如此。

在动荡的 20 世纪 70 年代，出于必要，我们在美国能源部内建立了自己的公众史学项目。1975 年，休利特将我招进了原子能委员会下的历史办公室。他刚刚开始原子能委员会历史（第三卷）的研究工作，邀请我与他合著该书。[11]坦诚地说，原子能委员会为我提供了在华盛顿大学时几乎两倍的工资，这是个很强的激励。但我同时也为能够与休利特——我心目中的这个时代最杰出的历史学家之一——合作书写一个重要机构的历史的这个前景而感到激动。能够与联邦政府历史学家的"系主任"合作是个毕生难逢的机遇。休利特安排给我的第一个任务是写一章关于原子能委员会历史上的 J. 罗伯特·奥本海默（J. Robert Oppenheimer）的安全审查案件[12]，这进一步激起了我的兴趣。

当我们的职业世界发生颠覆性转变之时，我几乎还没有开始对奥本海默的研究。能源危机稍有缓和，但是在"水门事件"的余震下，国会撤销了原子能委员会并将其职权划分为能源研究开发署（Energy Research and Development Administration）和核管制委员会（Nuclear Regulatory Commission）。在休利特的指导下，我们努力将原子能委员会的行政记录分为能源研究开发署和核管制委员会两个部分。原办公机构得以保留并与能源研究开发署一同安置在马里兰州的日耳曼敦。而核管制委员会的记录则被转运至华盛顿特区的市中心，在那里我们对候选人进行了面试，休利特推荐罗杰·特拉斯克（Roger Trask）为新任核管制委员会历史学家。原子能委员会的最后行动是向首席历史学家转交所留存记录的保管权，包括数以千计的高度机密的文件，并创设了能源研究开发署的历史档案馆。无论是否有所准备，我们都参与了档案相关工作。两年后，随着卡特（Carter）总统的当选，国会撤销了能源研究开发署并成立了美国能源部。

可以理解的是，我们想要完成关于原子能委员会的卷帙浩繁的历史著作。但是作为能源部的历史学家，我们已不能仅仅关注原子能委员会的历史。我们并不明白是否可以将自己定义为"能源史学家"，这在学术界并没有相对应的领域。我们可否创立"能源史"这个新的领域，使之成为科学史、技术史、商业史、运输史或环境史下的分支学科？1970年，根据《政府间人事法》（Intergovernmental Personnel Act）（1970）的规定，我在司法部下的国家执法和刑事司法研究所（National Institute of Law Enforcement and Criminal Justice, U.S. Department of Justice）担任访问研究员。《政府间人事法》规定，来自公立或私立的大学或学院的学者可以在联邦政府机构带薪工作一年。这使能源部得以邀请访问学者到总部来研究他们自己选定的能源史项目，但其独立于能源部自己的历史项目。我们预计这些访问学者的研究项目将通过提供能源史的各个领域的历史办公室常任专家来补充能源部的历史项目。理想情况下，这些访问学者将通过非正式讨论、研讨会及会议，与能源部的历史学家、对此感兴趣的能源部官员以及其他专业人士分享他们的知识和研究。同时，这些学者将有机会观摩国家能源计划的制订过程。访问项目基金将提供足额的工资、搬家费和日常花销以抵消其在华盛顿特区的花费，如果各方面都同意的话项目时间还可以延长一年。我们特别感兴趣的是通过这个访问学者项目来资助相关课程的开发。也就是说，我们不是在推动公众史学项目，而是在鼓励能源史学课程的发展。

　　能源部的能源史访问学者项目取得了令人满意的成效。最初，我们吸引到了一些出色的历史学家：威斯康星大学研究中东石油历史的杰出历史学家约翰·德诺沃（John DeNovo）；艾奥瓦州立大学电力科学方面的优秀历史学家哈罗德·沙林（Harold Sharlin）；堪萨斯大学的成果丰硕的城市史学家约翰·克拉克（John Clark）；历史协会公司（History Associates Incorporated）的未来合伙人、来自罗格斯大学的罗德尼·卡莱尔（Rodney Carlisle）；加州大学伯克利分校的著名化石燃料历史学家约瑟夫·普拉特（Joseph Pratt）；密歇根州立大学的能源保护政策先驱、历史学家邦尼·马斯·莫里森（Bonnie Maas Morrison）；孟菲斯州立大学的能源史学家查尔斯·斯蒂文斯（Charles Stevens）。我们还很幸运地聘请到刚毕业于布朗大学的研究生、太阳能史学家伊桑·卡普斯坦（Ethan Kapstein）担任通讯期刊《能源史报告》（*Energy History Report*）的创刊编辑。密歇根技术大学研究州际公路系统的历史学家马克·罗斯（Mark Rose）后来接替卡普斯坦担任《能源史报告》的编辑。这个访问学者项目开始时承载着我们很大的希望，但当有志于或有能力在能源部从事能源史研究的一小撮历史学家逐渐耗尽后，这个项目便终结了。我们曾试图通过这个访问学者项目和《能源史报告》来培育一个能源史的崭新领域，[13] 然而，很快就被冷战时期核军备竞赛所遗留下的问题所压垮。

1977 年能源部成立之后，新的能源部历史办公室旋即接手了能源研究开发署的管理员邮件设施和联邦能源管理局行政沟通办公室（Federal Energy Administration's Office of Executive Communication）的记录。（坐在同一张桌子上，我在不到两年的时间里已经为三家机构工作了！）我们这个新成立的档案馆保管了大约 3350 立方英尺的各种记录。此外，工作人员还在前往内务部（the Interior Department）装卸码头的垃圾场途中发现了被遗弃的记录，其中包括油料和煤气局（Office of Oil and Gas）与国家石油委员会（National Petroleum Council）的记录。尽管我相信我们成功地挽救了原子能委员会和能源研究开发署档案的主要部分，但是谁也无法估量在这次能源部门的重组和剧变中有多少内务部和其他部门的档案遭受遗失。

尽管我们尽力保存这些历史记录，但国家档案馆（National Archives）却对我们建立能源部的档案管理机构表示不满。问题在于，能源部并不知道该如何处理这些档案。原子能委员会和能源研究开发署以及先前的其他机构都不存在了，能源部的档案管理者并没有职责去保管和维护这些已撤销的机构的档案。但是其中的很多档案，尤其是那些来自原子能委员会、联邦能源管理局秘书处以及能源研究开发署管理人员的档案对于能源部的日常管理非常重要。而关于国家能源政策、能源部国家实验室的管理和核武器项目的文件，对能源部部长和其他能源部高级官员来说更是至关重要。此外，根据《原子能法案》（Atomic Energy Act）的强制要求，大量关于原子能的高度机密的档案仍需要特殊的安全保护。能源部并没有制定保存原子能记录的实际工作要求，国家档案馆也没有派出人员或物质上的帮助来协助接纳、保存、解密或维护这些机密档案。

档案管理上的问题远远不仅仅局限于华盛顿特区。原子能委员会建立了一个包括国家实验室、核武器设施、海军反应堆办公室以及通过位于十个州的现场运营办公室进行管理的承包商站点在内的巨大网络。此外，能源部还接手了内务部设在俄克拉荷马州巴特尔斯维尔和西弗吉尼亚州摩根敦的能源研究实验室，以及总部设在俄勒冈州的博讷维尔能源管理局（Bonneville Power Administration）。最初，能源部在 29 个州、哥伦比亚特区和波多黎各地区设有场所或办公室，由于没有组织上的安排，缺乏对档案人员的培训，也没有与国家档案馆或关注这些已撤销机构的档案处理问题的地区档案管理中心建立联系，除了机密文件以外，大多数能源部的历史现场档案都处于岌岌可危的境地。一些记录，比如原子能委员会纽约运营办公室（New York Operations Office）的档案已经散落各处——它们与纽约运营办公室的身份关系弄不清楚了，其来源也不可考了。当我们向位于华盛顿特区的国家档案和记录管理局（National Archives and Records Administration）咨询时，对方告知我们其档案调度程序是清晰、充分的，如果在现场操作时能够遵照规章制度执行，那么就不会出现这些问题。毫无疑问这完全正确，（然而）问题在于这个领域内几乎没有档案管理员明了档案和规章制度。我们知道国家档案和记录管理局并不希望我们介入档案工作，但短期来看，我认为如果想要拯救这批历史档案那么我们别无选择。

我们所采取的第一步是获得一项机构任命，使得历史办公室能够正式参与能源部总部的档案处理过程。最终，根据国家档案和记录管理局的指导方针，90% 至 95% 的能源部档案将被销毁。这项命令使得首席历史学家可以在档案从产生机构向能源部的档案中心转移时重审总部档案的转移形式（即 RIDS）。如果这些档案具有历史研究的潜在价值，我们将会在它们按规定将被销毁时为其标记上 RIDS，以表明历史学家将会决定它们是否有作为档案保留的价值。该命令还授权历史学家可以保管以前产生的档案，直到它们能够被转移到国家档案馆时为止。[14]

当我们在能源部中努力工作以使自己的历史档案馆井然有序时，卡特政府关于国家档案和记录管理局的政策却无意中促使联邦历史学家们行动起来。1979 年 12 月，伯特·罗兹（Bert Rhodes）从国家档案管理员位置上退休后，海军上将、总务署署长罗兰·弗里曼三世（Roland G. Freeman Ⅲ）宣布将通过把档案从过分拥挤的华盛顿储存中心转移到区域性档案储存中心以对国家档案馆"去中心化"。联邦政府历史学会档案委员会主席马蒂·罗伊斯（Marty

Reuss）报告说已经有数千立方英尺的记录被转移到了内地。而且，罗伊斯还表示弗里曼计划销毁无用的或未被利用的档案来增加档案存储空间。根据自己对能源部档案的亲身经验，我认为一旦将这些档案从华盛顿转移到区域中心的话，总务署将既没有财力也没有人力资源去保护和维护这些历史档案。反对将国家档案馆“去中心化”的斗争为我们新“组织”的形成提供了一个重要的团结契机。联邦政府历史学会并不是唯一一个反对弗里曼政策的组织，但是我们对国家档案馆“去中心化”的成功抵制有力地推动了该组织在华盛顿地区成为一个重要的公众史学组织。[15]

卡特政府以其他方式阻挠我们在能源部的历史项目。由于承诺要取缔无用的和浪费的政府部门，能源部的新领导废止了我们富有声誉的历史顾问委员会。尽管著名学者理查德·科肯德尔（Richard Kirkendall）和理查德·利奥波德（Richard Leopold）进行了强烈的呼吁，但卡特政府的能源部门管理者对原子能委员会的文化和历史毫不在意。1956 年设立原子能委员会历史顾问委员会的初衷不仅在于为历史项目提供建议和指导，同时也为学术界做出了承诺：我们所进行的历史研究符合学术上的最高要求，而且确保这些项目不为政治所干预。尽管当时我们并没有打着它的名号，然而历史顾问委员会对于确保我们作为公众史学家的独立性的确起到了至关重要的作用。

哪怕对于历史顾问委员会缺乏同情，但能源部的领导层仍能轻而易举地理解由历史办公室所提供的与之相关的共同历史与记忆的价值所在。1978 年我们出版了包括 12 本书的丛书系列：“能源史研究——能源部的机构起源”（*Energy History Studies—Institutional Origins of the Department of Energy*）。每本书都介绍了能源部的每一个前任机构或主要项目的历史、目标和成就。事实证明，这套旨在为能源部管理层参考的系列丛书很受欢迎。除了一些历史性的叙述，这些文章通常还包括年表、组织机构表、地图、预算摘要和参考书目。重要的是，能源史研究系列著作同时为我们领域内的所有职业历史学家提供了一个机构性的传播媒介。这套丛书的作者有学士、硕士或博士学位。那些只有学士或硕士学位的职业历史学家通常很难得到政府出版机构的认可，而在这套对公众史学著作仍采用重要的专业性标准的丛书系列中，我们自豪地标注出每本书的作者，而不论他们在单位中是何等级。[16]

　　1979 年卡特总统命令能源部提供关于核武器的大气层试验所产生的顺风放射层影响（downwind fallout effects）的一些基本文件，这又让我们颇为吃惊。作为回应，能源部成立了场外辐射暴露评估项目（Offsite Radiation Exposure Review Project）。这个项目的技术方面要求能源部在太平洋试验场和内华达州试验场进行各种核武器试验，以得到多种放射层和辐射暴露的类型。场外辐射暴露评估项目的记录程序规定，首席历史学家应设计出审查文件的研究标准、对核武器试验和大气记录的文件的指导方针以及处理大量记录文件的程序。这样，能源部的历史学家就相当突然地涉足于一个重要的历史档案工作和辐射诉讼支持项目（radiation litigation support project）之中，而后者成了我们历史办公室后十年间关注的焦点。

　　我们的历史项目几乎被原子能委员会档案的保管权所要求的法律义务而压垮。《信息自由法案》（The Freedom of Information Act）于 1975 年得以通过，这使得我们在面对尤里乌斯（Julius）和埃塞尔·罗森伯格（Ethel Rosenburg）事件的《信息自由法案》要求时，第一次遇到了重要的档案需求。[17] 因此我们成了一个重要的文件资源中心，以支持部门的辐射诉讼工作。20 世纪 80 年代中期，历史学家所从事的辐射诉讼支持工作达到了顶峰，能源部档案馆每年有 260 名研究者进入其中进行研究，他们共工作了 1.9 万个小时。此外，我们处理了 525 个信息请求（而这并不是所有的《信息自由法案》请求），这需要 3000 个小时的工作时间来研究和处理文件。在这个项目结束之前我们雇用了约 30 个承包商来帮助我们。没有人能够估计到这一公众史学项目会涉及包括研究、分析、选择、复制、解密、储存和装运数以万计的文件等工作，而这些文件不仅仅是我们总部的记录，还有来自能源部的实验室和实地办公场所的记录。最终，1981 年在内华达州拉斯维加斯设立的向公众开放的核试验档案馆（Nuclear Testing Archive）中收集到了 370000 份历史办公室和其他机构的文件，其中包括 270000 份与核武器试验有关的文件和 40000 份与人类辐射试验有关的记录。我估计这个项目收集了大概 450 万页资料，其中一半左右已经被分门别类。包括"三位一体"（Trinity）、"十字路口"（Crossroads）、"常春藤"（Ivy）等核武器试验项目的照片和影片都被收藏入这个公共博物馆中。我难以估量这个规模浩大的公众史学档案收集项目的规模和成本。

　　1979 年发生于宾夕法尼亚州哈里斯堡附近的三里岛核反应堆事故则直接与我们对核武器试验、大气沉降物和辐射暴露记录等相关资料的收集工作密切相关。派遣到三里岛协助进行危机管理的能源部最高官员曾与参与场外辐射暴露评估项目的历史学家一道并肩工作。他们已经了解到历史学家组织及其评估大量的档案文献工作的能力，并阅读了能源史系列丛书，同时也从我们所提供的共同的历史与记忆[18]中受益。他们在危急之际召集历史学家，在事故现场协助进行记录管理。他们知道这场危机一旦结束就将要出具一份公开的书面报告，他们相信能源部的历史学家最有资格去记录能源部对该事故的应对措施。尽管我并不知晓这个术语，但考虑到确保收集到足够的文件这个任务，我们就有如"历史搏击者"（combat historians）般（充满斗志）。这是个公众史学的角色，对此我并未做相应职业培训的准备。在三里岛的一周时间内，休利特决定我们要做历史学家最擅长的事情——我们可以书写有关能源部在遏制三里岛事故中所扮演的角色的叙述史。麻烦之处在于，我们已经大大地超负荷运转了。在辐射诉讼支持案件和场外辐射暴露评估项目的压力之下，原子能委员会的历史项目已然搁置。我和休利特已无法继续书写能源部在三里岛上的历史了。我认识两位擅长于叙事书写的专业型历史学家，相信他们可以在紧张的项目截止日期前完成这项工作。幸运的是，夏天将至。菲利普·坎特伦（Philip Cantelon）和罗伯特·威廉姆斯（Robert Williams）有意愿和能力来书写这段历史，而这将成为能源部关于它参与这次核反应堆事故的官方报告。《危机遏制：能源部在三里岛》（*Crisis Contained: The Department of Energy at Three Mile Island*）（以下简称《危机遏制》）成了我们第一个委托历史项目。[19] 这个项目由环境监察和总览办公室（Office of Environmental Compliance and Overview）的环境事务副部长鲁思·克鲁森（Ruth C. Clusen）资助。尽管《危机遏制》这本书是能源部的最终报告，但坎特伦和威廉姆斯同时也收集到了一份原由历史办公室保管的档案，这份档案为克鲁森的工作人员在为国会和卡特总统任命的三里岛委员会准备证据时提供了相应的文件。

　　甚至在克鲁森副部长资助我们的三里岛项目之前，其他能源部官员也在询问如果这些项目办公室提供资金，我们是否能够作为这些委托历史项目的管理者。尽管所有与政府有关的历史著作都需要在出版前接受审查，但是如果

杰克·霍尔（Jack Holl），能源部历史学家（上图最右边，戴着眼镜向下看），于 1979 年三里岛核事故时在宾夕法尼亚州米德尔顿的一个机场的停机棚内参加了一个气象简会，能源部历史学家的出现标志着联邦历史学家角色的转变——亲身参与历史事件而不单是书写它们 图片来源：能源部历史办公室

我们能够参与到历史项目的制作过程之中，那我坚持首席历史学家应当是首要的审查者，而这些专职作者对于他们工作项目的学术自由将得到保证。七个能源部的项目官员同意了我们的条件，所以首席历史学家为太空核武器系统办公室（Office of Space Nuclear Systems）、磁性核聚变办公室（Office of Magnetic Fusion）、巴特尔斯维尔能源研究中心（Bartlesville Energy Research Center）、博讷维尔电力管理局（Bonneville Power Administration）、内华达运营办公室健康物理学分部（Health Physics Division at the Nevada Operations Office）和桑迪亚实验室（Sandia Laboratory）等机构提供委托历史项目的合同管理或历史著作的职业评审。此外，应阿尔贡国家实验室的请求，首席历史学家为恩里克·费米（Enrico Fermi）的第一次链式反应的历史撰写了新版的著作。[20]

能源部的委托历史项目使我们得以专注于公众史学。按照政府合同的要求书写历史，哪怕是由大学的出版社出版，都与纯学术专著不同。保护项目的独立性和完整性至关重要，但与学术型历史写作最明显的差异在于，这些公众史学家经常能因自己的努力工作而得到很高的报酬。不过代价就是绝大多数由政府赞助的历史著作将不再受版权保护，因为它们都是用纳税人的钱来支付的。而且，这些历史著作属于公众领域，正如《危机遏制》那本书一样，可以不经由政府或作者的同意或不需要向其支付版权费用而与之合作，使著作得以复印传播。这几乎不成一个问题，因为绝大多数委托历史项目的作者从其合同中得到的报酬远高于可能从版权费用中得到的收入。据我所知，还没有哪个委托历史项目的作者受到出版社盗版行为的侵害。

更为典型的是，这些公众史学家们面临的问题更多出现在项目的前期。很多新手公众史学家在面对写出一本符合潮流的重要历史著作所需要的资源的问题上毫无经验，他们低估了要完成其项目所需的金钱和时间。考虑到政府对合同招标的规定，低价的竞标项目也许能赢得合同，但却有损于历史项目。此外，缺乏经验的公众史学家经常为达到基本要求而感到焦躁，他们有时并不明白政府负责合同管理的官员们有义务敦促其在验收期限前完成。从我个人的经验来看，比起在委托历史项目中遇到的其他任何麻烦，即便仅仅是要求达到结项标准，也会使历史学家感到莫大的挫折和苦楚。

1977 年在达拉斯召开的美国历史协会年会上，访问学者沙林、德诺沃还有休利特与我一道提交了一个议程——"寻求公众利益：联邦政府作为能源资源的管理者和监护人"。萨姆·韦尔斯（Sam Wells）是会议的主持人。会后休利特和我加入了一个探讨研究生院课程的专家小组。我将自己的评论命名为"实践型历史学作为一种职业：对历史系再教育的需求"。[21] 我担心我们使那些与会学者们大吃一惊，他们只是训练其学生进行学术研究和教学，并不准备让他们从事其他职业。然而，在苦苦哀诉之后，我并未回想起自己曾就研究生教育应该如何加以改善的这个问题提出任何建设性意见。[22] 从在联邦政府工作的视角来看，我注意到最近的博士毕业生们最大的问题并不在于缺乏知识或技能，而在于他们对于为联邦政府工作的态度上。大多数受过学术训练的历史学家，就像我，都曾希望能在学校或大学中觅得一份受人尊敬的工作。而为联邦政府工作则不仅被当作是一种"另类的"的职业道路，而且还是一种次级的工作。随着时间推移，我开始认为，这个态度问题极有可能是"文化冲击"（culture shock）的结果。[23]

尽管没有学者曾申请过旨在开发能源史课程的访问学者资格，但由于《能源史报告》的存在，我们也能不时地了解到在没有能源部的鼓励下也有学者在教授其他能源史的课程。或许其中最重要的课程是得克萨斯州农工大学的马蒂·梅洛西（Marty Melosi）所开发的"工业化美国的能源和环境史"。威奇托州立大学的菲尔·托马斯（Phil Thomas）和雷·史密斯（Ray Smith）开设了一个电力相关的课程，其中包括原子弹、哈珀斯费里（Harpers Ferry）、斯普林菲尔德兵工厂（Springfield Arsenal）、煤和石油精炼技术系统的发展等主题。得克萨斯大学帕米亚盆地分校的罗杰·奥利恩（Roger Olien）教授了一门关于美国石油产业历史的暑期课程。1979 年纽约市立大学亨特学院多洛雷斯·格林伯格（Dolores Greenburg）和丹·格罗斯（Dan Gross）开设了一门名为"人类对能源的利用"课程。随后，普渡大学的索尔·勒纳（Saul Lerner）在 1980 年冬季学期开设了一门关于能源政策和问题的课程。明尼苏达大学的 S. R. 威利（S. R. Wiley）在冬季学期开设了一门名为"能源与文化"的课程。得克萨斯理工大学的罗伯特·塞德尔（Robert Seidell）在其技术史的三门课程中包含了能源史的相关主题。还有大量关注核问题的课程，包括核武器、核反应堆、核对健康和环境的影响等问题。[24] 同时我确信还有其他的一些相关课程。那时我并不知晓约翰·麦卡洛（John McCulloh）——一位研究中世纪的历史学家，他将是我在堪萨斯州立大学的系主任——也开设了为期四个学期的能源史课程，直到能源危机度过后报名人数逐渐减少为止。

尽管对于国家、州、当地政府和私人企业而言都是有用的，但是我们尝试将能源史发展为一个学术领域的努力却收效甚微。在我们看来，颇具讽刺意味的是当能源史在学术领域内日渐衰微时，公众史学却蓬勃发展起来了。随着时间推移，超过 125 所高校和大学都设立了公众史学的学位，并开设了大量的项目和课程。[25] 根据我的调查，只有七所院校可以提供该项目的博士学位，另外三所院校开设了公众史学的分支领域的博士项目。其他所有学校几乎都在公众史学、图书馆学、历史保护或档案管理等专业内授予结业证书、文学学士学位、理学学士学位、文学硕士学位或理学硕士学位。在这些种类繁多的学术型公众史学中关于培养目标的描述也是五花八门，这表明教授们对于该学科边界的问题也没有能达成广泛的共识。阿巴拉契亚州立大学所开设的公众史学项目为学生们提供了最宽泛的课程，以培养学生能够"将历史学家的技艺运用于大学之外"。这些项目以"传统史学的方法"教导学生，强调历史学的知识可以通过各种形式向多样化的观众展现。阿巴拉契亚州立大学准备让其毕业生从事广泛的工作领域，包括公立的和私人的档案馆、图书馆、博物馆、历史学会、政府机构、国家公园、历史建筑群和遗址、活态历史农庄、历史保护、城市规划、文化资源管理、文献编辑、新闻与传媒等。[26]

公众史学的学术研究兴趣中存在一个主要的问题，即学者们总是通过创造一个与自己职业活动相对应的学术"研究领域"来将其研究兴趣合法化。绝大多数的公众史学家事实上经常是自愿参与到一个或多个公众史学活动当中的，而非受人雇用。尽管没有受到管理者的阻挠，但这样的专业服务却并不能在获得终身教职、晋升和收入增加等方面得到高额的回报。关于公众史学的学科内容的学术标准也存在很大差异。甚至公众史学的文章和著作——经常是合著的——都经常被看作不能与学术研究及学术出版物相提并论。另外，这些受到学生们热烈支持的公众史学课程得到的评价却与其他教学任务相同。有时在历史系的公众史学专业中，为了评估这门学科而设立了额外的评价标准。大多数公众史学教授们工作的学术环境是以学生为导向的。因此，通过学习课程、参与实习、选择专业以及获得学位的方式教授公众史学某一领域的课程对于获得教职、升职加薪都有帮助。[27]

在 20 世纪 80 年代，我担任能源部首席历史学家时，我比较倾向于雇用那些在史学方法或美国史、欧洲史等传统学术领域上受过良好培训并有所造诣的历史学家。至于工作本身，我认为相比起弥补在历史知识、研究与写作技能上的匮乏而言，更容易的是就我们历史办公室的工作进行在职培训。更重要的是，我并不认为在大学里关于公众史学的研究与我们在能源部中的历史研究使命有什么联系。也许如果我参与了一个博物馆或历史遗址的保护工作，我将会对公众史学的学术领域有一个不同的看法，但是更有可能的是我会对那些接受了传统教育的历史学家继续抱有偏见。[28]

1989 年 1 月，我辞去了联邦政府的工作，接受了堪萨斯州立大学艺术与科学学院副院长的职位。随后，我担任了历史系主任并作为军事史与 20 世纪研究中心（Institute for Military History and 20th Century Studies）的创始主任。我们在堪萨斯州立大学没有官方的公众史学项目——通过我们的理事会制度，这些项目属于威奇托州立大学和堪萨斯大学。但是在堪萨斯州立大学我们对于军事史的研究足够重视，并与位于阿比林的艾森豪威尔总统图书馆（Eisenhower Presidential Library）和位于莱文沃思的美国陆军指挥参谋学院建立了严肃的学术联系。唐纳德·穆罗泽克（Donald Mrozek）、马克·帕里罗（Mark Parillo）、戴维·斯通（David Stone）、戴维·格拉夫（David Graff）和米歇尔·拉姆齐（Michael Ramsay）是我们军事史研究团队的核心成员。出于对美国核武器政策的兴趣，我在其中担任了一个支持性的角色。

依我看来，我们在堪萨斯州立大学开创了一个蓬勃发展的富有创新精神的项目。我们在大学和图书馆间协商签署了一个"谅解备忘录"——这是第一个，而且我认为也是唯一一个总统图书馆和公立大学合作的正式学术项目。由总统图书馆、堪萨斯州立大学、堪萨斯州历史协会（Kansas State Historical Society）和沙努特学区合作设立的美国教育部美国历史教学基金会（U.S. Department of Education Teaching American History grant）是我参与过的最令人激动的创新项目。此外，在美国陆军指挥参谋学院的邀请下，我们设立了联合培养博士项目。分配到该学院的军官也可以攻读学校所提供的所有历史领域的博士学位。美国陆军指挥参谋学院的历史学家被任命为我们历史系的兼职教授。与艾森豪威尔总统图书馆和美国陆军指挥参谋学院在公众史学上的合作令人振奋，但我们不能采用同样的方式去参与其他公众史学领域。尽管我们教授过的公立学校的教师和军官们不会成为从事教学活动或历史学的实践活动的职业历史学家，但我们的任务仍然是授课，乃至于向我们的学生授予学位和证书。尽管我们并没有在堪萨斯州立大学提供公众史学的相关项目，但我们仍成功地安排了几个毕业生进入公共部门工作。

另一方面，当我在公共部门内担任历史学家时，我认为公众史学的"学术领域"是存在问题的。难道职业历史学家不应该以他们的工作内容，而非他们在哪里工作来定义吗？要使"公众史学"这个概念真正有意义的话，我认为这需要对它有一个可操作的定义：通过他们工作的内容来描述职业历史学家。1999年新任美国历史协会主席问道："联邦历史学家是做什么的？"对于联邦历史学家而言，这个问题真是相当幽默，但我并不认为这个问题是由于联邦历史学家们没能传达出他们的工作内容而造成的。相反，美国历史协会主席所提出的问题也正表明了在学术型历史学家和实践型历史学家之间存在着巨大的鸿沟。事实上如果某人试图将公众史学定义为在联邦政府进行实践，这倒是个很好的问题。联邦政府历史学会的前任主席维基·哈登（Vicky Harden）和美国参议院历史办公室的唐纳德·里奇（Donald Ritchie）都对大大小小的政府历史项目的广泛范围做了明确的描述，包括书写历史、编辑档案文集、做口述史采访、出版历史小册子、准备历史展览、保存档案、赞助会议、提供奖学金和为一些活动提供历史方面的服务。[29]

　　学术型历史学家和实践型历史学家所从事的工作存在着明显的差异，两者的受众也有所不同。在堪萨斯州立大学的经历使我意识到，就像哈登和里奇所描述的那样，这两个群体在为什么和怎么去开展工作的问题上也有根本性的不同。哈登对于"联邦历史学家的活动是以目标为基础的理论"的定义尤为有效，她强调"公众史学家和学术型历史学家之间存在的主要差别在于他们从事学术工作的目的"[30]。大多数联邦历史学家并不能自由地决定研究他们认为有意义或感兴趣的项目。此外，学术型历史学家通常独自完成其研究、写作和教学工作。他们并不相互间分享功绩或报酬，他们的晋升或进步主要基于个人的努力，而不是团队的协作完成。相反，实践型历史学家却经常要以集体协作来完成工作，在此过程中得到的认可、报酬或晋升都是由成功的团体努力来决定。当然，学术界这种根深蒂固的文化并没有"错"，它创造了卷帙浩繁的伟大历史著作、杰出的教师以及卓越的公共知识分子。不幸的是，大多数我的学术界同僚们，就像美国历史协会主席那样，不能设想以其他任何方式去"搞历史"。实际上在这样的学术范式下，历史学成了一个终身都在教学、研究和写作的孤独学者所构思和行动的产物。

　　我相信实践型历史学家的集体努力能够创造出不仅在规模上而且在类型上不同于学术模式的历史。《核武器试验档案》（*Nuclear Weapon Testing Archives*）就是通过集体协作而得到的成果。由七名能源部历史办公室的专家所研究与合著的能源史系列丛书以及由菲利普·坎特伦和罗伯特·威廉姆斯耗时九个月完成的委托历史项目《危机遏制》是另外两个例子。而且在卡特里娜飓风的冲击余波中联邦政府历史学家的协作本质得以显著体现，当时联邦政府机构做了大量的努力以收集、创建和保存关于美国政府在应对这场美国史上规模最大的自然灾害之一时所做出的反应的历史资料。此外，由历史学家、档案学家和考古学家组成的团队携手合作，从风暴的破坏和洪水中拯救了历史文件、史前古物、展览馆、博物馆收藏品甚至人类遗址。例如，当总参谋长萨德·艾伦（Thad Allen）中将命令成立卡特里娜飓风档案记录小组（Katrina Archival Records Team）以记录海岸警卫队对于灾害的反应时，海岸警卫队便动员了其历史学家办公室。卡特里娜飓风档案记录小组被指令收集与卡特里娜飓风有关的所有海岸警卫队的文件和照片，包括官方命令、电子邮件、组织架构图、人员名册、运营和后勤文件、情况报告、PPT 简报和求救信息。这个巨大的档案最终包括了超过 113000 份单独的档案以及 240 份口述历史采访。由海岸警卫队历史学家完成的文件中最重要的是一张详细的时间表，其中记录了能够设想到的每一个事件，包括其他政府机构的反应。当然，海岸警卫队并不是唯一一个致力于记录政府对卡特里娜飓风反应的机构。国家公园管理局（National Park Service）和卡特里娜飓风历史联合工作小组（Joint Task Force Katrina History Group）也启动了大型的多学科参与的历史复原项目。[31]

集体性的历史项目，无论规模大小，通常都不是一个发表前瞻性社会评论的合适平台。有鉴于此，学术型历史学家经常对公众史学项目感到失望，因为它们更明显地强调叙述而非分析。新任美国历史学家组织主席理查德·怀特（Richard White）曾哀叹"公众史学"和"公共知识分子"（public intellectuals）很可能是自相矛盾的。怀特通过假定这两者间的关系并非如此来表明自己的学术倾向。由于受到终身教职体系所珍视的学术自由原则的保护，学者们在所有领域内都被称为公共知识分子。相反，实践型历史学家却是以客户为导向，经常受到合作方、项目的功能需求以及非他们自己所能决定的最后期限的限制。就像克里斯汀·阿尔伯格（Kristin Ahlberg）所简单地描述的那样："联邦政府的公众史学项目必须同时服务于其客户和成员。"[32] 我认为怀特的错误之处在于他相信所有历史学家的最高职责在于"无论其观点多么不受欢迎都应表达出来"[33]。从学术文化的角度看，这近乎歪理邪说。对谁说、以什么方式说，还有这个表达的过程、规模和形式都区分了实践型职业历史学家和学术型历史学家。

最近，我问怀特他是如何定义"公众史学"的。他的回答意蕴丰富，充满深思熟虑，颇具启发性："（首先，）我认为公众史学的工作是由那些任职于非学术性机构的人完成的，其服务目标是普通公众或这些非学术性机构的某些特定受众。其次，公众史学是面向普罗大众（这与学术型历史学家有所区分）的'全史学'（all history），无论其目标群体是谁，其主要意图都是达成公共目的（public purpose），而且'全史学'的产生是出于公立或私立机构的需要。"[34]

怀特关于公众史学的定义反映出罗伯特·凯利的影响。怀特意识到他对"公众史学"的定义稍微有点"双刃剑"的意味，因为他为了私人用途而写的关于印第安人部落的报告也被看作"公众史学"。怀特和凯利关于这个概念的定义还存在一个问题，就是他们没有明确地区分何谓"公众史学"，又何谓"大众史学"。凯利先前说道公众史学"不仅仅指在学术界之外工作的历史学家"，同时也指将历史研究的方法运用于学术界的高墙之外。没有历史学家的历史就如同没有科学家的生物学，没有律师的判决，没有医生的治疗，没有士兵的战争。一切都是有可能的，但从专业人士的角度来看，这些情况令人感到困惑。

凯利和怀特阐释公众史学的逻辑路径可以在杰里米·布莱克（Jeremy Black）所著的论文《面向公众的历史运用》（"The Public Use of History"）中找到。埃克塞特大学历史系的布莱克教授是一位杰出的军事史专家，他一直在关注着分析性的学术历史和面向公众的历史运用——尤其是在用以增强国家认同感和建立政治合法性的博物馆和历史展览中——这两者间日益增大的鸿沟。布莱克所提出的问题是很严肃的，他一再强调学术界在很大程度上形成了一种与世隔绝的学术文化，而这种文化与大多数的面向公众的历史运用已然脱节。我完全赞同布莱克对学术同仁们富有洞察力的批评。然而，不幸的是他将作用于公众用途的公众史学与大众史学混为一谈了。尽管布莱克的论文并没有考虑到我在本文中所讨论的历史学的职业实践，他仍写道："公众史学是一个蕴含大量智识和教学可能性的主题，但是我们关于历史的［学术］教学和写作却反映了对研究的技术方面，甚至是历史认识论的自我迷恋。"[35] 布莱克强调将学术型历史学家从其他历史运用者中分离出来的文化壁垒破坏了这样一种信念，即西方的职业历史学家仅仅是一元化的、基于学术的学者型文化的变体之一。[36]

这些以学术为基础对"公众史学"所下的定义所存在的问题是，它们仍是学术文化的产物。这些定义也许在堪萨斯州立大学和其他学校看来是"有效"的，但是却远不能涵盖我在联邦政府或退休后的法律咨询的工作经验。菲利普·斯卡尔皮诺教授"通过将之定义为历史学的另一个的分支领域"以笼络公众史学似乎并不妥当。尽管学术型和职业型历史学家面对的是不同的受众，斯卡尔皮诺仍然强调两者间在研究、分析和阐释其成果时有着共同之处。[37]我认为斯卡尔皮诺与其学术界同行们建立共同点的做法有其可取之处，但是我并不同意他的"共同点"论点能适用于学术型和实践型历史学家之间。实践型历史学家属于历史学的一个独立流派。

多年来实践型历史学家在不同的学科范式下工作，就像斯卡尔皮诺那样，我错误地把"对话"当作是实践型历史学家们的一个鲜明特征。[38]当然，所有的历史学家都以一种或多种方式与其听众对话。我应该这么说：我们以一种不同的语言与客户和成员沟通。我们所从事的历史与学术研究的历史有着截然不同的目的。我们有不同的价值观。研究和写作固然重要，但通常我们有一个更为重要的使命——通过广泛的媒介和项目来保存和呈现政府的历史与记忆。此时我们对自身历史的意识淡薄，却对自己的独特身份有着强烈的感知。我们不仅清楚地知道自己的身份，还认识到我们的职业使命与目的并不与公众史学运动在学术界的成功相联系。

由于这些原因，尽管是出于好意，但试图弥合学术型和实践型历史学家之间的文化鸿沟的努力都被误导了。我们职业文化的宽度和深度还需要进行更多的探索。联邦历史学家与学术型历史学家间并没有多少重要的共通之处。现代的专业人员往往属于几个重叠和紧密联系的群体。于我而言，更紧迫的问题是在政府部门工作的历史学家、档案学家、博物馆人、历史保护主义者、委托项目人和考古学家这些职业兴趣和目标彼此关联的群体在多大程度上共享了相同的文化。

像卡特里娜飓风那样的重要历史事件更是一再推动这些群体紧密联系起来。我愿意去读更多的描写实践型历史学家之间以及历史学家与其他专业人士团结协作的文章。此外，我还希望看到关于联邦政府或其他机构对于历史学实践的规范性文章——那些关于从内部直截了当地处理“法庭史”问题的文章，那些评论“委托历史项目”和“外包历史项目”等敏感问题的文章，那些批评或为之辩护本应被禁止书写历史的档案工作人员根据他们自己的档案书写历史的文章，那些勾勒出相互协作的历史学家之间的适当职业联系和边界的文章。

克里斯汀·阿尔伯格关于美国国务院历史学家办公室的文章，对一个最为顶尖的政府历史项目的文化提出了极好的洞见。根据阿尔伯格的说法，在联邦政府工作的实践型历史学家增进其“精力、体能和清晰的远见”以迎接所面临的挑战“是一种生活方式”。她总结道，这种在国务院历史学家中发现的独特文化是“现代历史项目的特征”[39]，我认为这是对的。因为实践型历史学家已经被“共同点”这个论点所扰乱，我们不再能大胆地宣称自己文化的独立性。我认为实践型历史学家处于学术界和大众之间的“中间地带”这种说法是不充分的。我相信实践型历史学家占有着他们的坚实基础，也许尚未被完全描绘出来，但是就像阿尔伯格的文章所描述的那样，他们通常都受到共同拥有的文化因素的限制。

注　释

[1] Practicing professional historians 在此处译为实践型历史学家，以与 academic historians（学术型历史学家）相对应，但两者都是职业的历史学家。（译者注）

[2] Philip V. Scarpino, "Some Thoughts on Defining, Evaluating, and Rewarding Public Schol-arship," *The Public Historian* 15, no. 2, 1993, pp. 55–56. 联邦历史学家（federal historians）指在联邦政府工作的职业历史学家。（译者注）

[3] "两个专业的历史学会"指联邦政府历史学会（Society for History in the Federal Government）和全国公众史学委员会（National Council on Public History）。（译者注）

[4] 这里采用了北京大学历史学系教授王希的译文。王希：《公共史学在美国》，《新华文摘》，2010 年第 16 期，第 68—70 页。（译者注）

[5] 历史学家们仍然在讨论"公众史学"这个词的定义，参见 H-Net/NCPH Discussion List on Public History; FORUM: What is Public History?; the Public History Resource Center at www.publichistory.org; Alexandra M. Lord, "Beyond Academe" at www.be-yondacademe.com; and "Public History, Public Historians, and the American Historical Association Report of the Task Force on Public History Submitted to the Council of the Association December 2003," at www.historians.org/governance/tfph/TF PHreport.htm.

[6] Institutional memory 通常指有形历史之外的记忆，这里译为共同的历史与记忆，取其"集体"内涵。（李娜补译）

[7] Ian Tyrell, "Public at the Creation: Place, Memory and Historical Practice in the Mississippi Valley Historical Association," *The Journal of American History* 97, June 2007, pp. 19–46.

[8] 美国历史协会（American Historical Association）估计 70% 的职业历史学家拥有教职。

[9] Holl, "The Professional Historian," *OAH Newsletter*, n. d. [c. Sept. 1979].

[10] Holl, "Getting on Track: Coupling the Society for History in the Federal Government to the Public History Train," *The Public Historian* 21, no. 3, 1999, pp. 43–55.

[11] 关于原子能委员会（Atomic Energy Commission）历史的前两卷著作是：Hewlett and Oscar E. Anderson, *The New World, 1939/1946, Volume I of a History of the United States Atomic Energy Commission,* University Park: The Pennsylvania State University Press, 1962, Hewlett and Francis Duncan, *Atomic Shield, 1947/1952, Volume II of a History of the United States Atomic Energy Commission,* University Park: The Pennsylvania State University Press, 1969. Hewlett and Francis Duncan, *Nuclear Navy, 1946–1962,* Chicago: University of Chicago Press, 1974.

[12] 应指 1953 年美国政府对其被指控为与共产党人合作、包庇苏联间谍、反对制造氢弹等行为的审查。（译者注）

[13] 当历史学家花了一两年时间研究他们自己选择的话题时，人们有时会对访问学者项目的影响力要求过多。我们的目标是促进学术界内能源史的发展。最直接的受益者是约翰·克拉克（John Clark），他的著作《能源与联邦政府：化石燃料政策，1900—1946》（*Energy and the Federal Government: Fossil Fuel Policies 1900–1946,* Champaign: University of Illinois Press, 1987）直接源于他在我们办公室的研究。哈罗德·沙林（Harold Sharlin）也在担任能源部访问学者时书写其著作《开尔文勋爵：充满活力的维多利亚时代》（*Lord Kelvin: Dynamic Victorian*），罗德尼·卡莱尔（Rodney Carlisle）在来华盛顿特区之前已经完成了《出售主权》（*Sovereignty for Sale,* Annapolis: Naval Institute Press, 1981）的大部分研究和写作工作。卡莱尔后来的著作得以出版、教学、咨询与加入历史协会公司（History Associates Incorporated），很可能得益于访问学者的身份。邦尼·马斯·莫里森（Bonnie Maas Morrison）回到密歇根州后在《家庭经济学》（*Journal of Home Economics*）上写了几篇关于家庭能源消耗的文章，她还是《能源和家庭：兰辛的生活方式和能源消耗》（*Energy and Families:Lifestyles and Energy Consumption in Lansing,* Lansing: Michigan State University Press, 1987）的合著者。约瑟夫·普拉特（Joseph Pratt）是《市场声音：国家体育委员会的历史》（*Voice in the Marketplace: A History of the National Petroleum Council,* College Station: Texas A&M University Press, 2002）一书的合著者，这是他在担任访问学者期间的研究主题。不幸的是，访问学者约翰·德诺沃（John DeNovo）在写作《1900—1939 年美国在中东的利益和政策》（*American Interests and Policies in the Middle East 1900–1939*）续集时心脏病发作。伊桑·卡普斯坦（Ethan Kapstein）发表了他的博士论文《不安全联盟：能源危机与 1944 年以来的西方政治》（*The Insecure Alliance: Energy Crisis and Western Politics Since 1944,* New York: Oxford University Press, 1990），卡普斯坦并没有成为一名能源历史学家，而是成了一个杰出的国家安全史学家。访问学者项目的一个主要的（也许是间接的）副产物是 1981 年 9 月在密歇根技术大学举行的能源和运输历史会议，三位访问学者克拉克、普拉特、莫里森和我提交了论文。会议记录由《能源史报告》（*Energy History Report*）的编辑马克·罗斯（Mark Rose）、乔治·H. 丹尼尔（George H. Daniel）共同编辑：*Energy and Transport: Historical Perspectives on Policy Issues,* Beverly Hills: Sage Publications, 1982.

[14] DOE Records Disposition (DOE 1324.2), 1980.

[15] 对于"去中心化"抗争的详细描述，参见 Holl, "Getting on Track," pp. 53–54.

[16] 能源史系列丛书包括：Roger M. Anders, *The Office of Military Applications,* Nov. 1978; Alice Buck, *The Office of Oil and Natural Gas Supply Development,* Nov. 1978; Roger M. Anders, *The Federal Energy Administration,* Nov. 1980; Jack M. Holl, *The United States Department of Energy:*

A History, Sept. 1981; Alice Buck, *The Energy Research and Development Administration,* Jan. 1982; Alice Buck, *The Atomic Energy Commission,* Feb. 1982; Prentice C. Dean, *An Energy History Chronology Since World War II,* Feb. 1982; Roger M. Anders, *The Federal Energy Regulatory Administration,* Sept. 1986; Roger M. Anders, *The US Nuclear Weapon Program: A Summary History,* Aug. 1984; Holl, Anders and Buck, *US Civilian Nuclear Power Policy, 1954–1984,* Feb. 1986; F. G. Gosling, *The Manhattan Project: Science in the Second World War,* Aug. 1990; Terrence R. Fehner and Holl, *Department of Energy, 1977–1994, A Summary History,* Nov. 1994.

[17] 尤里乌斯（Julius）和埃塞尔·罗森伯格（Ethel Rosenburg）夫妇涉嫌为苏联进行间谍活动，并被美国政府审判、定罪和处决。他们被指控向苏联提供有关雷达、声呐和喷气式发动机的绝密信息，并被指控向苏联发送核武器设计的情报。罗森伯格夫妇是冷战期间两名因间谍活动而被处决的美国平民之一。关于罗森伯格夫妇二人是否是苏联间谍的问题以及美国政府对其处决的行动，长期以来为世人所争议。（译者注）

[18] 参见注释 6。

[19] Philip L. Cantelon and Robert C. Williams, *Crisis Contained: The Department of Energy at Three Mile Island, A History,* DOE/EV/10278–T1, UC-41.80, December 1980. 这本书后来以同样的标题重新出版，由梅尔文尼·B. 纳森（Melvyn B.Nathanson）写了新的序言，作者写了新的介绍（Carbondale: Southern Illinois University Press, 1982）。

[20] Gus Norwood, *Columbia River Power for the People: A History of Policies of the Bon-neville Power Administration,* Portland, OR: U.S. DOE, 1981. Joan Bromberg, *A History of Mag-netic Fusion,* Boston: MIT Press, 1982. Rodney P. Carlisle and August W. Giebelhaus, *Bartlesville Energy Research Center: The Federal Government in Petroleum Research, 1918–1983,* Bartlesville, OK: U.S. DOE, 1985. Richard Engler, *Atomic Power in Space: A History,* Washington, D.C., DOE/NE/32117–H1, 1987. Barton C. Hacker, *The Dragon's Tail: Radiation Safety in the Manhattan Project, 1942–1946,* Berkeley: University of California Press, 1987. Necah Stewart Furman, *Sandia National Laboratories: The Postwar Decade,* Albuquerque: University of New Mexico Press, 1989. Barton C. Hacker, *Elements of Controversy: The Atomic Energy Commission and Radiation Safety in Nuclear Weapons Testing, 1947–1974,* Berkeley: University of California Press, 1994. Corbin Allardice and Edward Trapnell, *The First Reactor,* Washington, D.C., DOE/NE-0046, 1982, December 1982.

[21] American Historical Association Annual Meeting, Dallas, Texas, 1977.

[22] 休利特扩展了他更为建设性的评论，随后在《公众史学家》第一期发表了一篇广为引用的文章，参见 "The Practice of History in the Federal Government," *The Public Historian* 1, no. 1, 1978, pp. 29–36.

[23] 美国历史协会似乎并没有受到我们的影响，最近在《21 世纪的历史学家教育》（*The Education of Historians for the Twenty-First Century*）一书中解决了研究生教育的问题，参见 www.historians.org/ projects/cge/2004/Report/index.html。

[24] 参见 *Energy History Report,* nos. 2–7, Historian's Office, Executive Secretariat, U.S. DOE.

[25] 请参见非常有用的公众史学资源中心网站：www.publichistory.org. 完整的公众史学项目包括学位要求、网站地址以及在某些情况下还有在线教学大纲。

[26] www.history.appstate .edu/PH.htm.

[27] Philip V. Scarpino, "Some Thoughts on Defining, Evaluating, and Rewarding Public Scholarship," pp. 55–56.

[28] 最近，我证实了这种对思想的经验性的理解方法，参见 Walter Isaacson, *Einstein: His Life and Universe,* New York: Simon and Schuster, 2007, pp. 83–84.

[29] Victoria A. Harden, "What *Do* Federal Historians Do?" *AHA Perspectives,* May 1999, and Donald

A. Ritchie, "Historians in the Federal Government," OAH Annual Meeting, Minneapolis, March 29, 2007.

[30] Harden, "What *Do* Federal Historians Do?"

[31] Scott Price, "The Coast Guard's Hurricane Katrina Documentation Project," *The Federalist,* winter 2006–2007, p. 1, pp. 3–5. 对国家公园管理局（National Park Service）和卡特里娜飓风历史联合工作小组（Joint Task Force Katrina History Group）所做出的工作的叙述，参见 Dan Pontbriand and Pam West, "Hurricanes of 2005: The NPS Response," and Lieutenant Colonel Alan R. Koenig, FA, USAR, "In the Eye of the Storm: The Operations of the Joint Task Force Katrina History Group," both in *The Federalist,* winter 2006—2007.

[32] Kristin L. Ahlberg, "Building a Model Public History Program: The Office of the Historian at the U.S. Department of State," *The Public Historian* 30, no. 2, 2008, pp. 9–28.

[33] Richard White, "Are Public History and Public Intellectuals in Danger of Becoming Oxymorons," *OAH Newsletter*, November 2006, p. 3.

[34] 参见 E-mail—Jack Holl to Richard White, December 13, 2007; Richard White to Jack Holl, December 13, 2007.（该句由李娜补译）

[35] Jeremy Black, "The Public Use of History," *Historically Speaking*, May/June 2006, p. 39. Black's essay was adapted from *Using History,* Hodder, distributed in the U.S. by Oxford University Press, 2005.

[36] 关于将公众史学与历史的公众运用和（或）大众史学混淆的诸多定义，参见 www.publichistory. org.

[37] Philip V. Scarpino, "Some Thoughts on Defining, Evaluating, and Rewarding Public Scholarship," pp. 55–61.

[38] Holl, "The New Washington Monument: History in the Federal Government," *The Public Historian* 7, no. 4, 1985, pp. 9–20.

[39] Ahlberg, "Building a Model History Program," p. 28.

公众史学与环境

地域、记忆与气候变化 *

戴维·格拉斯贝格（David Glassberg）

戴维·格拉斯贝格在马萨诸塞大学阿默斯特分校历史系教授公众史学和现代美国文化史和环境史。他著有《历史感知：过去在美国生活中的地位》（*Sense of History: The Place of the Past in American Life*, 2001）。该作品最初是在2011年2月为俄勒冈州立大学举办的"历史与生态学"（History and Ecology）研讨会而写的，当年秋季为参加在马萨诸塞大学阿默斯特分校跨学科研究所举办的以"转型"（Transformations）为主题的教师研讨会而修改过，2012年4月为了在美国历史学家组织（Organization of American Historians）和全国公众史学委员会（National Councilon Public History）联合年会上发言而再次修改。

摘要： 科学家们警告说，由于许多地方的气候状况的变化开始远远超出其历史波动范围，因此将难以预测今后的生态关系。近年来，生态学家已确定了一些"前所未有"的生物群落，这是过去许多物种的结合体，因目前尚未明确的全新的气候条件而出现的。他们认为，这个星球正在朝着一个与此相仿的时期行进；其间，气候将毁灭一切，并会出现"生态意外"。美国学者开始研讨这个新的世界，讨论历史如果有用的话，可以发挥什么样的作用？

关键词： 气候变化；全球变暖；地域感；记忆；适应

---

* David Glassberg, "Place, Memory, and Climate Change," in *The Public Historian*, vol. 36, no. 3, 2014, pp. 17–30. © 2014 by the Regents of the University of California and the National Council on Public History. Published by the University of California Press. 该文由胡宇鹏（清华大学环境学院博士研究生）翻译；梅雪芹（清华大学历史系教授）校对。

Abstract

Scientists warn about the difficulty of predicting ecological relationships as climate conditions for many places begin to move well outside their historical range of variability. In recent years, ecologists have identified "no-analog" communities, associations of species in the past that arose because of novel climate conditions not found at present. They have suggested that the planet is heading toward a similar period of disappearing climates and "ecological surprises." What role, if any, can history play as Americans enter that new world?

Key words

climate change, global warming, sense of place, memory, adaptation

2007 年 4 月，时任亚利桑那大学自然资源学院院长的莉萨·格劳里奇（Lisa Graumlich）教授前往明尼苏达州圣保罗市参加乔治·赖特协会（George Wright Society）的双年会。时值联合国政府间气候变化专门委员会（Intergovernmental Panel on Climate Change）即将发布其多卷本第四次评估报告，渴望分享该委员会调查结果的格劳里奇教授做了题为《气候变化对公园、保护区和文化遗址的影响》（"The Impact of Climate Change on Parks, Protected Areas, and Cultural Sites"）的报告。那天早上，她向听众介绍了很多新词。例如，她描述了"难民物种"（refugee species），即由于气候变化进入新栖息地的植物群和动物群，而非区分"原生"与"入侵"物种。另外她评论道，这个星球上的每个人现在都生活在一个"前所未有"（no-analog）的世界——她的评论并不是指世界的数字化。格劳里奇教授是一位训练有素的古植物学家，她报告说，近年来的世界气候表现出了一些前所未有的迹象，在人类出现以来的气候记录中没有发现任何类似的时期。[1]

确实，气候变化几乎改变了一切。随着气温的上升出现了一些前所未有的情况，过去的镜鉴似乎不再适用，这时候历史和历史学家该何去何从？历史学家如何帮助公众更好地理解气候变化及其影响？这种新理解如何挑战传统臆断，即关于何谓自然、何谓公正以及何谓不可避免的臆断？气候变化从根本上挑战了社区的地域感，也挑战了它们的某些臆想，即它们记忆中熟悉的自然环境将继续存在的臆想。根植于地域与记忆观念之中的公众史学实践，如何帮助社区了解它们所在之处正在发生的变化？

当历史学家讨论气候变化时，他们会从两个方面挑战关于自然与何谓自然的流行的公众观点。首先，他们挑战了自人类第一次占领地球以来大自然并没有发生太大变化的看法。几个世纪以来，人类历史在基本稳定和永恒的自然背景中随波逐流并凝固成一种概念。人们理解季节性变化的存在，以及偶尔发生的地震或火山爆发等引人注目的地质事件，但最终，根据自然即稳定永恒的假说，自然会找到其平衡点并恢复如常。19 世纪对于恐龙、进化和早期地质时代的发现，使人们认识到地球上的气候条件并不总是相同的，但关于这些发现的讨论，并没有削弱有关气候变化的假说，即自人类登场以来，过去 10 万年来的气候变化一直都是微不足道的。

近年来，环境史学家和自然科学家对这一观念提出了挑战。如今他们认为，自然在不断变化，而不是平衡不变。现在检视过自然历史记录的生态学家强调不连续性、干扰性和偶然性，并将自然界中的任何稳定性均视为自然例外而不是自然法则。[2] 即使在过去的 1000 年里，人类也经历了从 9 世纪到 13 世纪农业蓬勃发展的"中世纪暖期"，以及随后从 15 世纪到 18 世纪导致农作物歉收和饥馑的"小冰期"（little ice age）。全球温度波动是随着时间推移而自然发生的，当然这处于变化的某一历史范围之内。[3]

当莉萨·格劳里奇和其他科学家将当前气候状况描述为"前所未有"的时候，这意味着气温上升已经远远超出通常被视为"自然的"历史变化范围。2007 年，就在格劳里奇教授参加乔治·赖特协会于圣保罗市举办的会议的同一年，古生态学家约翰·威廉斯（John H. Williams）和史蒂文·杰克逊（Steven Jackson）发表了一篇题为《全新气候、前所未有的群落和生态意外》（"Novel Climates, No-analog Communities, and Ecological Surprises"）的文章。这些科学家通过回顾存在于晚冰期北美洲的植物群落的证据，发现了当前生态模型或生态观测中无法推测的生态组合。例如，12000 至 17000 年前，从明尼苏达州、俄亥俄州到田纳西州的森林被云杉、莎草、橡树、水曲柳（ash）和桦树（hophornbeam）所覆盖。尽管所有这些物种仍然存在，但它们组成的这种组合如今却无处可寻。威廉斯和杰克逊将这种组合归因于那个时代降水、气温和季节性等众多气候变量的独具特色的同时存在与作用，这远远超出了今天存在的范围。[4]

通过检查联合国政府间气候变化专门委员会发布的数据，威廉斯和杰克逊发现地球正步入一个新时期，即"全新气候"和"生态意外"时期。他们预测，到 2100 年，即不到三代人的时间内，气候和生态系统会在全世界一半的陆地上彻底改变。具体而言，他们预计，赤道地区会变得越来越炎热和干旱，同时风暴在世界其他地区会变得越来越频繁和暴虐，全新的生态系统将会出现，而这些生态系统却无法通过基于过去或现在的生态关系模型加以预测。[5]

这一前景对恢复生态学具有深远的意义，这是一种最近出现的生态实践，它试图将扰乱的自然环境恢复到人类定居以前的状态。现在，用地规划师（land use managers）认识到，恢复到自然的"原始"状态是不可能的。因为过去和现在的每一种自然环境状态都是干扰和变化的产物，所以从来就没有一种原始的自然平衡状态可以作为基准去回归。埃里克·希格斯（Eric Higgs）认为，"过去的状态给现在的状态提供了一系列的具有生态完整性的替代模型"[6]，而非只是某种单一的原始状态。它提供了"参考信息"，作为"与现有的所在地状态的对应点，并通过这种对比，使恢复的目标 [能] 得以认知"[7]。恢复生态学家追求"历史确限度"（historical fidelity），以使景观的变化可以处于其历史变化范围内。[8] 但是在一个前所未有的世界里，随着植物群和动物群对于自然状态的响应使得它们已经远远偏离了其历史范围，生态学家开始意识到他们所做的一些事情并不是在帮助这些物种，其中包括尝试保持这些物种过去的生活状态，或使它们继续生活在目前的生存区域。例如，约书亚树国家公园（Joshua Tree National Park）中的约书亚树正遭受加利福尼亚州南部长时间的炎热和干旱。用地规划师到底是应该让这一标志性的树种灭绝，还是应该通过给它们浇水来维持它们在公园中的持续存在，抑或是协助它们迁移到其他具备更加凉爽的气候条件的地方？这些选择中哪一个是"自然的"选择呢？[9]

环境史学家和科学家几乎普遍认为，正是人类的活动，在将世界各地的气温推高到历史变化范围之上。由于大规模砍伐森林和燃烧化石燃料，地球气温的上升与 1750 年以来大气中二氧化碳和其他温室气体所占百分比的增加几乎完全相关。不断升高的温室气体水平改变了地球上各处的气温，甚至在南极洲也是如此。在任何一个地方，人类行为的后果都是显而易见的。[10] 现在每个人都生活在"人类世"（Anthropocene）时代，也即人类深刻地影响着某些物理和生物进程的一个时代，这些进程塑造了地球的气温和天气。在某种程度上，地球上的每个地区一直都是生态与历史、自然与文化相互关联的产物，即使是那些现在看似无人居住的"荒野"地区亦是如此，这些荒野是因为人类决定对其置之不理，甚至在许多情况下是因为人类为了消灭这些地区以前的栖息者而产生的。人为气候变化将人类对世界的影响推到了一个新高度。如果公众对荒野以及一个未被触及的、不变的自然世界的见解，代表了威廉·克罗农（William Cronon）所说的"从历史中逃脱"，那么公众对人为气候变化理解的加深，随之可能会促成对历史的回归，认可人类和自然历史的一致性和统一性。公众再也不能完全将"自然"与"文化"区分开来，区分何谓自然过程的结果，何谓人类行为的结果。[11]

在气候变化的时代，历史学家们对公众普遍的关于"何谓自然"之看法的第二个挑战，是明确提出了再也不能独立于人类的影响之外来理解地球这一观点。人类活动可以影响气候条件的信念可以追溯到古代，当时宗教领袖将干旱的气候解释为不遵守神圣法则的惩罚。然而，自启蒙运动以来，科学家们已经将气候条件，包括可能的人类影响，解释为自然法则而非失败的宗教实践的产物。他们并不总是能够正确地理解这些"自然"法则。19 世纪渴望促进大平原农业发展的一些人相信，由于"雨随犁至"（rain followed the plow）这一理论，更多的定居者会增加那里的降雨量。然而，到 20 世纪末，科学家们才开始扩大研究范围，在物理和大气化学原理中增加了人类影响气候的模式。这项研究发现，人类排放到空气中的碳氟化合物（fluorocarbons）导致了南极上方的臭氧层空洞，并且二氧化碳排放的增加产生了"温室效应"，该效应使地球吸收了更多的来自太阳的热量并使地球变暖。[12]

在讨论人为气候变化时，历史学家证明曾经仅被视为上帝行为的现象也是历史中人类行为的产物。然而，西方工业化国家中相当多的人习惯于认为，自然永恒不变并将其与人类历史分离，他们甚至否认对正在发生的气候变化负有部分责任。2013 年 11 月的一份民意调查显示，在美国，67% 的人认为地球正在变暖，但是只有 44% 的人认为人类与此有关。可悲的是，虽然科学家之间达成了压倒性共识，但这个问题是如此政治化，以至只有不到一半（46%）的已登记的共和党人或具有共和党政治倾向的人认为地球正在变暖，只有不到四分之一（23%）的人认为正在发生的任何变暖现象均是人类活动的结果。[13] 这些数字仅略高于其他的富裕工业国家，特别是诸如挪威等从化石燃料出口中获利的国家。[14] 但菲律宾等发展中国家对气候变化的担忧相较而言要高得多，这些国家预计将承受全球气温上升的影响，而它们却没有支付应对性措施所需的财政资源。[15]

虽然大多数美国人很少想到这一点，但他们已经习惯于富国与贫穷国之间的差距。有些人甚至认为这种差异是"自然的"现象。这种态度起源于 19 世纪晚期，当时的社会学家将国家之间的财富差异归因于气候差异所放大的种族特征，他们认为，生活在激动人心的热带环境中的有色人种永远不会形成适当的职业道德。种族主义和气候决定论者的解释掩盖了存在经济差异的主要原因，即殖民主义和帝国主义。然而近年来的社会运动和政治运动，以及巴西和印度等后殖民时代崛起的经济强国的案例，使得种族和气候是国家间财富差异的决定因素这种理论受到了质疑。不同于将自然视为财富差异的决定因素，社会学家现在将它们归因于更有可能的"文化差异"，特别是在西方模式下的"现代化"的不同能力，以及利用全球资本主义提供的经济机会的能力。[16] 这意味着，当较贫穷的国家努力实现现代化并加入全球市场时，只有它们能获得回报才算是公平的。

但是随着全球气候的变化，那些最贫穷的，同时也是释放温室气体最少的国家，却更有可能遭受更大的因气温、干旱、沿海洪水和暴风雨而造成的影响。相较而言，排放了最多温室气体的较富裕的国家，最终可能只承受了最少的因气候变化而带来的不良影响，即使它们的行为是造成较贫穷国家痛苦的最主要原因。气候变化带来的对于风险和回报的不平等分配，挑战了一个关于正义的基本假设，即人们应该得到他们应得的东西。[17]

通过说明气候变化对各国的不平等的影响，以及使一些国家无法承担应对成本的历史环境等这些前提，历史学家向公众提供了对正义和人权的新认识。为了使贫穷国免受气候变化在未来造成的损害，富国是否应该付出代价？保护"世界遗址"（world heritage sites）应该优先于普通景观吗？[18] 从历史上来看，富国与环境问题的成因关联很大，却仅仅做出了一些与其财富和所造成的后果不成比例的贡献，贫穷国是否不仅应该有道义上的援助要求，而且还应该有获得赔偿的合法权利？[19]

在地方层面上，气候不公正的情况同时也在发生。有些居民居住在富裕的郊区社区，拥有单独住宅并驾驶汽车，有些居民居住在低洼的城市社区里的小房屋或公寓里，依赖公共交通；与前者相比，他们更支付不了相应的成本，即用来应对更加炎热的夏季，以及逃离上升的海平面和暴风雨造成的洪水的成本，当然前者对全球变暖问题造成了更多的负面影响，因为他们的生活水平更高，碳足迹更大。马克·赫兹贾德（Mark Hertsgaard）认为，在地球上度过未来五十年，需要地方政府同时实施缓解措施（包括减少二氧化碳和其他温室气体的排放）和应对措施（对已经产生的环境效应有所准备）。[20] 应对环境变化不是一个新想法，它实际上是一种"灾难规划"。但是，正如 2005 年卡特里娜飓风后关于重建新奥尔良市的补救计划所示，灾害规划涉及许多政治问题，首先是哪些地区将受到保护以及谁将为之付费的问题。历史学家可以帮助公众去理解，在当地气候变化应对措施中，所处位置和所付费用必须公平分配；一定程度上要强调，在过去一些公共工程中，有许多未能达到这一标准的实例。

除了挑战"何谓自然"与"何谓正义"的传统认知外，历史学家们有关气候变化的讨论还挑战了公众对"何谓不可避免"的认知。自 20 世纪 80 年代以来，科学家们以数学模型和图表的方式，势不可挡地向公众展示了气候的变化。最著名的可能是迈克尔·曼（Michael Mann）、雷·布拉德利（Ray Bradley）和马尔科姆·休斯（Malcolm Hughes）于 1998 年提出的"曲棍"图（hockey-stick），该图于 2001 年在政府间气候变化专门委员会第三次评估报告的摘要卷中重印，并在此后的流行出版物中被广泛转载，其中包括阿尔·戈尔（Al Gore）的电影《难以忽视的真相》（*An Inconvenient Truth*）。该图描绘了过去 1000 年的全球气温曲线，该曲线基本上是平坦的，直到大约 1900 年，像曲棍球棒的上翘刀片一样向上快速翘起。[21]

尽管从众多气候模型中导出的对未来气候的模拟，对于理解物理环境中可能发生的变化是有用的，但地理学家迈克·休姆（Mike Hulme）警告说，它们已被"不恰当地提升为某种普遍性的预测工具，用来做出对于未来社会可能会表现出的状态以及人类命运的普遍预测"，并且使用这些模型也同时冒着回到 19 世纪末流行的气候决定论和还原论的风险。气候模型"提供了一种用逻辑语言编写的未来预测，而在这种预测中使用的却是并未根据未来现实进行拟合的数学和计算机代码语言"，因为建模者不能将许多人为因素纳入他们的方程式，所以它几乎不允许引入人为力量的作用，也几乎识别不了人类的价值观和文化的变化。[22] 人类学家柯尔斯滕·哈尔斯特鲁普（Kirsten Halstrup）曾略带嘲讽地说过，人类因素出现在科学家的气候模型中的唯一途径是作为二氧化碳的额外来源而引入的。[23] 气候已经成为人类未来的主要决定因素，但是它被讨论时却好像是常数一样，气候的常数化思维导致气候及其对经济、政治和社会关系的影响被视作单一的"已知"变量。公平地说，气候建模者经常以基于人类行为的情景和可变的未来状况来展示他们的工作，联合国政府间气候变化专门委员会的"曲棍"图表预测全球气温的上升时，基于四种不同的"排放情景"得出了多个最终结论。[24] 通过呼吁在气候模型与情景的建设中实现更高程度的人与自然系统的整合，《可持续性或崩溃？人类在地球上的综合历史和未来》（*Sustainability or Collapse? An Integrated History and Future of People on Earth*）一书的作者们建议科学家将更多的关于过去社会中的社会及政治数据纳入考量之中，与此同时也需要谨慎对待过去的历史，"当我们浏览关于过去的叙述时，我们需要尝试将偶然因素与规律性因素分开，以便从历史中提取最大限度的可供学习的知识"[25]。

　　但这是历史学家的想法吗？作为一门学科，历史更多地关注随机事件和偶然事件，而不是规律性的事件。历史学家知道生活不是按照计划进行的，也不遵循可以建模并绘制到未来的常规过程。即便历史学家使用了类比，暗示研究过去有助于为当前的公共政策决策提供信息，正如威廉·克罗农所指出的那样，但历史也并没有提供多少可以直接应用于当下的过去经验，相反只是提供了一些寓言（parables）而已。[26]

　　迄今为止，历史学家已经为关于气候变化的公众话题（public conversation）提供了三种寓言。其中一个是关于"崩溃"的故事，记述的是过去文明的历史记录，这些文明在当时未能成功应对由气候变化、入侵的物种和疾病等，或者它们自己对当地自然资源的过度开发所带来的全新的环境状况。据称以这种方式崩溃的文明中包括复活节岛民、玛雅人、格陵兰岛的北欧人、美国西南部的普韦布洛人祖先以及大平原沙尘暴中的居民。[27] 展望未来，环境史学家们所警告的无非是，二战以来对不可再生的自然资源的消耗以及向大气中释放二氧化碳、氮气和甲烷等的全球"大加速"（Great Acceleration），具有难以避免的可怕后果。[28]

但是，历史学家也提供了第二种寓言，这是一种通过回顾过去来寻找环境可持续性案例的方式。他们认为，加勒特·哈丁（Garret Hardin）的"公地的悲剧"（tragedy of the commons）并非不可避免，这是一则适用于所有地方和时代的铁律，过去许多社会都长期以来成功地实现了公共池塘自然资源的可持续利用，并在实际操作上改善了其环境而不是消耗其环境。[29] 然而，历史学家从土著文化中汲取了大部分历史可持续性的例子，这些例子发生在资本主义扩张之前，随着资本主义的扩张，曾经遵循传统做法的不幸的当地居民只能被迫进入全球市场的洪流之中。[30] 布赖恩·多纳休（Brian Donahue）曾经总结过，即使是 17 世纪马萨诸塞州康科德镇的前三代英格兰定居者，也曾经共同管理着他们的"大草原"以之涵养土壤，直到人口增长以及市场资本主义迫使他们加剧对土地的使用并耗干他们的湿地。[31]

最后，历史学家提供了关于复原力（resilience）的寓言，也即关于过去的社会的故事，这些社会在面对突如其来的令人痛苦的环境变化时，通过果断行动而幸存下来。这些历史事例中的大多数社会都是从地震、洪水和海啸等自然灾害中恢复过来的，它们有时会在原地进行重建，有时则会迁移到其他地方。当然，复原力的寓言也包含在历史学家记录的关于人们的叙述之中，这些叙述中的人类社会从人类造成的灾难，如战争中，也恢复了过来。[32] 面对类似的灾难时，为什么有些社会崩溃了而其他社会却能成功地适应？有关复原力的历史证明，人类在克服逆境方面具备很强的适应力，足智多谋，并且勇气可嘉。

对于公众史学家而言，每一种故事都有其价值。通过大声疾呼，历史学家关于社会崩溃的寓言引起了公众对当前危机的关注，尽管这些故事背后的基于气候科学家所开发模型的环境决定论可能并不适用。关于可持续性的寓言为公众提供了希望，即"传统"社会所谓的与自然和谐相处可以被重新发现；当然，这些故事中对理想化的过去事物的怀念，往往会使它们变成破裂的传闻，与当今的现实情况产生脱节。然而，对于公众史学家来说，关于复原力的寓言却具有极大的价值，因为它们恰当地表明了公众史学家的态度，即他们既没有将过去浪漫化，也没有暗示要想避免预先确定的反面乌托邦未来（dystopian future）已经为时已晚。

除了重塑历史学家讲述的那种故事之外，气候变化还挑战着历史学家为培养某一社区的地域感并相信其熟悉的家乡环境会持续存在所付出的努力。毕竟，公众史学实践不仅包括学者对过去的研究，而且要与现在的人类社区密切接触。以下见解来自我在众多的社区中实践公众史学时的经验，以及我对传统社会组织和大众记忆运行方式的审视。

在许多重要方面，公众史学家的工作与恢复生态学家的工作相似。正如恢复生态学家接受社区不能回归到原始的自然状态这一事实，而寻求负责任地干预生物群落的进化过程一样，公众史学家负责任地干预人类社区的记忆流（memory streams），并帮助它们将过去和现在联系起来。恢复生态学与历史保护之间尤其存在相似之处。这两种实践都通过回顾过去来找寻灵感，以创建当前的环境。埃里克·希格斯指出，与历史保护一样，"恢复实践很有价值，因为它能够向我们展示历史性对我们意味着什么（怀旧）、将我们与地方联系起来的故事（连续性）以及我们与自然之间的关系的时间深度"[33]。尽管认识到确保环境的长期经济可行性的重要性，但恢复生态学与历史保护的实践都强调了众多地区不仅仅只具备经济价值。理想情况下，这两种实践都需要与当地人群接触，并与这些人群分享决策权。正如公众史学家与他们开展工作的社区建立双向沟通的关系，恢复生态学家与当地环境状况也建立了类似的双向沟通的关系，他们都试图利用自然本身的作用而不是试图改变自然。

然而，生态学和历史学并不是平行的，而是不可分割地交织在一起，融合在一个地区的细节之中。用亨利·格拉辛（Henry Glassie）的话来说，"历史是地域观念的要素"[34]。人类理解和重视周围环境的方式与他们在这种环境中所经历的历史是分不开的，无论是通过亲身经历还是通过其他人的故事都是如此。他们将记忆附着于地域之中，并随着时间的推移而与他们称之为家乡的特定的熟悉环境形成情感上的纽带。[35]这些纽带使人们在空间中有了定位，告诉了他们在世界上所处的位置；这些纽带也使人们在时间中有了定位，告诉了他们在过去和未来几代人中所处的位置；这些纽带还使人们在社会中有了定位，告诉了他们属于哪个群体。[36]

　　像地球上的其他物种一样，人类可以适应许多特定的地区和环境状况。他们开辟了家园领地。即使人类能够远距离迁徙并适应各种各样的环境，但是他们这样做的时候，其中有许多人也会迷失方向，而且常常会患上思乡病。[37]珍妮·格伦维尔（Jane Grenville）曾借用安东尼·吉登斯（Anthony Giddens）的一个术语，认为人类试图维持其"本体安全感"（ontological security），即一种历史感和地域感。在熟悉的环境中扎根，可以帮助他们理解所处的自然环境与人文环境。[38]

　　不断变化的气候带来了新的环境状况（气温上升和干旱）以及威胁本体安全的干扰系统（暴风雨、洪水和野火）。[39]在一个熟悉的家园环境中，大自然不再像当地居民习惯的那样表现得自然如常。一些动植物群从人们的视野中离开，另一些新的动植物群却登上了舞台。尽管科学家们可以解释这种变化，即不稳定的自然平衡一直是常态，但是公众并不习惯以这种方式思考环境。如果正如埃里克·希格斯所观察到的那样，"一个地区的历史性取决于怀旧、连续性和深度的结合"，那么这些条件是否可以在这样一种极端变化的环境中得到满足，即气温和天气模式在仅仅三代人的时间里便发生了显著变化的环境？[40]

　　一个在仅仅三代人的时间里便发生了重大气候变化的世界，肯定会产生大量流离失所的经历。对于低洼海岸、岛屿和三角洲的居民来说，由于极地冰层的融化以及海平面的上升，他们确实会碰到这种遭遇；他们将成为难民，就像其他当地的物种一样失去他们的家园，并需要协助移民。[41]但是，我们中的许多人将不必去体验气候变化所带来的流离失所的经历。就像一对年迈的夫妇开始对一个不断变化的社区感到奇怪，因为他们的朋友要么去世要么搬走了，而我们生活的环境也将开始变得陌生，因为它开始变得更热、更冷、更潮湿或更干燥。即使是在我们之中能留下来的人也会发现自己生活在一个新的地方，同时不得不去适应往后的新常态。[42]我们所经历的气候与我们记忆中的气候之间的差别将会日益增大。过去的可以帮助我们适应当地环境的天气故事，将会越来越难以迁移到当前的状况之中。[43]我们将如何保持我们的本体安全感，并理解我们在世界上所处的位置？用特里·坦皮斯特·威廉斯（Terry Tempest

Williams）的话说，我们怎样才能学会在变化中寻求庇护？[44]

在过去四个世纪中，周遭环境的改变是世界上许多人的共同经历。当人们无法决定他们的迁徙选择时，他们会感到流离失所，同时他们无法为这种被动的迁徙给出充分的理由，也无法将这种迁徙融入过去、现在和将来的连续的生活叙事之中。[45] 面对环境变化的经历迫使我们重新去适应。搬到一个新环境中的举措，或者在我们居住的地方出现了新环境的情况，都会促进我们对过去所在之处的认识，然而这些地方现在只能存在于我们的记忆之中。[46]

生态学家试图了解自然界（生物群落）中各种物种之间的相互关系，历史学家则试图了解人类在这个世界中随时间流逝所经历的变化。在生态学和历史学中，埃里克·希格斯经过观察说道："连续性由我们创造的叙述来维持，以解释我们在物质流动中的位置。"[47] 生态学家根据生态完整性和历史确限度原则，通过修复受损的土地，重建地域景观的特征、功能和生态复原力来干预一个地方的生物进化。干预社区记忆流的公众史学家也寻求一种修复，通过植根于社区的过去，建立具有连续性的关于希望的叙述，以促进其居民的本体安全感，并治愈他们的创伤和所受的惊扰。[48]

然而，随着人为气候变化的影响变得更加明显，历史学家可以做的不仅仅是帮助公众适应气候科学家预测的陌生的未来环境，因为历史学家可以讲述许多强调历史连续性的故事，以及许多过去社会如何成功地适应不可避免的变化的故事。历史学家还可以通过讲述那种过去的故事来增强复原力；过去的人们有效避免了决定论的危害，意识到对于不可测事件可以做到未雨绸缪，而且对当下来说完全可能，这正如马克·莱文（Mark Levene）坚持认为的那样。[49] 在人类世的时代，当人类活动对全球环境产生至关重要的影响时，我们不仅要学会应对全新的气候状况，还要努力减轻变化，通过大幅度减少释放到大气中二氧化碳和其他温室气体的总量来实现重大的环境改善。[50] 减少的目标不太可能通过全球地球工程之类的技术方案来实现；历史表明，在自然的进程中，大规模的人为干预，如修建水坝等，会产生意想不到的后果，因此诸如此类的技术方案一定要非常小心谨慎、谦逊地推进。[51] 然而我们知道，即使存在种种限制，人类也可以采取行动来塑造未来的环境，因为我们所讲述的历史表明，他们在过去已经塑造了环境。正确讲述的历史可以推翻许多有关自然的浪漫观念，即认为自然或多或少是稳定不变和原始的，只是被人类活动所破坏，进而不可避免地导致了气候模型中所预测的反面乌托邦未来。相反，从埃玛·马里斯（Emma Marris）的视角来看，历史学家可以通过对过去和未来人为"设计"之景观的认同来接近过去，其实这也是一种颂扬。[52] 历史所展示的人类改善环境的能力，使得我们能够实施必要的社会和政治改革，以保持地球对生命的友好与宽容；如我们所知，这正是我们能够做到的，而不只是假设，我们唯一能做的事情就是适应正在恶化的生态环境。

注　释

[1] Lisa Graumlich, "The Impact of Climate Change on Parks, Protected Areas, and Cultural Sites"，论文发表于主题为"在不断变化的世界中重新思考保护区"（Rethinking Protected Areas in a Changing World）的明尼苏达州圣保罗市乔治·赖特协会（George Wright Society）双年会，2007 年 4 月。政府间气候变化专门委员会（Intergovernmental Panel on Climate Change）于 10 月发布了其第五次评估报告，参见 http://www.ipcc.ch/index.htm。

[2] 参见 Donald Worster, "Ecology of Order and Chaos," *Environmental History Review* 14, Spring/Summer 1990, pp. 1–18.

[3] 关于中世纪变暖期和北美小冰期的影响，参见 William Foster, *Climate and Culture Change in North America AD 900–1600,* Austin: University of Texas Press, 2012. 另见美国国家海洋和大气管理局网站的文章，"A Paleo Perspective on Global Warming," http://www.ncdc.noaa.gov/paleo/globalwarming/medieval.html.

[4] John H. Williams and Stephen T. Jackson, "Novel Climates, No-analog Communities, and Ecological Surprises," *Frontiers in Ecology and the Environment* 5, November 2007, pp. 475–482. 他们的研究结果最初在线发表于《美国国家科学院院刊》（*Proceedings of the National Academy of Sciences*），并在道格拉斯·福克斯（Douglas Fox）的文章中做了总结：Douglas Fox, "Back to the No-Analog Future," *Science* 316, May 11, 2007, pp. 823–825。我通过电子检索科学出版物，可以找到最早使用"前所未有"（no-analog）这一术语的文献即 Paul Loubere, "The Western Mediterranean During the Last Glacial: Attacking a No-analog Problem," *Marine Micropaleontology*, 7, September 1982, pp. 311–325.

[5] John W. Williams, Stephen T. Jackson, and John E. Kutzbach, "Projected Distributions of Novel and Disappearing Climates by 2100 AD," *Proceedings of the National Academy of Sciences* 104 (April 3, 2007), pp. 5738–5742, http://www.pnas.org/content/104/14/5738.full.pdf+html.

[6] Eric Higgs, *Nature by Design: People, Natural Process, and Ecological Restoration*, Cambridge, MA: MIT Press, 2003, p. 145.

[7] Higgs, *Nature by Design*, p. 158.

[8] David N. Cole, Eric S. Higgs, and Peter S. White, "Historical Fidelity: Maintaining Legacy and Connection to Heritage," in *Beyond Naturalness: Rethinking Park and Wilderness Stewardship in an Era of Rapid Change*, eds. David N. Cole and Laurie Yung (Washington, DC: Island Press, 2010), pp. 125–141.

[9] 关于因气候变化而试图保持现有生态关系是徒劳无益的这一看法，参见 Nathan L. Stephenson, Constance I. Millar, and David N. Cole, "Shifting Environmental Foundations: the Unprecedented and Unpredictable Future," in Cole and Yung, *Beyond Naturalness*, pp. 50–66. 对约书亚树案例的探讨：F. Stuart Chapin III, Erika S. Zavaleta, Leigh A. Welling, Paul Deprey, and Laurie Yung, "Planning in the Context of Uncertainty: Flexibility for Adapting to Change," also in the *Beyond Naturalness Anthology*, pp. 216–233.

[10] Adrian Howkins, "Experiments in the Anthropocene: Climate Change and History in the McMurdo Dry Valleys, Antarctica," *Environmental History* 19, April 2014, pp. 294–302.

[11] 参见 William Cronon, "The Trouble with Wilderness," in *Uncommon Ground: Rethinking the Human Place in Nature*, New York: WW Norton, 1995, pp. 69–90. Will Steffen, Jacques Grinevald, Paul Crutzen, and John McNeill, "The Anthropocene: Conceptual and Historical Perspectives," *Philosophical Transactions of the Royal Society* A 369, January 2011, pp. 842–867. 关于人类世对摧毁自然历史和人类历史之间区别的影响，参见 Dipesh Chakrabarty, "The Climate of History," *Critical Inquiry* 35, Winter 2009, pp. 197–222.

[12] Lawrence Culver, "Seeing Climate Through Culture," *Environmental History* 19, April 2014, pp. 311–318.

[13] 在认为人类活动导致全球变暖这一点上，美国女性很可能只略高于男性（45% 对 43%），而非洲裔美国人却大大高于白人（52% 对 41%），参见 Pew Research Center for the People and the Press, "GOP Deeply Divided Over Climate Change," November 1, 2013, http://www.people-press.org/2013/11/01/gop-deeply-divided-over-climate-change/.

[14] Kari Marie Norgaard, *Living in Denial: Climate Change, Emotions, and Everyday Life,* Cambridge, MA: MIT Press, 2011. 诺加德（Norgaard）分析了挪威的"社会拒绝接受组织"，认为拒绝接受不仅是一种个体心理的产物与一种不乐意面对事实的情绪，而且一种是社会力量的产物。亦可参见 Norgaard, " 'People Want to Protect Themselves a Little Bit' : Emotions, Denial, and Social Movement Non-participation," *Sociological Inquiry* 76, August 2006, pp. 372–396.

[15] Pew Research Global Attitudes Project, "Climate Change and Financial Instability Seen as Top Global Threats," June 24, 2013, http://www.pewglobal.org/files/2013/06/Pew-Research-Center-Global-Attitudes-Project-Global-Threats-Report-FINAL-June-24-20131.pdf. 耶鲁大学气候通讯项目于 2014 年 5 月发布的一项研究表明，如果转而问及"全球变暖"的问题，那么将"气候变化"视为对其国家的主要威胁的比例会更大。A. Leiserowitz, G. Feinberg, S. Rosenthal, N. Smith, A. Anderson, C. Roser-Renouf, and E. Maibach, *What's In A Name? Global Warming vs. Climate Change,* New Haven, CT: Yale Project on Climate Change Communication and George Mason University, 2014.

[16] 一些人认为，第二次世界大战之后，"文化差异"只是一种可以接受的用来讨论种族差异的方式：Howard Winant, *The New Politics of Race: Globalism, Difference, Justice,* Minneapolis: University of Minnesota Press, 2004.

[17] Michael Sandel, *Justice: What's the Right Thing to Do?* New York: Farrar, Straus, Giroux, 2009.

[18] Diane Barthel-Bouchier, *Cultural Heritage and the Challenge of Sustainability,* Walnut Creek, CA: Left Coast Press, 2013.

[19] John H. Knox, "Climate Change and Human Rights Law," *Virginia Journal of International Law* 50, 2009—2010, pp. 163–218. 关于富国欠贫穷国的"气候债务"，参见 Naomi Klein, "Climate Rage," *Rolling Stone*, November 12, 2009, http：//www.rollingstone.com/politics/news/climate-rage-20091112.

[20] Mark Hertsgaard, *Hot: Living Through the Next Fifty Years on Earth,* Boston: Houghton Mifflin

Harcourt, 2011.

[21] David Appel, "Behind the Hockey Stick," *Scientific American* 292, March 1, 2005, pp. 34–35.

[22] Mike Hulme, "Reducing the Future to Climate: A Story of Climate Determinism and Reductionism," *Osiris* 26, 2011, pp. 245–266. 亦可参见 Hulme, "The Conquering of Climate: Discourses of Fear and their Dissolution," *The Geographical Journal* 174, 2008, pp. 5–16.

[23] Kirsten Hastrup, "Anticipating Nature: The Productive Uncertainty of Climate Models," Kristen Halstrup and Martin Skrydstru, eds., *The Social Life of Climate Change Models: Anticipating Nature*, New York: Routledge, 2013, pp. 1–29.

[24] 在 2007 年联合国政府间气候变化专门委员会论气候变化中，有关于四个 "情景类别" (scenario families) 的详细解释，参见 *Synthesis Report*, November 2007, p. 44.

[25] Marianne Young, Rik Leemans, Roelof Boumans, Robert Costanza, Burt de Vries, John Finnegan, Uno Siedin, and Michael Young, "Group Report: Future Scenarios of Human Environment Systems," in Robert Costanza, Lisa J. Graumlich, and Will Steffen, eds., *Sustainability or Collapse? An Integrated History and Future of People on Earth*, Cambridge: MIT Press, 2007, p. 457.

[26] William Cronon, "The Uses of Environmental History," *Environmental History Review* 17, Fall 1993, pp. 1–22. 关于历史类比在公共政策中的用法，参见 Richard E. Neustadt and Ernest R. May, *Thinking in Time: The Uses of History for Decision Makers,* New York: Free Press, 1986.

[27] Jared Diamond, *Collapse: How Societies Choose to Fail or Succeed,* New York: Penguin, 2005. 鲜为人知但更为复杂的是这部著作中包含的案例研究：Costanza, Graumlich, and Steffen, *Sustainability or Collapse?*

[28] "Group Report: Decadal Scale Interactions of Humans and the Environment," in Costanza, Graumlich, and Steffen, *Sustainability or Collapse?*, pp. 341–375.

[29] Garrett Hardin, "The Tragedy of the Commons," *Science* 162, December 1968, pp. 1243–1248.

[30] 有关这一论点的一个例子是：Gary Snyder, "The Place, the Region, the Commons," in *The Practice of the Wild,* San Francisco: North Point Press, 1990, pp. 25–47. 也可参见对有关印第安人与自然和谐相处的浪漫观念的批评：Shephard Krech III, *The Ecological Indian: Myth and History,* New York: W.W. Norton, 1999.

[31] Brian Donahue, *The Great Meadow: Farmers and the Land in Colonial Concord,* New Haven: Yale University Press, 2004; Carolyn Merchant, "Farm Ecology: Subsistence versus the Market," in *Ecological Revolutions: Nature, Gender, Science in New England*, Chapel Hill: University of North Carolina Press, 1989, pp. 149–174.

[32] 关于从自然灾害或战争的创伤中恢复过来的社会的历史文献太过庞大，无法在此提及。

[33] Higgs, *Nature by Design*, p. 156.

[34] Henry Glassie, *Passing the Time in Ballymenone: Culture and History of an Ulster Community*, Philadelphia: University of Pennsylvania Press, 1982, p. 664.

[35] Claire Cooper Marcus, "Environmental Memories," in Irwin Altman and Setha M. Low, eds, *Place Attachment*, New York: Plenum, 1992, pp. 87–112.

[36] David Glassberg, *Sense of History: The Place of the Past in American Life,* Amherst: University of Massachusetts Press, 2001.

[37] 关于人类需要像其他物种一样适应环境，参见 Peter H. Kahn and Patricia H. Hasbach's introduction to *Ecopsychology: Science, Totems, and Technological Species,* Cambridge, MA: MIT Press, 2012, pp. 1–21. 亦可参见 Susan J. Matt, *Homesickness: An American History,* New York: Oxford University Press, 2011.

[38] Jane Grenville, "Conservation as Psychology: Ontological Security and the Built Environment,"

International Journal of Heritage Studies 13, November 2007, pp. 447–461。

[39] Monica Williams, "Disturbance and Landscape Dynamics in a Changing World," *Ecology* 91, 2010, pp. 2833–2849。

[40] Higgs, *Nature by Design*, p. 156.

[41] 有关极地冰盖融化和海洋上升的影响，参见 Henry Pollack, *A World Without Ice,* New York: Avery, 2009.

[42] 澳大利亚人格伦·阿尔布雷克特 (Glenn Albrecht) 将对地方的这种无所依恋称为"忘乡病"：Albrecht, "Solastalgia: A New Concept in Health and Identity," *Philosophy, Activism, Nature* 3, 2005, pp. 41–55; Albrecht, Gina-Marie Sartore, Linda Connor, et al., "Solastalgia: The Distress Caused By Environmental Change," *Australasian Psychiatry* 15, Supplement, 2007, pp. 95–98. 有关全球气温上升的更多的对心理影响的预测，包括谋杀率上升等，参见 Thomas J. Doherty and Susan Clayton, "The Psychological Impacts of Global Climate Change," *American Psychologist* 66, May-June 2011, pp. 265–276.

[43] 关于天气记忆作为个人和社区身份认同的重要来源，参见 Trevor A. Harley, "Nice Weather for the Time of Year: The British Obsession with the Weather," in Sarah Strauss and Ben Orlove, eds., *Weather, Climate, Culture*, New York: Berg, 2003, pp. 103–118; Georgina H. Endfield, "Exploring Particularity: Vulnerability, Resilience, and Memory in Climate Change Discourses," *Environmental History* 19, April 2014, pp. 303–310.

[44] Terry Tempest Williams, *Refuge: An Unnatural History of Family and Place,* New York: Vintage, 1991.

[45] Mindy Thompson Fullilove, "Psychiatric Implications of Displacement: Contributions from the Psychology of Place," *American Journal of Psychiatry* 153, December 1996, pp. 1516–1522. Fullilove, *Root Shock: How Tearing Up City Neighborhoods Hurts America and What We Can Do About It,* New York: One World/Ballantine Books, 2004. 该书在对城市重建所造成的流离失所的家庭的研究中详尽阐述了这些想法。

[46] 段孚义认为，乡土情怀是从迁徙和流离失所的体验中油然而生的，而根深蒂固的感情源于对很少改变的周遭环境的体验。Yi-Fu Tuan, "Rootedness vs. Sense of Place," *Landscape* 24, 1980, pp. 3–8.

[47] Higgs, *Nature by Design*, p. 245.

[48] 关于作为生态学一个目标的恢复力，参见 Erika S. Zavaleta and F. Stuart Chapin III, "Resilience Frameworks: Enhancing the Capacity to Adapt to Change," in Cole and Yung, eds., *Beyond Naturalness*, pp. 142–158。

[49] Mark Levene, "Climate Blues: or How Awareness of the Human End Might Re-Instill Ethical Purpose to the Writing of History," *Environmental Humanities* 2, 2013, pp. 147–167.

[50] 关于对减少和适应的同时需要，参见 Hertsgaard, *Hot.*

[51] 关于地球工程的危险，或"通过驾驭来征服气候"，参见 Mike Hulme, "The Conquering of Climate: Discourses of Fear and their Dissolution," *The Geographical Journal* 174, 2008, pp. 5–16.

[52] Emma Marris, *Rambunctious Garden: Saving Nature in a Post-Wild World*, New York: Bloomsbury, 2011.

面向公众的动物历史叙事 *

曹志红　聂传平 **

摘要：人类是地球上演化得最成功的哺乳动物，人类文明伊始，就驯化了动物，使之成为衣食之源、役力之需、财富之基，与人类生活的方方面面发生着联系。甚至有很多动物在人类历史上发挥过特殊的作用。书写人类的历史，亦是叙述动物的历史。从海东青与辽灭金兴、新疆虎的历史变迁及灭绝、虎患的历史认识等动物历史案例中就可以看到，面向公众的动物历史叙事，不仅可以讲述鲜为人知的影响了历史的动物故事，翻检湮没在历史中的动物故事，还可以厘清人类对某些动物的历史误解，促进历史观的转换。

关键词：公众史学；动物历史；历史叙事；海东青；虎

Abstract

As one of the most successfully evolved mammals, human beings have domesticated animals since the beginning of human civilization. Animals have thus become the source of food, clothing and wealth for human beings. Many animals have played an important role in human history, so writing the history of human beings also narrates the history of animals. Both the story of the falcon and the vicissitudes of the Liao dynasty and the Jin dynasty, and the story of Tarim tiger clarifying the historical misunderstanding on tiger by attacking people, demonstrate the power of narrating the animal history to the public.

---

* 本文系国家社会科学基金后期资助项目"焉居其野：中国虎历史研究"（17FZS051）阶段性成果。

** 曹志红：中国科学院大学马克思主义学院副教授。

　聂传平：山西师范大学马克思主义学院副教授。

Key words

public history, animal history, historical narrative, falcon, tiger

公众需要动物历史叙事

大约 250 万年前，动物界哺乳纲灵长目的动物开始演化，之后世世代代繁衍生息。他们与一同共享栖地的其他动物相比，除了脑容量明显较大之外，并没有什么特别之处。[1] 直到 50 万年前，其中的一支演化为被称作"智人"（homo sapiens）的动物群体。他们通过狩猎以获取动物性蛋白与脂肪，来满足生存所需，偶尔也通过采集植物与果实以填饱肚子。

大约一万年前，某些智人群体决定不再四处流浪，开始定居生活。这些定居的智人驯化了粟、麦、稻、豆、麻等作物，同时也驯化了一些动物。最初这些动物是养来提供肉的，接着它们被用来生产乳品、皮革、毛料，成为智人的衣食之源、役力之需、财富之基，与其生活的方方面面发生了联系。

智人是分布最广泛的陆栖哺乳动物物种，遍布地球各大陆（尽管南极洲没有永久性定居点）。智人也是地球上演化得最成功的哺乳动物。随着演化，他们陆续创造了文字，创造了文化，创造了文明，还创造了科技。他们改变了其他动物的命运，同时又被其他动物所改变。他们文明的最初载体之一——文字的产生即与动物相关，甲骨文刻画在兽骨、龟甲之上，羊皮纸来自动物的皮。

几千年来，不管是耕种作物、豢养动物定居的智人，还是放养牲畜、四处游牧的智人，他们驯化的其他动物同伴在其生活中都发挥了重要作用。鸡、鸭、鹅等为其提供蛋白质与脂肪；貂、狐、貉等为其提供华丽皮装；马、牛、驼等供其役力之需；猫、狗、鱼等供其消遣之乐；大象、军马、猎犬等为战争添翼；小鼠、果蝇、家兔等为实验助力；虎（骨）、麝（香）、鹿（茸）、熊（胆）等提供治病良药。

与此同时，智人与其他动物之间的关系也一直充满着各种挑战。一方面，虎、豹、豺、狼等威胁着智人的生命安全，田鼠、野猪等危害着农田产出，蚊子、苍蝇、跳蚤等传播了各种疾病。另一方面，智人文明的不断发展，也影响着不同动物种群的变迁。他们开发的山地压缩了森林动物的生存空间，他们排放的污水威胁着水生动物的生命安全，他们的过度狩猎导致特有动物濒于灭绝。

回头看看，人类在过去的两万年里，已经改变了许多动物物种，通过育种的方式使他们改头换面，以适应人类所需。同时，人类因为自身直接的农业发展与生存空间的扩张，以及间接的对环境造成的污染，已经成为地球其他动物演化的主要驱动力之一，决定哪些动物适应且生存，哪些动物则将面临绝灭。所以，书写人类的历史，就是书写动物的历史。面向公众叙述历史，也少不了对动物历史的叙述。哪些动物历史对公众史学是有意义的？面向公众的动物历史叙事有着什么样的意义？如何面向公众进行动物历史叙述？

向公众叙述动物创造历史的故事

一些特有的动物与人类社会有着千丝万缕的联系，并在不同程度上参与到人类社会的历史演进中，甚至曾经影响了一些民族政权的历史发展进程，同时蕴含着丰富的文化内涵。

海东青，拥有一个美丽名字的禽鸟，是历史上一种具有神秘感的猛禽。据研究，其为今日鸟纲，隼科，隼属之矛隼，因李白的《高句丽》一诗闻名："金花折风帽，白马小迟回。翩翩舞广袖，似鸟海东来。"就是这样一种美丽的禽鸟，却影响了辽金鼎革的历史进程。

海东青是中国历史上声名最为煊赫的猎鹰，在不晚于周代即被东北地区的族群驯化，并用于狩猎。唐代时，东北地区的地方政权渤海国曾多次向唐廷进贡海东青。渤海国被唐人誉为"海东盛国"，由渤海国进贡的猎鹰被唐人称为"海东青鹘"，后演变为"海东青"。10世纪初，契丹族兴起，建立辽国，攻灭渤海国，原先附属于渤海国的女真诸部也逐渐被辽国征服或控制。辽国为确立对女真诸部的宗主关系，迫使女真人向辽廷进贡土贡，海东青就是女真人向辽国皇帝进贡的珍贵贡品之一。女真人向辽国进贡海东青而形成的交通线被称为"鹰路"。海东青身姿矫健，捕猎本领高强，尤其善捕天鹅，因而深受辽国皇帝喜爱。在每年的"春捺钵"[2]中，辽国皇帝都要亲自纵放海东青以捕天鹅，捕下天鹅后，要举行具有仪式性的"头鹅宴"，君臣欢饮庆祝。此时东北的女真诸部首领也要参加"头鹅宴"，并进献贡品，这是辽国皇帝笼络控制女真诸部的一种手段。

约在辽代中期，一个叫完颜部的不起眼的生女真小部落迁居至鹰路的交通要津——按出虎水流域（今阿什河），依托有利的地理位置，与辽国建立了宗藩关系。完颜部以为辽国维持鹰路畅通的名义，成为辽国在鹰路沿线及生女真诸部中的代理人，并借助于辽国的支持，征伐阻挠鹰路交通或不听命于己的部落，逐步整合与统一了生女真诸部。逐渐强大起来的完颜部不再甘心受制于辽国，转而以辽国向女真征索海东青、压迫女真人的名义，起兵反辽，最终建立大金，并相继灭亡了辽国和北宋。可见，海东青在以完颜部为代表的女真势力的崛起过程中发挥了不可低估的作用，且在某种程度上影响了 12 世纪前期东北亚地区政局的演进。[3]

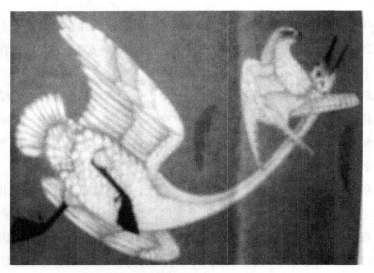

海东青捕天鹅图（明代画家殷偕绘）

自人类文明出现以来，动物世界的种种奇迹，就一直伴随着人类历史的脚步。它们被当作运输工具、食物来源、人类的伙伴，也是财富的来源。动物在人类世界的发展历程中，发挥着至关重要的作用，其中有一小群动物则更为重要，它们甚至影响了世界、文化、宗教、历史进程等，它们是创造历史的动物。

向公众讲述历史深处的动物故事

虎乃森林之王，山兽之君，主要生活在森林山地区域。然而，为世人所罕知的是，在这个世界上还曾经存在过唯一一个生活在荒漠地区的虎种群——新疆虎。说它曾经存在，是因为它已经在新疆地区消失了。尽管在中国史前岩画、历史文献中，一直有新疆虎的图像和记录，然而，在西方世界却鲜为人知。

19世纪中叶，随着工业革命的完成，当时世界上主要的资本主义国家逐步进入垄断资本主义阶段并开始对外侵略扩张，以科考、传教、考古等为由的中亚"探险"活动兴起。1858年，哈萨克族玉兹部落的阿布赉汗（Абылай хан）之孙——乔汉·瓦里汗诺夫（Ч. Ч. Валиханов），奉沙俄之命到喀什刺探情报，记录到准噶尔的高山和平原地带有老虎。1876年，俄国军官 A. H. 库罗帕特金（А. Н. Куропаткин）同样奉命到南疆考察搜集情报，写到从喀什城到阿克苏城行经的路线中，"森林极为茂密，温暖时节老虎还很多"[4]。这两则记载由于过于简略，加之记录人的学术影响有限，并没有引起人们的重视。

直到1877年和1885年，俄国著名军事探险家尼古拉·米哈伊洛维奇·普尔热瓦尔斯基（Никола́й Миха́йлович Пржева́льский，以下简称"普尔热瓦尔斯基"）两次来到新疆考察，亲眼见到了新疆虎，并且多次参与了当地新阿布达尔村的猎虎活动。在《走向罗布泊》一书中，他写到当时的南疆和北疆的老虎"像伏尔加河上的狼一样多"[5]，并且还仔细记录了虎在南北疆的地理分布状况和数量差异，及其具体生活条件、体型、毛长、活动规律，以及当地人的各种捕虎方法与捕虎活动。普尔热瓦尔斯基的发现刚一公布，立即引起了各国探险家的注意。由于普尔热瓦尔斯基在早期"中亚考察"活动中的显赫地位，被认为是世界上第一个对外披露新疆虎踪迹的人。

1900年，瑞典探险家斯文·赫定（Sven Hedin）在罗布泊发现古楼兰废墟和新疆虎，并向世界发布，使新疆虎和楼兰一样受到世人瞩目。斯文·赫定曾两度在罗布荒原的河岸上看到新疆虎的踪迹，然而，他却发现此时的新疆虎并不像俄国军官普尔热瓦尔斯基在20年前描述的那样多。当他在寻找新疆虎大量减少的原因时，生活在罗布泊的罗布人告诉他："母虎产崽时，总是选择没有蚂蚁的地方，因为成千上万的蚂蚁，会包围小虎崽，向它发起进攻，直到最后把小虎崽杀死。"[6] 小小的蚂蚁竟被当地人指责为杀害百兽之王的罪魁祸首，广袤的塔里木荒漠密林真是充满了神奇。

1916 年，施华兹（Schwarz）对新疆虎进行定名。他的文章发表在当年的《比较动物学报》（*Zoologische Anzeiger*）上，认为当时沿孔雀河由库尔勒至罗布泊一带有新疆虎分布，根据动物命名规则的"双名法"和"三名法"，其学名全称为 *Panthera tigris Lecoqi* (Schwarz，1916)，中国俗名则称新疆虎或塔里木虎，英文写作 Chinese Turkestan Tiger、Xinjiang Tiger、Tarim Tiger。而在 1916 年前后，却出现了新疆"最后一只老虎"被打死的说法。1927 年年底至 1928 年 7 月，德国探险家艾米尔·特林克勒（Emil Trinkler）在新疆考察时，当地的一个猎人告诉他，最后一只老虎大约是在 12 年前被打死的。根据这一次探险的时间向前推溯大约 12 年，也就是 1916 年前后。1979 年 2 月，印度新德里召开的保护老虎国际讨论会（International Symposium on Tiger）宣布，新疆虎已于 1916 年灭绝。[7]

纵观新疆虎走入世界视线的历程，几乎是刚发现即灭绝，时间短暂，标本缺乏，给新疆虎留下了很多悬而未决的问题。有学者甚至提出这样的疑问：新疆地区是否有虎？究竟是 19 世纪有过新疆虎而后灭绝，还是当初误把新疆境外的虎当作新疆虎？究竟新疆虎经历了怎样的变故，为何整个种群的数量会由丰富走向濒临灭绝？原因真的是当地人所说的蚂蚁食虎吗？

遍布新疆三大山系的岩画表明，在至少距今 1 万至 1.5 万年前，在阿尔泰山、天山、阿拉套山、玛依勒山等山脉的局部地区，新疆虎就已经存在，其中哈密市白山地区虎的活动尤多。这些地区大多处于山脉中部的山间谷地，山势平缓、降水较多、牧草茂盛、气候较暖，野生动物种类繁多。从岩画多描述老虎扑食羊群等活动来看，此时的老虎经常出现在人们的视线中，距离人的生活领地并不远。

历史上新疆虎的时间分布较长，且空间分布较广，天山南北均有其生存的地点，宏观上呈现出天山以南多于天山以北的态势。准噶尔和塔里木盆地边缘的河湖地带及天山北麓的伊犁谷地，是其主要分布区域。这些区域的共同特点就是靠近河流或者湖泊的边缘，属于山间谷地或者山前冲积扇。就具体生存环境而言，无论在南疆还是北疆，新疆虎主要生活在胡杨林或芦苇湖之间。大量的历史资料显示，新疆虎的大规模减少出现在 1899 年至 1916 年期间。历史上新疆地区的自然环境以干旱少雨为主要特征，由于自然条件的限制，适宜人和动物生存的地区并不多，零星散布在高山荒漠景观下的绿洲成为人和虎共同选择的栖息地。历史发展早期，由于人口少，开发力度小，生产力水平低，人类所从事的活动对周边环境的影响很小，对野生动物的影响亦微不足道。自然环境本身的演变速度是相对缓慢的，因而，虎在天山南北自然条件相对优越的局域环境中尚能自如生存，直到清代光绪前期，数量依然可观。

进入清中后期，随着移民屯垦力度的加大，大量人口涌入新疆地区，新的组织形式、开发手段不断引进，人们对绿洲土地的开垦能力大大提高，规模也极速扩大。森林的砍伐、水利的兴修、新土地的开垦等人类活动的叠加作用开始明显加强，从而加速了自然环境的演变进程，导致河流多次改道、水源减少、植被减少、野生动物减少、沙漠化扩展，这都造成了新疆虎栖息地的恶化和消失，导致其数量的锐减。尤其是光宣时期到辛亥革命后杨增新主政新疆期间，大兴屯田，修渠垦荒，规模远超前代，导致这一时期新疆虎的数量出现锐减趋势。

据普尔热瓦尔斯基 1885 年的记载，生活在这里的罗布人普遍都有狩猎的习俗，其中猎虎的方法也多种多样。因此，直接的猎杀应是影响虎种群生存的另一要素。根据食物链定律以及对于蚂蚁种群的捕食习性研究，蚂蚁激增影响虎的繁殖一说也不无道理。蚂蚁属节肢动物门，昆虫纲，膜翅目，蚁科，是地球上种类繁多、数量最多、分布最广的昆虫种类，已经记录的达一万多种，被称为"社会性昆虫"，在大部分的栖地中都是重要的捕食者。其体躯分为头、胸、腹三部，食性很复杂，可以动植物、蜜露或真菌（某些切叶蚁属把死昆虫、虫粪或植物叶子、花等带回巢内作为培养基，在此培养基上培植真菌）等为食。由于蚂蚁能进行群体捕食，所以不仅能捕食植物及体型较小的昆虫，而且也能捕食体型比自身大数倍甚至数百倍的动物。[8] 虎的发情交配期一般在 11 月至次年 2 月，孕期 93 天至 114 天左右，春末产仔。[9] 而这一季节天气转暖，正是蚂蚁种群的活跃期。因而，如果当地分布有肉食性蚂蚁，虎崽极有可能遭受到蚂蚁的袭击。那么新疆的罗布泊地区有没有可能分布着肉食性或杂食性的蚂蚁呢？

中国蚂蚁分类的具体研究开始较晚，直至 1995 年才出版了《中国经济昆虫志·膜翅目·蚁科》（一）一书，内容比较简略，亚科（属）各论中都没有提到新疆分布的蚂蚁，新疆蚂蚁的区系研究尚未有过系统调查及研究成果，更不用说罗布泊地区。1992 至 1993 年，夏永娟对新疆及其邻近地区蚁科的 3 亚科、17 属、57 种昆虫进行了标本采集、系统描述，测量、绘制了种的特征图，并进行了分类研究。虽然其采集标本的地点并未涉及罗布泊地区，但其邻近地区的蚂蚁资料亦可提供参考。其中采集自哈密的有切叶蚁亚科火蚁属追踪火蚁（Solenopsis indagatrix wheeler）。[10] 火蚁属为小型或中型蚂蚁，从热带一直到亚寒带都有分布，属杂食性，其毒液中的毒蛋白会给被攻击者带来过敏而休克死亡的危险。除了对土栖动物造成严重伤害外，最厉害的是能将泥土中的蚯蚓捕食殆尽。其群体捕食的能力，可以捕食数倍于自身的较大动物。如果罗布泊地区分布有这种追踪火蚁，就很有可能对老虎的繁殖过程构成威胁。

根据以上研究，新疆虎在历史上是确实存在的。至今陈列在瑞典首都斯德哥尔摩国家档案馆的一张虎皮就是新疆虎存在过的确凿证据，至于新疆虎在 1916 年灭绝的说法完全可以被中国的历史文献记录所否定。在 1916 年谢彬的《新疆游记》、1918 年邓缵先所撰的《乌苏县志》中，均记载新疆尚有虎。[11] 类似这种湮没在历史中的动物故事，我们的学术研究可以将其撰写为学术论文发表在学术期刊上，但更应该将其有效地传达给公众。

厘清公众对动物的历史误解

中国有成语"谈虎色变"，英语中有组合词"man-eater"，都表明在人们的概念中虎是吃人的。历史上，人们逢虎必打，涌现出很多打虎英雄，最著名的莫过于武松。其实这在学术研究上属于"虎患"专题。所谓"患"，忧虑也；害病也。使人在心理上产生担忧、焦虑甚至恐惧的人、物、事件等即称为"患"，隐患即为此意；而上升到对人的正常生活造成一定影响，甚至危及生命安全的人、物、事件则视为一种祸患、灾患，如水患即为此意。那么，何为虎患？虎，根据现代动物学知识，属于哺乳纲，食肉目，大型猫科动物，生物分类学上属于豹属之下的虎种，栖息在森林山地，斑纹独特。

在掌握了科学知识的现代人眼中，"虎在生态系统中处在食物链的顶端，是自然保护中的旗舰物种，具有重要的生态价值和科学价值。虎也具有重要的文化价值、美学价值和观赏价值"，"是其所在生态系统中的关键性物种之一"。[12]虎濒临灭绝的种群危机，使其物种的生存与保护显得尤为重要，其已成为人类最大程度关切下的一个珍稀濒危物种。

然而，虎这些宝贵的生物特性在古人的观念中却完全相反。如果不考虑虎文化信仰（因虎勇武将其奉为神灵和崇拜物）这一精神层面需求的话，对于虎这一实实在在的物种，在古人的心目中却是另一种形象。虎是亚洲最大的食肉猛兽，动作迅猛，能捕食多种动物，最喜欢袭击大中型食草兽，鹿、麢、麂、麝、羚、羊、野猪等都是其佳肴，偶尔盗食猪、牛、羊等家畜，甚至还能制服像熊那样难以对付的猛兽，在野外一次能食20—30公斤的肉。古人很早就认识到了这一点，《尔雅》曰"虎奋冲破，又能划地卜食"，"至暴而不可犯"，其生性凶猛，属于"贪冒之类""暴猛之物"，又因了解其肉食性而认定它"以杀为性""无所不食"，因此是"害物之尤者"，从内心便有一种天然的畏惧感。宋人有言："虎者，攫搏之物而威稜可畏。"[13]虎不仅在对其他动物的捕食时具有暴猛之性，古人甚至以为"虎有子不能搏攫者辄杀之，为堕武也"[14]。如此凶残的动物，怎能不让人害怕呢？

除此之外，古人认为虎是"百兽之长"，他们对于虎的畏惧不只体现在对其肉食性的了解上，即使其体貌和神态也对古人产生了强烈的感官压迫和心理冲击。《考异邮》云"虎首尾长七尺，般般文者，阴阳杂也"，"文采显明著于外者也"，这正是虎体貌特征的准确描述。虎体长1.2—2米，尾长1米左右，体重100—200公斤，最重可达320公斤，全身布满黄色（棕黄色）和黑色相间的斑斓条纹，尤其额头有几道黑纹，略像"王"字，更增添了其王者风范。《易》曰"虎视眈眈，其欲逐逐"，一双炯炯发光，并有白毛相衬的"倒挂"虎眼，更显得其凶猛、威严，因此古人通常认为"有虎视威，而元虎之贪也"。

正是因为虎的凶猛、肉食性，攻击性强，古人将之归为"丑类"之一，《尔雅·释兽》言"熊虎丑"，北宋邢昺亦疏"丑类也，熊虎之类"。[15]元至正十四年（1354），罗源县发生重大虎灾，时人陈钧作《猛虎行》依然称其为"丑类"，云："南山白额诛不尽，丑类繁滋食民命。眈眈八九道路间，吮血磨牙利锋刃。"[16] 由此可见，在古人的意识里，虎属于攻击性强、危险性高的动物，见之则令人生畏。因此，如果虎出现在人们的视线内、生活区，哪怕只有一只虎，哪怕是无意闯入的，人们也会心生恐惧，恐被袭击，本能地生起防备心理。若虎盘旋多日，则会令人心生忧患。

那么，虎是否和人处于同一生活领域呢？古人对此早有认识，《周礼》有言"山多虎，平地多人，泽多龙"[17]，《说文解字》云"虎，山兽之君"[18]，都表明虎属于山地林栖动物，而人则多在平地生存。虎的生存必须有足够茂密的植被供其隐蔽，必须有足够丰富的水源和动物供其猎食。因此，虎一般生活在"穷林巨涧，茂木深翳，小离人迹"的山间林地。如此，人在平地，而虎在山林，则人虎较少相遇，各居其处。但是，如果虎进入人的生活领域，则会对人的心理和现实生活造成侵扰。例如，历史文献中就有非常多的"虎入城"事件被记录下来。如果虎进一步有意伤及人畜，扰乱人们的正常生活秩序，则成为一种祸患。这就是人们对虎的认识。

一言以蔽之，由于虎体型巨大，生性凶猛，好食生物，在人们心中其是一种令人生惧的动物。一般情况下，由于虎处山林，人居平地，人虎相遇概率较低，所以一旦有虎出现在人的视线内，即使没有做出伤害行为，也会令人恐慌，对人的生活造成侵扰；更有甚者，若虎有意对人畜造成伤害或对人的生活秩序进行扰乱，则被视为祸患。以上这些其实质都是不同层次的人虎冲突，虎患实际上是人虎冲突的一种表现形式。

专业学者可以通过学术研究一探历史上的老虎对人类的生存造成过多么大威胁，也可以复原老虎曾经在哪些地方无数次地袭击过人类。[19] 然而，该主题的研究结果不应止于学术上的历史事实复原研究，还应有两个面向公众的功能。第一，厘清科学知识，纠正人们对虎的历史误解。现代动物学知识表明，虎主要捕食野猪、野牛、马鹿、狍子、麝、赤鹿、小鹿、毛冠鹿、水鹿、苏门羚等有蹄类动物，其次是野兔、竹鼠、果子狸、野鸡等中小型动物，偶尔盗食猪、牛、羊等家畜。其中，它最爱的是野猪、野牛和某些鹿类。可见，在虎的食谱中并没有人，虎不是天生吃人的，只有当其年老、受伤或受到人的攻击时才会攻击人。只有厘清了这一点，才能正确理解老虎吃人的背后原因。第二，基于第一点，我们还可以为公众史观的转变提供参考。历史上人类打虎，包括狩猎其他动物等行为，是在生产力水平有限、知识水平有限、历史认识有限的情况下，迫于生存、生命安全之需而进行的活动，是可以理解的，所以那些打虎的人被称为英雄。然而，在现代科学知识体系下，当代文明理念和动物伦理学视域下，应该将历史观转变为人与动物和谐共生。虎已濒危，不应再成为打杀、猎捕的对象，而应该大力保护以保证其生存繁衍。

倡导公众关注现实中的动物科学前沿问题

2005 年，国际期刊《科学》（*Science*）发布了人类当前面临的 125 个科学前沿问题，[20] 其中有 2 个涉及物种灭绝问题——"是什么导致大规模的物种灭绝？""我们是否能阻止物种的灭绝？"我们生活的地球的寿命已有 46 亿年，生物出现的历史已有 35 亿年，人类的历史也有 250 多万年，在这漫长的地球进化史中，许许多多的动物、植物、微生物在不断地变化着，构成了这个世界丰富多彩的生物圈，是生物多样性的根本要素。动物以其在生态系统物质转化与能量流动过程中的中间传递地位，成为联系自然与自然、自然与人类的中间环节，也是最活跃的要素。

丰富多样的动物资源都是从地质时代演变而来的，是大自然的重要历史遗产。然而，生命的历史表明，在地球上出现的物种，99.9% 都已经灭绝了。[21] 地球上曾经和正在发生着 6 次大的绝灭速率很高的灭绝事件（见表 1）。旧的物种灭绝，新的物种产生，地球上的物种数目保持稳定并略有增长。目前的物种数是有史以来最多的。

表 1　地球生物史上的大灭绝事件回顾 [22]

次数	时间	地质年代	灭绝物种
1	5 亿年前	寒武纪末期	50% 的动物科（包括三叶虫）
2	3.5 亿年前	泥盆纪末期	30% 的动物科（包括无颌鱼类、盾皮鱼类和三叶虫）

续表

次数	时间	地质年代	灭绝物种
3	2.3 亿年前	二叠纪末期	50% 的动物科，95% 的海洋物种
4	1.85 亿年前	三叠纪	35% 的动物科，80% 的爬行动物
5	6500 万年前	白垩纪	许多海洋生物和恐龙
6	1 万年前	更新世	岛屿型物种，大型哺乳类和鸟类

　　然而，证据表明，我们正处在新的大规模绝灭事件中，即表 1 中的第六次，它有可能超过历史上的任何一次。前面五次灭绝的原因尚无定论，有人认为是自然进化的结果，有人认为是灾变，等等。[23] 可以肯定的是，灭绝是由于对环境的不适应。第六次灭绝则与人类的活动密切相关，至今仍在进行。许多历史上的优势动物种群，在自然变迁和人类活动影响下面临着不同程度的濒危状况。这一形势越来越引起包括学术界在内的全社会的普遍关注和重视。

　　资料显示，在过去的 2000 年里，地球上鸟类物种的 1/4 已灭绝，大洋中的岛屿鸟类灭绝得尤其严重，无脊椎动物则在我们尚未完全认识它们之前就已经大规模灭绝了。今天，剩余的物种中有 11% 的鸟类、18% 的哺乳动物、20% 的鱼类、8% 的陆生植物已濒临灭绝，44% 的植物物种的生存环境受到威胁，热带和温带森林每年以 1%—4% 的速度减少。更令我们不容乐观的是，正濒临灭绝的许多物种是作为生态系统中的关键种存在的，这些物种的灭绝还会导致其他一系列物种的灭绝。例如，世界上有 9 个公认的虎亚种，可是有 3 个已经灭绝，全球虎数量和分布经历了非常显著的收缩。中国是这个世界上唯一拥有 4 个虎亚种的国家，曾经虎满中国，现在却濒临灭绝。

　　老虎作为食物链中的顶级消费者，直接或间接地控制着以植物为食的初级消费者的数量，是对生态系统稳定起着极为重要作用的角色。老虎通过捕食淘汰了种群中的老弱病残个体，对维持猎物种群的健康起到了非常重要的作用。没有了顶级消费者，种群数量失控的初级消费者会严重破坏生态系统中的植被，甚至彻底毁掉整个生态系统。无论历史上还是近现代，在局部森林山地区域都发生过因老虎消失而野猪肆虐的生态现象。

探索面向公众的动物历史叙事方式

　　面向公众的动物叙事需要不同的载体来呈现。现在的公众书写已经有一定的基础，动物历史主题的科普书籍、科普文章、公益广告、专题纪录片等都是面向公众叙事的有效方式。主题书籍、报刊文章的出版印行是传统的书写方式，其将动物历史以科学又通俗的语言和形式进行书写与传播，便于公众获取和正确理解动物历史知识。

　　2011 年，由英国社会学博士埃里克·查林（Eric Chaline）所著的《改变历史的 50 种动物》（*Fifty Animals that Changed the Course of History*）[24] 出版发行。该书呈现了超过 150 幅典雅的绘图、档案照片与艺术作品，以超过 15 万字的生动论据与有趣故事，从食用、医疗、商业与实用四个方面，分析了动物对历史的重大贡献。50 种动物依学名排序，由蚊子领军，人类结尾，陆续精彩登场。这是一本包含精彩故事与美好视觉享受的、囊括生命科学与历史的、面向公众史学的动物历史书，事无巨细地揭露了或雄伟或渺小的各种动物的令人惊叹的故事。书中提到的动物都曾在人类演化及现代社会形成的过程中扮演过核心角色，却被我们遗忘在历史的角落里，包括从公元前 4000 年就被驯化的马，其曾帮助蒙古人征服了地球上广阔无垠的疆土，到掌握人类纺织产业命脉长达 5500 年以上的蚕，其催生了古中国到欧洲间的国际贸易线路，也就是我们熟知的丝绸之路。人类并非永远是主宰世界的物种，书中的动物不仅影响了我们的农业、医疗、商业、科学、运输，也经常是我们在宗教、政治等精神层面追求的象征。如果没有它们，人类的历史会变得贫乏许多，甚至可能不如想象中长远。阅读此书，我们不得不反思，到底是人类改变了很多动物，还是人类被其他动物改变。

　　除此之外，也有一些其他形式的动物历史文章、图书在不断涌现。2009 年，《中国社会科学报》刊发了拙文《新疆虎：一个历史物种的再现》[25]，文中讲述了前述新疆虎的历史变迁过程及其影响因素。此外，每年中国国家地理杂志社都会邀请相关领域的专家学者参与撰写一部相应生肖动物的科普书出版发行，从文化学、动物学、生态学的不同角度全面解读该动物的文化含义、生物特性、生存现状与未来展望，并辅以丰富的图片进行视觉上的再现。2010 年，笔者参与了《中国国家地理：与虎同行》[26]一书关于中国虎文化部分的写作，讲述了源于远古自然崇拜和图腾崇拜的中华虎文化，及其与我国初民原始文化共生并存八九千年的历史。动物历史的公众书写工作仍然处于不断的尝试之中。

电视纪录片是多媒体时代一种重要的书写方式。目前，国际国内关于动物的科学纪录片不胜枚举。2009 年，由海因茨·冯·马泰（Heinz von Matthey）执导，冯·马泰电影有限公司（Von Matthey Film GmbH）发行的系列纪录片《创造历史的动物》（*Animals that Made History*），介绍了六种动物在人类历史上扮演的角色，追溯它们从古代到现在的故事。除了基本的动物学知识之外，纪录片还介绍了蚕在古代东西方贸易中的影响，及其在不同文化、宗教交流中所起的作用；追踪了马从南美到北美的旅程，讲述了逃跑的马是如何恢复其野性的，又是如何被当地人驯养的；叙述了太平洋海獭华丽而珍贵的皮毛是如何为俄罗斯帝国在北美提供据点的，并因此导致俄罗斯在北美扩张失败的历史故事；梳理了易于保存、营养丰富的鳕鱼如何使维京人得以长途航海，发现新大陆，继而探得秘密渔场，吸引了大量的欧洲探险家跨越大西洋，成功确立第一个美洲殖民地的过程；勾勒了原本作为食物来源的鸽子却被用于快速、远距离传递信息的邮政服务的历史；最后的鲸鱼专题则介绍了鲸鱼为人类提供了诸如服装、燃料、武器等各种各样的物质材料，全面展现捕鲸业所创造的庞大产业。本系列纪录片的宗旨即在探讨动物是如何影响人类文明兴衰、如何吸引探险家进入世界不同角落寻求古代帝国保持经济实力的方案的。

公益广告是面向全体社会公众的一种信息传播方式，其运用创意独特、内涵深刻、富有艺术的制作手段、鲜明的立场及健康的方法来正确引导社会公众，诉求对象最为广泛。从内容上来看，公益广告多是社会性题材，容易引起公众的共鸣。越来越多关注动物的公益广告正在不断涌现，例如中央电视台曾播放的一条关于动物灭绝的公益广告，其以时钟上的每一个刻度标示一种动物，时针每滑过一个刻度，对应的动物就会消失，随后会出现"平均每个小时就有一个物种灭绝，下一个将是……"这样的文字，感官上很有冲击力，引人深思，最后以"保护濒危动物，刻不容缓"来唤起人们的共鸣，有极强的宣教效果。

在当前的多媒体、新媒体时代，我们还可以组织有专家学者参与的科学冬夏令营、工作坊、公益讲座等形式进行传播。动漫游戏对于 21 世纪的新一代来说，影响亦不可小觑，如何在其中植入环境保护、动物拯救之类的游戏情节、动漫形象等，也将是一个新的公众动物叙事探索方式。

结　语

进入 21 世纪，公众史学在中国正迅速发展，虽然尚处于摸索阶段，但已呈显学之势。[27] 在诸多面向公众的史学领域，动物历史叙事却少有涉及。这是因为，在史学的公众转向中，人们更多关注的是自我（self/selves），却很少关注他者（the other/the others）。即人们更多关注与每一个个体自我（self）或者人类社会的群体自我（selves）直接相关的事物，较少关注对人类及其社会发展不那么密切相关的事物。在传统的公众观念中，人类这种进化至最高级的哺乳动物将自身与动物、植物、微生物区分为不同的群体，完全忽略了自身与其他三者同为地球生物圈成员的现实，忽略了其他三者为维持人类生存发展一直提供着最基本的物质能量的现实。动物正因处于一个对人类及其社会来说属于他者的位置而未得到应有的关注。因此，一直以来，对于动物知识的研究往往是专业从业人员的职责和工作，公众对于动物知识的关注则主要停留在基本的动物学知识、动物文化方面，其目的多是增长见识、增加谈资，鲜少从人类未来发展的角度去审视，对于动物为人类社会发展所提供的物质文明、精神文明支持认识有限。

正如前文所述，叙述人类的历史，就是叙述动物的历史。自人类文明出现以来，动物不仅为人类社会提供了物质基础，同时影响人类的文化、宗教、历史进程，与人类社会的发展息息相关。这样的动物历史知识却鲜为公众所知，即使在学术界，不专门从事相关研究的学者也未必有所了解。历史文献中动物记录的分散性、复杂性、不均匀性，使得只有同时具备专业史学训练，又掌握动物学、生态学、文化人类学等相关学科知识的学者才能进行正确、科学的解读。将专业的学术研究成果转化为面向公众的动物历史叙事，离不开动物历史研究者的学术贡献。当动物由他者成为自我群体的一部分之后，必然会得到人们更多的关注。同时，面向公众的动物历史叙事是否仅仅是将学者的专业知识科普化、通俗化，传递给公众？公众是否能参与到这一叙事中来？[28] 除了通过前文所述的几种方式之外，真正实施起来，其实还有很多可以拓展的途径，比如建设动物历史专题博物馆，在动物园设置专题知识展板，设立动物历史科普项目等。总之，面向公众的动物历史叙事任重道远。

注　释

[1] 尤瓦尔·赫拉利：《人类简史：从动物到上帝》，林俊宏译，北京：中信出版社，2014 年。

[2] "捺钵"是契丹语的音译，意为辽帝的行营，引申指帝王的四季渔猎活动。春捺钵也称"春水"，意为春渔于水，地点一般在长春州（今吉林省扶余市塔虎城）东北 35 里的鸭子河泺，又名鱼儿泺，即今吉林省大安月亮泡。

[3] 聂传平：《海东青与辽灭金兴——以鹰路斗争为中心的考察》，《宋史研究论丛》，2014 年第 15 辑。

[4] A. H. 库罗帕特金：《喀什噶尔：它的历史、地理概况，军事力量，以及工业和贸易》，附录 II《俄国使团 1876 年 11 月 21 日至 12 月 10 日从喀什城到阿克苏城行经的路线》，中国社会科学院近代史研究所翻译室译，北京：商务印书馆，1982 年，第 263 页。

[5] 普尔热瓦尔斯基：《走向罗布泊》，黄健民译，乌鲁木齐：新疆人民出版社，1999 年，第 141—143、232—237 页。

[6] 斯文·赫定：《罗布泊探秘》，王安洪、崔延虎译，乌鲁木齐：新疆人民出版社，1997 年，第十章《喀喇库顺北部和南部的水道》，第 167 页。

[7] 老虎国际讨论会（International Symposium on Tiger）于 1979 年 2 月 22 日至 24 日在印度新德里召开。这次会议是印度政府在世界自然保护同盟（International Union for the Conservation of Nature and Natural Resources）与世界野生动物基金会（World Wild Fund）等国际组织的赞助下举行的。参加会议的有孟加拉国、中国、印度、马来西亚、尼泊尔、泰国、英国、美国和西德等九国，以及联合国环境规划署（United Nations Environment Programme）、世界自然保护同盟、世界野生动物基金会、联合国粮农组织（Food and Agriculture Organization）等国际组织的代表共约 150 人，其中除印度代表外，外国代表约 30 人。会议旨在交流经验和研究成果，改进工作，制订今后有关研究工作的方向。参见朱靖著：《老虎国际讨论会》，《动物学杂志》，1979 年第 3 期，第 63—65 页。据该文，"老虎原来广泛分布于亚洲，共计有 9 个亚种，但由于人为和其他的原因，其中新疆虎（Panthera tigris lecoqi）、巴厘虎（P. t. balica）、爪哇虎（P. t. sondaica）3 个亚种已绝灭；里海虎（P. t. virgata）已濒于绝灭；其余 5 个亚种亦已处于危险状态"。

[8] 唐觉等编著：《中国经济昆虫志·膜翅目·蚁科》（一），北京：科学出版社，1995 年，第 4、15 页。

[9] 高耀亭等编著：《中国动物志·兽纲·食肉目》，北京：科学出版社，1987 年，第 356 页。

[10] 夏永娟：《新疆及其邻近地区蚁科昆虫分类初步研究》（昆虫纲：膜翅目：蚁科），硕士学位论文，陕西师范大学生物系，1995 年，第 92 页。夏永娟、郑哲民：《新疆蚁科昆虫调查》，《陕西师范大学学报》（自然科学版），1997 年第 2 期，第 64—66 页。

[11] 曹志红：《历史上新疆虎的调查确认与研究》，《历史研究》，2009 年第 4 期，第 34—49 页。

[12] 马建章、金昆等编著：《虎研究》，上海：上海科技教育出版社，2003 年，前言。

[13]（宋）胡瑗：《周易口义》卷1。

[14]（汉）刘安：《淮南鸿烈解》卷17《说林训》。

[15]（东晋）郭璞注，陈赵鹄校：《尔雅》，上海：商务印书馆，1937年，第126页。

[16]（清）卢风琴修，林春溥纂：《新修罗源县志》，《中国地方志集成·福建府县志辑》第14册，据清道光十一年（1881）刻本影印，卷29《祥异》，第684页。

[17]（汉）郑元注（唐）陆德明音义，贾公彦疏：《周礼注疏》卷15，文渊阁《四库全书》本。

[18]（汉）许慎撰，（清）段玉裁注：《说文解字注》，杭州：浙江古籍出版社，1998年2月，第210页。

[19]可见笔者系列拙作：曹志红、王晓霞：《明清陕南移民开发状态下的人虎冲突》，《史林》，2008年第5期；曹志红：《湖南华南虎的历史变迁与人虎关系勾勒》，《西北大学学报》（自然科学版），2012年第6期；曹志红：《福建地区人虎关系演变及社会应对》，《南开学报》（哲学社会科学版），2013年第4期。

[20]Donald Kennedy, Colin Norman, "What Don't We Know?" *Science* 309, no. 5731, 2005, pp. 78–102.

[21]David M. Raup, *Extinction: Bad Genes or Bad Luck?* New York: W. W. Norton & Company, 1991.

[22]该表格资料来源于理查德·普里马克、季维智主编：《保护生物学基础》，北京：中国林业出版社，2000年，第一章《保护生物学和生物多样性》之《灭绝和经济学：丧失有价值的东西》，第26页。

[23]参见理查德·普里马克、季维智主编的《保护生物学基础》的第一章《保护生物学和生物多样性》之《灭绝和经济学：丧失有价值的东西》中有关于五次物种灭绝原因的论述。

[24]埃里克·查林：《改变历史的50种动物》，王建铠译，台北：积木文化，2013年。

[25]曹志红：《新疆虎：一个历史物种的再现》，《中国社会科学报》（历史学版），2009年7月16日第5版版。

[26]印红主编：《中国国家地理：与虎同行》，中国国家地理图书部策划，北京：中国大百科全书出版社，2010年。

[27]李娜：《历史的"公众转向"：中国公众史学建构之探索》，李娜主编《公众史学》第1辑，杭州：浙江大学出版社，2018年。

[28]该问题的提出者为浙江大学李娜教授，本文因篇幅所限未能进一步论述。但问题的提出给笔者带来了很大的启发与思考，在此致谢。

发掘生态文明传人
——谈马来西亚"绿火"的传承与传播

李达华　刘黛军 *

摘要： 李达华博士常年致力于公益环保教育事业，他走进马来西亚的校园、社区进行环境宣传，让学生在教育阶段就认识到环保的重要性，他创办了马来西亚历史上第一本环保与生命教育杂志——《环环相扣》（*Together*）。他是清华大学人文学院绿色世界公众史学研究中心的发起人之一，也是中国高校生态文明教育联盟的海外唯一代表。他顺应当代生态文明建设的时代潮流，用教育积极推动全球环保公益事业的发展。他认为，从事环保事业需要有重建绿色家园的积极能量与热情，即"绿火"，同时"绿火"的传承需要借鉴环境史与公众史学的研究，最终实现地球的健康永续发展。

关键词： 生态文明；"绿火"；环境史；公众史学

Abstract

Dr. Lee Tuck Wah is committed to public welfare and environmental education throughout the year. He walked into Malaysia's campuses of all stages and communities to promote environmental awareness, and to advocate the importance of environmental protection through thousands of green educational talks or workshops. He published the first environmental and ecolife education magazine in Malaysia -

---

* 李达华：清华大学人文学院绿色世界公众史学研究中心发起人之一，马来西亚《环环相扣》生态文明传播中心主任，国际生态教育激励讲师，公益环保激励歌曲创作人，环保教育激励课程研究者。
刘黛军：清华大学历史系 2018 级世界环境史方向博士生。

Together. In China, he was the co-founder of the Green Public History Research Center of the School of Humanities, in Tsinghua University. Besides, he is the first overseas representative of the China Universities Alliance for Ecological Civilization Education. He conforms to the trends of the most updated ecological civilization construction and actively promotes the development of global environmental career and green public welfare. Dr. Lee Tuck Wah believes that the devotees or environmentalist should poses of the positive spirit, ethics, energies and enthusiasm in their heart for rebuilding our environment, that is called "green fire." At the same time, the inheritance of "green fire" need to combine and associate with the holistic views, studies and findings of environmental history and public history to achieve the health and sustainable development of the earth for our next generation.

Key Words

ecological civilization, Green Fire, environmental history, public history

"绿火"与传承"绿火"

刘：李先生您好，作为生态文明的传承者，您曾提到实现"绿色世界"需要聚集人类的"绿火"。据我所知，在环境史学界，当学者们谈及"Green Fire"时，他们会想到美国环境伦理学之父奥尔多·利奥波德（Aldo Leopold）的《沙乡的沉思》（*A Sand County Almanac*）中遭猎杀而垂死的老狼眼中的那道光，这道绿光触动了利奥波德，启示了他"像山那样思考"，由此建构起"土地伦理"。在此，您能否跟我们谈一下"绿火"的内涵以及您所理解与实践的传承"绿火"的方式？

李：首先我谈一下对"绿火"的理解。地球是我们唯一的家园，也是承载万物、护持生命，以及生存、生活、实现幸福的家园。因此，爱护地球家园、保护地球家园以及共同参与生态文明建设，是每个地球村村民应当承担的责任和义务。所有想要共创生态文明未来、还原绿色健康世界、履行环境责任与环境义务的决心、担当与勇气以及建设生态文明的干劲与斗志，都可以视为"绿火"。

火是人类文明的重要象征，可以维持日常生活的运作、生态系统的运行以及刺激生态系统成长，但工业革命过度燃烧石化燃料而生成的火却引发了各种生态问题。[1]2012 年，由马克·基切尔（Mark Kitchell）导演执导的环境保护纪录片《猛烈的绿火》（*A Fierce Green Fire*）轰动一时。此片记录了一群环境维护斗士的环保抗争史，驱使他们奋勇向前的正是心中的那团"猛烈的绿火"。[2]由此可见，人类社会已开始觉醒。这样一股挺身而出、为捍卫生态权利、重建绿色地球家园的积极的能量与热情就像火一样在燃烧，用"绿火"来比喻这团火，应该最为恰当。

有关传承。中国当代著名作家王蒙曾说过："由于有所共鸣与传承，人类才不至于过分地迷失和绕圈子走老路，由于有所区别，人类才会有发展。"[3]身为马来西亚《环环相扣》生态文明传播中心的主任、中国高校生态文明教育联盟的海外唯一代表，未来我会负责传递中国高校生态文明教育联盟单位的相关研究成果与教育经验。当我传播它们时，我也成了一名传承者。我很庆幸自己在努力了很多年之后，顺利登上了生态文明建设的方舟。为了实现生态文明与未来的可持续发展，我们也需要尽快培养出更多的生态文明传人，否则将出现人才的断层。

我始终相信一个人心中的"绿火"需要其他"绿火"来点燃，维持"绿火"、让"绿火"持续燃烧的唯一条件就是拥有一群有共同志向、使命、理想和愿景的同行者、践行者，大家相互扶持，燃料互补。

刘：李先生，听了您的介绍，我认为"绿火"的传承具有历时性的特点，这让我联想到历史学的"时间性"特征。"读史使人明智"，当今环境史研究方兴未艾，历史学的这个领域对"绿火"的传承具有特别的意义。您能否谈谈对历史或环境史与"绿火"传承之关联的理解？

李：人类从原始时期至文明时代，留下了一些珍贵记载，包括图像的、文字的、语言的、音乐的等等，这些到底对后世传人起什么作用？考古学家和历史学家往往会耗尽大半生精力深入挖掘、钻研、记录过去的人、事与物，目的是什么？我认为历史的至高意义与价值或许就是传承，身为后人及传人的现代人需要借鉴前人的历史经验，这样他们才能避免在前进的路上重复前人的错误。

自 20 世纪 70 年代起，环境史学者频频发表著作，他们批判人类自工业革命后精神与物质行为的变化所引发的种种环境危机和重大事件，这些著述至今仍为后人津津乐道。作为受惠者，我就是在阅读了环境史学传承的"宝典"之后，接收并继承了建设生态文明的"绿色圣旨"，成为马来西亚的第一个生态文明传人。

尽管一些环境史作品的叙事内容已时过境迁，但只要细心阅读，我们仍能感同身受。这些著作饱含深情，它们悲壮、凄清的文字表述比所叙述的故事更加触动人心，它激发了人们的环保意识和生态情怀，这也是生态文明传人所必需具备的品性。同时，公众史学研究者们也积极收集、整理、撰写公众的生活情感与态度、生命体验与伦理诉求。如今，公众史学研究者更是扩大了研究范围，跨领域、跨学科地与许多单位、个体加强合作与交流。上述环境史与公众史学的研究，构建了更多元的传承思想文化的互动模式，活跃了公众的参与，进而有助于推进"绿火"的传播，培养更多的生态文明传人。

值得一提的是，绝大多数的历史记载是针对某件事或某个人如何改变了群众，并非所有历史都有传承的价值。但只要是优秀的文化，都值得被好好传承，都能成为后人的榜样。当一群人被正向的思想、品行、习惯所耳濡目染而渐趋同化时，我们才可以验收传播的初期成果；当社会动向、群众反应及生活意识形态的变化渐渐有长期、稳定、系统的蔓延和扩张迹象时，我们才能理直气壮地说："某种新文化诞生了。""人们传承了该文化。"

"传人"是文化传承的承接者。1985 年，歌手黄锦波在中央电视台春节联欢晚会上演唱了《龙的传人》，并获得全世界华人的关注。这首由作曲家侯德健于 1978 年 12 月 16 日创作的作品，先后由歌手李建复和张明敏演绎，之后又由许多歌手竞相翻唱，传遍整个中国。因为"龙"是中华民族吉祥和勇猛的图腾象征，由此人们把华夏子孙视为"龙的传人"，激励、提醒后人应当自信、自强和自立。这种龙的精神的传承，就是文化的传承，华人们传承了这种独特的精神，他们就是龙文化的传人。

除了音乐，语言和文字也同样具备传承爱国情怀的作用。从历史经验来看，许多行动者、思想家和斗争者就是用精彩的大众演说或文字著作，将自己的精神、思想或理念传达给听众的，进而号召、影响并带动一群人团结起来做有共同目标的事业。但我们也要反思，有了传承与传人，是否意味着薪火就能代代相传、生生不息和永续经营呢？如果传承的力度不够深、广、远，传人（继承人）无法有效地复制和传播同样的内涵，那又有什么意义呢？

个人内心"绿火"的缘起和萌生

刘：李先生，听了您对"绿火"及传承"绿火"的理解，我很好奇您内心的"绿火"究竟从何而来？它的出现与您的生活经历有关吗？

李：我是在马来西亚土生土长的第三代华人。已故爷爷李华崇在20世纪30年代为了生计只身从中国广西容县冒着生命危险越洋南下马来亚，辗转来到彭亨州文冬的一个华人新村[4]——双溪都亚新村落地生根，[5]以割胶为生，辛辛苦苦养活一家十口（五男五女）。爷爷的三儿子，也就是我的父亲李桂光，今年已71岁。当年为了减轻家里负担，一向成绩名列前茅的父亲小学六年级毕业后就毅然辍学，因为没钱交学费和会考费。20岁以前，父亲曾一直在橡胶园帮忙割胶、收胶粒、收胶汁、制胶片。约20岁以后，他跟随朋友进入深山丛林从事伐木工作，直到55岁退休。

小时候我经常问母亲"为何父亲要当伐木工人？为何要用电锯锯树？树倒下来，会把人压死吗？树倒了，猴子和蜜蜂住哪里呀？河流的水从哪里来，到底什么时候会流干？"等等。我对生态环境、生态系统的许多疑问，母亲总是说只要用功读书自然会了解。坦白地说，我母亲自己也不懂，所以才会这样敷衍我。其实，这也是很好理解的。20世纪80年代的马来西亚，国家经济处于发展初期，人人忙于创业拼生计，环保醒觉运动还未盛行，而"生态教育"对很多人来说也不过是一个陌生的代号，或许截至今天为止也没几个人真正明白。

七八岁左右，我经常到橡胶园的山溪旁玩水并徒手捉鱼，我的双脚由于长时间浸泡在泥泞中而得了顽固的皮肤过敏症。折腾了一年，幸好有一位远亲送来神奇草药，给我搽在患处，短短两个星期就完全康复了。从此以后，我就非常喜欢草药，也崇尚天然与自然的食物（特别是纯有机种植的），尤其对自然界的万事万物都心存"感恩"。

　　九岁那年，我在同学家无意观赏了一部电影——《泰山》。电影中的泰山（Tarzan）除了长得帅、身体魁梧强壮以外，也是一个善良正义、勇于担当、热爱环保、爱护动物及充满正能量的绿色达人。此后，我开始幻想自己就是传说中的森林王子泰山，幻想自己只要发出如泰山一样的吼声就能号令全森林所有凶猛的动物前来听命；我曾幻想能迅速把爸爸砍伐过的树还原；我特别想在树上搭建屋子，也特别想可以飞跃丛林、攀爬悬荡以及穿梭山谷之间，随时可以采到野果花蜜，也可以轻易觅得良草良药给人治病。

　　为了养家糊口，我的父亲牺牲了升学机会。今年已 71 岁的父亲说，出生在那个穷困潦倒的年代根本没有更好的选择，他心甘情愿为家庭付出，这是他的责任，如果人生可以重来，多一次选择的机会，父亲也许就不用干大半辈子的劳力苦工，命运也会有天壤之别。但无可辩驳的是，当时的所有"选择"与"决定"，都是整个故事剧情的一部分，无人能任意地篡改已经成为"历史"的往事。也正因为回忆历史往事，我才发现原来"森林王子"这团"绿火"很早就根植在我心里——因父亲在森林里工作，我也自然而然地选择在神秘的原始森林中筑起我的"绿色王国梦"。

　　整整 12 年的小学与中学生涯，我几乎没有听过一堂有关"环境教育"的公开讲座，而诸如"救火演习""公路安全""牙齿护理"等就常有所闻。也许在那段时期（1984—1996 年），马来西亚经济发展正处于上升的阶段，环保事业还不被重视，因此对于许多所谓的"70 后"、"80 后"及"90 后"学生来说，"环保教育"或许是个陌生的名词。可以肯定的是，在缺乏足够的"环境教育"的环境下，人们的环保意识相对薄弱，若想要塑造公众的生态文明行为，教育部需抓紧探讨如何将生态文明教育列入正规必修课程（分理论和实践），否则将是水远山遥、难如登天！

　　马来西亚是塑料行业的全球参与者之一，全国目前约有 1300 家塑料制造商。截至 2016 年，马来西亚的塑料出口额达 300 亿令吉，其中用于生产塑料的树脂为 226 万吨。近年来，与塑料废物[6]有关的环境问题已经成为马来西亚的一个主要问题，在世界排名前十的塑料废物管理不善的国家中，马来西亚排名第八。通过一项非官方研究估计，马来西亚已经生产了 94 万吨管理不善的塑料废物。更令人尴尬的是，马来西亚目前的整体垃圾回收率估计只有 10%。

生态文明文化与思想如果不被及时地传播与传承，人们心中的"绿火"必定如沉睡的火山，人们在环境保护中只会无动于衷、处于被动。我也曾是一个环境污染共犯——爱买侈品、制造大量垃圾、不懂任何资源回收。可见，环境宣教在各个时期都需要坚实的基础，错过了教化期，未来我们要花更大的力气来感化许多环境文盲。生态文明传人需要主动、自觉地行动，才能在环境恶化前做出及时的反击。

马来西亚"绿火"传播的历程

刘：您的"绿火"源于童年的回忆与对马来西亚环境状况的关切。那么这些年，您如何将自己的"绿火"变为行动，如何传播您的"绿火"？在传播的过程中，您有什么心得体会呢？

李：1997 年 6 月，马来西亚慈济分会聚集 200 多位义工，为继承中国台湾慈济创办人兼灵魂导师证严法师的四大志业、八大脚印中的一环"环境保护、资源回收"，进行了历史性的第一次社区环保。义工们进入马来西亚北部槟城打枪埔组屋区挨家挨户回收资源，将环保观念传播给社区。回收所得收入全数捐赠给慈济洗肾中心医疗基金，让贫苦的肾病患者获得长期的免费洗肾服务。证严法师经常在演讲中（自 1990 年开始）鼓励会员用鼓掌的双手做环保，倡导垃圾分类和资源回收，努力实践"垃圾变黄金、黄金变爱心"的善行，这是通过"身教"传承优良文化。近 20 年来，慈济环保义工不断宣传和传播环保社区理念，这已成为一种常态。全国各地区的分会联络据点回收量不断攀升，应个别社区的需求，除了将每个月第一个星期天定为"环保日"，也增加了"夜间环保"及"校园环保"[7] 等形式的资源回收活动。[8] 此举，让不是慈济义工的我深受感动，心中的"绿火"再次被唤醒。

2011 年 8 月 5 日，我收到雪邦县华文小学校长理事会主席毕元校长的邀请，前往马来西亚著名避暑胜地会展中心出席第 19 届全雪州华文小学校长理事会教育研讨大会，并在会上发表演讲，与近 200 位校长和教育界领导分享与健康和环保相关的认识。当时，我的演讲题目为《环境营养学——探寻生命的钥匙》。年轻气盛的我站在台上大声承诺——要积极推广环保教育，并得到在场校长伯乐们的欢呼鼓掌（若非校长们的前期支持与鼓励，我之后的环保宣教工作必定无法如此顺利）。我一口答应义务进入校园宣传环保教育，另外也承诺自费出版马来西亚第一本环保资讯公益刊物。

2011 年 9 月 11 日，我以《环环相扣》环保与生命教育机构（Together Ecolife Education）注册了一个社会型企业，为出版《环环相扣》创刊号备战。由于缺乏经验，我在《环环相扣》的内容与定位上花费了相当大的心思，"环保超仁——爱与生命的结合"成了创刊宣传口号。当时，作为马来西亚历史上第一本环保与生命教育杂志，《环环相扣》就是开启生态思维的一道心门，它试图让读者了解生命的意义，懂得生活与学会生存，了解人与自然的和谐关系，进而创造幸福的人生！考虑到人类的生命、生存与生活与生态密不可分、紧紧相依，我决定以"环环相扣"作为终生宣传环保与生命教育的理念。

2012 年 8 月 18 日，马来西亚音乐制作公司 28 Stage 与 XY Music 星娱音乐主办了一场主题为"Going Green 2012 绿化未来"音乐会，由本土国宝级歌手光良带领多位歌手（包括江美琪、宇珩、凌加峻、温力铭、摩斯特以及陈慧恬）通过音乐会的平台将环保唱进公众的心里，唤醒公众的环保意识。在得到贵人陈定孙校长的引荐之后，我以《环环相扣》媒体的身份参与了音乐会自 5 月 29 日起主办的"地球绿起来"系列活动的宣传（进入三个中小学宣传植树与环保）、票务宣传、音乐会现场多媒体内容设计等。这次的活动让我获益匪浅：一来可以亲身体验环保宣传工作，二来可以借此音乐会认识志同道合的环保组织，三来可以增加环保杂志的独家内容，借明星效应提高《环环相扣》的影响力。经过一年多的筹备与摸索，《环环相扣》创刊正式敲定与音乐公司合作，深入报道音乐会活动，并将出版后的杂志捐赠给中小学图书馆。

2012 年 8 月 18 日晚 8 点，环保音乐会准时开始，在现场我亲眼见证了民众心中的绿火被点燃，看到他们伴随着音乐会环保主题曲"Plant For Love"（"为爱耕耘"）[9] 舞动身体，在观赏环境灾难片段时频频拭泪，在听光良和其他歌手们的真情呼吁时如痴如醉。直到今天，我仍然对当晚感动的画面记忆犹新。此次的环保音乐会让我体会到现场公众的力量，感受到音乐所产生的共鸣。现场种种难忘的情景，成为我往后在绿色歌曲创作旅程中的关键启蒙，更是激发我后来全力投入公益环保宣教的重要转折点。

音乐会之后的第二天，音乐公司发来许多珍贵的活动照片以及光良的独家专访文稿。光良的马来西亚经纪人苏德华也会不时电话咨询杂志出版的日期，这说明音乐公司非常重视《环环相扣》杂志对音乐会和艺人的报道。可是，毫无出版经验的我如何在短时间内完成任务呢？为了"诚信"二字，我加把劲，将压力转化成动力，熬夜接近一个月［由于设计师弗朗西斯·利奥（Francis Leow）白天还得上班，晚上才有时间协助排版］，最终在 2012 年 10 月 1 日完成了不可能的任务——《环环相扣》创刊号正式发行。

之后，2013 年 6 月 5 日世界环境日，马来西亚国宝级歌手巫启贤从中国返马，出席他首次以环保为主题的"绿意载现"国庆演唱会的记者发布会。我很荣幸再次以《环环相扣》杂志的媒体身份参与其中，并受邀担任演唱会环保宣传造势的策划之一。我在记者会上也受邀发表演讲，首次介绍了即将由《环环相扣》环保与生命教育机构联合雪州华文小学校长理事会共同推动的"环保校园行"计划，传播并传承生态文明思想以及绿火。在巫启贤、众多校长、企业家和媒体的见证下，"环保校园行"正式启动。演唱会赞助方 Magnum 与主办方 Mega Ultimate 也通过巫启贤在记者会上宣布捐献 1000 棵树给百多所华文小学，助力"环保校园行"的开展，同时为绿化和美化学习环境贡献一份力量。"环保旋风"被巫启贤的高人气迅速刮起，每个出席的校长心中的"绿火"也被点燃。

回顾我这些年的环保宣教工作，很多事情都是从零做起的。2013 年 8 月 21 日，我在马来西亚雪州鹅麦华文小学生平第一次给小学生主讲环保课题。完全没有教育经验的我，在台上仿佛自吹自捧，全场几乎零互动。演讲过后，看到满脸失望和颓丧的我，学校校长游国文（我的大伯乐）即时给了我温暖的鼓励："凡事都有第一次，别被困难打倒，您心中有一团火在燃烧！多研究小孩喜欢什么，比如加入游戏或音乐，未来一定会更好。"正是这句温暖的话，重新点燃了我的热诚。很快我重新站了起来，不断学习、检讨和改进，在满满的"激情"的驱动下，我开始研究孩童心理，提升演讲技巧，丰富肢体语言表情，打造创意文字和演讲风格，创作环保歌曲，学习制作更有趣的 PPT 教学演示文稿。

2013 年 8 月 28 日下午 3 时，雪兰莪州华文小学校长理事会主席陈疋孙校长召集了各县校长领导，在他任职的雪州安邦华文小学二小，共同见证"雪州环保校园行之总推介礼暨环我明天"万人签名大会。全雪州约 20 万师生及家长共同签名，歌手巫启贤也出席了推介仪式，除了呼吁学生践行环保以外，他还和来自国内外教育界的学者共同"植树"，树名为"香坡垒"（Hopea Odorata）。当日，我在出席的所有校长、贵宾、师生和媒体面前立誓，要把环境教育和宣传工作作为终生"志业"，只要时间允许我都会自愿、自费进入雪州校园协助推广。当天火热的"绿火"盛况被各大报章娱乐头条纷纷报道，鼓舞了我在环保讲台上永不言弃的决心。

很多时候，家人与朋友对我突然"发疯似"地投入、"零收入"地专注于生态环保教育学习和探索感到不解。面对许多"质疑"和"冷水"，我心中仿佛有一团火在隐隐约约地燃烧着，它把许多冰冷的质疑融化掉，化作满满前进的动力。因此，每次上台演讲，我都会感受到生命价值的存在，即使多次抱病上场，演说到身体虚脱乏力，我也会坚持完成。曾经有一段时间我在高原地区的学校巡回演讲，患重感冒喉咙失声，但也坚持完成了 12 场讲座。对着台下许多关心我的听众，我在台上回应了一句："我的声音是假的，但我的心是真的！我希望大家不要介意我的声音，我今天带来的一颗诚意真心，那才是最重要的。"有人把我那份毅力比喻成一团炽盛的绿火，也因为这团真诚的"绿火"，我成功感召了不少"生态文明志士"与我同行。"感动"与"感召"，两者需要通力合作、相辅相成；"真诚"是感动人的要素，感召则需要"以身作则"。

"绿火"传播的扩大

刘：李先生，听了您的讲述，我有两方面的体会，其一是您在"绿火"传播过程中的不易，其二是当一个人的"绿火"与一群人的"绿火"相遇时，释放的能量是几何倍数的增长。在此我还想了解，您是如何推进"绿火"传播的？另外，您计划如何扩大您的"绿火"传播范围，并将"绿火"推向全球？

李：自 2011 年起，心中燃烧正盛的"绿火"促使我不停地思索"如何才能实现人人环保"？一开始我总以为，这种"利人利己、利于环境和造福后代子孙"的义举，必然会吸引很多英雄好汉"路见不平，拔刀相助"，可事实并非如此。到今天为止，7 年后（2019 年新年第一天）的我依然觉得《环环相扣》是"弱势群体"，即便环保与重建在本质上完全是为了人类本身和子孙后代，但人类自己却未必会好好配合，为什么会这样？或许是因为崇尚物质主义的人太多。那么，我们是否可以用"绿火"和"绿光"来驱逐人们内心的物质欲、无知与无情？我相信，在很大程度上这是可以做到的。

当然，"绿火"的传播绝不能单靠我一个人。要扩大"绿火"的传播，首先要建立稳固的"绿火"基础，确定正确的风向，循序渐进地传播"绿火"；还要不断地思考、学习与实践，它才会越烧越热。"绿火"不能盲目地乱烧，否则将吃力不讨好、自找苦吃；火点不集中，效果将事倍功半。经研究发现，全球大部分的环保"绿火"组织成立初期也都是困难重重的。只有具备良好的公关外交与组织能力，拥有明确的宗旨、目标与强大的资源凝聚力等，才可以持续推动"绿火"熊熊燃烧。目前，全球已有许多环保组织推展得相当有规模，值得我们参考和借鉴。譬如，在马来西亚华人社区，只要一提起"环保"，所有人都会自然而然地想到"慈济"。因此，我决定向"慈济"看齐和学习。

据我所知，"慈济"是一个以"心灵环保"为教育基础的佛教组织。其创办人证严法师倡导四种环保观念：保护心灵环境的心灵环保、保护自然环境的自然环保、保护生活环境的生活环保以及保护社会发展的礼仪环保。此外，其教义中也经常强调"要惜福"及"积功德"，这可能是使更多环保志愿者加入其环保行列的一个重要催化剂。

卢云峰与梁景文（Graeme Lang）在《华人社会中的宗教与环保初探》[10] 一文中认为，宗教在处理这些议题上扮演了重要的角色。他们直接考察华人社区宗教团体的环保参与，得到了一些初步的认识。第一，宗教与环保没有直接的因果关系，但宗教人士可以成为环保运动的同路人，并对应对环境危机做出贡献。许多宗教人士参与环保并非源自其教义，而是因为世俗的环保运动如火如荼。第二，有组织的宗教比那些没有组织的宗教在进行资源动员、保护环境方面更有效率。第三，强调"自利与个人主义"取向的民间宗教更多地推动地方上的环境保护，而强调"利他和集体主义"取向的宗教团体则更具"心系苍生、环保天下"的气质。

由哈佛世界宗教研究中心资助，哈佛大学出版社出版的"世界宗教及生态"系列丛书可说是目前将宗教与环境及生态议题联系起来的最野心勃勃的学术努力，其内容涵盖了佛教、儒教及印度教等。这套丛书的主要推动者和编者玛丽·伊夫琳·塔克（Mary Evelyn Tucker）说："虽然在过去没有一个世界宗教需要像我们目前这样面对环境危机，但其仍旧是塑造我们对自然的态度的关键工具之一。"[11]

　　有许多教育人士告诉我，"慈济"即使环保意图明确、出发点良好，仍然会有许多学校不敢与其密切互动，他们担心引起教育部的质疑（当然还是有与之配合得非常愉快的学校）。因此，环境教育难以稳步普及。另外，无数的慈济义工大都在全国各自的社区环保站埋头工作，虽然偶尔会进入校园给师生做环保分类讲解，但低频率、聚少离多的宣讲成效不高。更重要的是，社会依旧存在环境危机。即使环保行动主张中的 3R（Reduce 即减少使用；Reuse 即重新使用；Recycle 即循环利用）能在道德课本中找到、校方会不时公开提醒、校内布告栏或壁画上偶尔会看到，但马来西亚的垃圾回收率还是不争气，为什么会这样？这让人百思不得其解。

　　为了迎合环境需要和社会公民教育需要，校长们一般都不会拒绝任何的校内环保活动，可是由于教育部有针对性的校务和课程管制，学校"一年只能办两三次"相关环保活动。也有少数学校为了让其新闻登上报纸，特意把一年一度的环保活动办得"众所周知""有声有色"，并特地"大张旗鼓"地请记者来拍照，唯恐人们不知道。但他们往往会在活动结束后的好长一段时间内将"绿火"冷藏起来。可笑的是，我曾听说过有少数学校的老师因与校方缺少沟通，偶尔会指责校方"做戏"或将垃圾回收所得"中饱私囊"。除此之外，校外家长也有不少流言蜚语，他们的反对声虽然不多，但足以动摇校长等的传播"绿火"的信心和毅力。因此，我发现无论是社区环保还是校园环保，都有一个共同的"痛点"：严重缺少一股可持续凝聚"绿火"的软实力和解决方案。为此，我构思了许多可带动环保旋风的活动与口号，借助雪州校长理事会成员们的助力和支持，顺理成章地成了校园环保宣教的一员，借着"初生牛犊不怕虎"的精神，决定"赴汤蹈绿火"。

　　于是，自 2013 年 8 月开始，我便进入各源流学前班、小学与中学，宣讲环境保护的重要性，至今我的环保公益演讲已累计超过 1200 场。每一场平均耗时一个半小时。最高纪录一天内可以连续宣讲6场，偶尔也特别加场给学校老师进行生态教育培训。我通过积累演讲经验和校园拜访为未来生态文明教育传播打下了坚实的基础。值得一提的是，环保演讲的主题也是量身定做的，其中包括"您是环保超人吗？""环保，做就对了！""环保与责任——心与力的结合""生态教育的重要性"等等。

在此，特别要介绍"雪州环保校园行"（Go Green In School）运动。这项活动自2013年8月28日推介后"绿色火花四溅"，成功带动州内华文小学师生的参与和投入。2014年4月25日，在马来西亚中华文化中心，马来西亚全国校长职工会总会长曾庆安带领全体10个州属理事共同推介"马来西亚环保校园行"，这意味着此活动已升级为全国常年的绿色醒觉运动，获得更多华文小学（全国1200多所华文小学）的关注。"环保校园行"通过5大主题，即"树树您好"（Hello Uncle Tree）、"无塑希望"（Say No To Rubbish）、"乌拉行动"（Oh No, Mr. Rubbish!）、"珍惜拥有"（We Cherish It）和"环环相扣"（Together We Live），全面将"人与自然的关系""人与社会的职责""人与世界的链接""三生有幸——生命、生存与生活的幸福观"等思想传播给师生们。

《环保校园行》的全面启动，象征着"绿火"名正言顺地在校园传播，除了传播环保3R理念，我还做了有一定开创性的工作。前期，我在环保宣教素材与教材的设计中特别加入了新的激励3R元素（Remind即提醒；Repeat即重复；Reward即奖励），包括播放环境灾难影片以牵动人心，用音乐视频带动气氛，用环保PPT从事环境教育，用道德卡通片灌输正确的道德观，分发《环环相扣》杂志激励"阅"做越好。中期，我鼓励成立环保协会（培养环保新兵）并指导各种环保实践，包括"有机农耕"（亲近大自然）、环保分类演习（Recycle，培养习惯）、环保乐队（Eco Band）、提升物品价值（Upcycle）、物物交换（Barter Trade，认清物品价值）、环保歌舞（快乐环保）等。后期，我开展了环保训练及考核，通过环保生活营以提高团队精神，绿色状元大赛以选拔绿色人才，以及环保之夜以带动亲子与社区环保等。

此外，2016年"环保校园行"在全国120所国民型中学和独立中学的邀请下正式进入中学殿堂。2016年4月11日，雪州加影育华中学迎来第一场"绿色高能量校园"推介礼。马来西亚歌影视红星蔡子受邀担任形象代言人，其年轻与活力四射的舞台形象成功鼓舞了许多中学生。

　　这里，我只是简略地陈述了传播"绿火"过程中的一些个人经历与心得，未来我计划将"环保校园行"带入马来学校（全马来西亚近 70% 的人口皆是马来人，其环保意识相对较低，对其进行环保宣教将是一项艰巨的挑战）以及其他源流学校，希望未来可以见证到更多不同肤色（种族）的生态文明传人的诞生。其实，在后期传播"绿火"的过程中，我收获满满，不但获得了多个国际环保组织的鼓励与肯定，还有著名专家学者和环境学术单位给我提供了最好的生态文明与公众史学学习平台。在此我也与大家分享一下"绿火"带来的喜悦：

　　我于 2017 年 10 月 14 日荣获"绿色世界"（The Green World）[12] 国际环保组织颁发的个人"绿色文明大奖"，同时获得此荣誉的机构是"清华大学生态文明研究中心"；于 2017 年荣获中国大学生互联网＋创新创业大赛国际赛道铜奖，获奖内容与生态可持续性产品有关；于 2018 年 6 月，号召成立马来西亚《环环相扣》生态文明传播中心，联合东南亚义工、学者和社会各企业传承生态文明教育，为推进生态文明建设奠定长远基础；于 2018 年 10 月，联合发起成立北京清华大学人文学院绿色世界公众史学研究中心（Center for Green Public History，以下简称绿史中心），在中心成立大会上，推介"我们爱清洁、我们爱环保"全球绿色公益行动，希望将绿色种子播撒全世界，此中心还计划开展一系列跨界合作与交流活动，拟通过借鉴环境史研究的丰硕成果，巩固生态文化根基，栽培环境热爱者，招揽更多的生态文明共同建设者；于 2018 年 11 月，荣获"绿色世界"颁发的国际环保文化传播大奖；2018 年荣获世界企业家基金会颁发"环保公益慈善大奖"。

全球"绿火"传播：绿色世界公众史学研究中心

　　刘：李先生，听了您的经历，我的崇敬之情油然而生，期待您的绿色事业更加枝繁叶茂。刚刚您提到您是清华大学人文学院绿色世界公众史学研究中心的联合发起人之一。众所周知，清华大学是世界知名高校，绿史中心又可借鉴环境史研究的成果，巩固生态文化根基，栽培环境热爱者。我认为，这是一项通过教育推动人类"绿火"走向全球的创举。您可以给我们介绍一下清华大学绿史中心的情况吗？

李：2018 年 10 月 20 日，在清华大学开启了公众史学的新篇章——人文学院绿色世界公众史学研究中心宣布正式成立。这场由清华大学人文学院主办、历史系及思想文化研究所协办的绿史中心成立大会暨第一届"环境保护与公共历史论坛"获得了百多名教育界各级干部领导、专家学者和国内外公众史学爱好者的积极参与和大力支持，大会圆满成功，与会者交口称赞。

论坛结束后的当天下午，我代表马来西亚《环环相扣》生态文明传播中心，与绿史中心另两位共同发起人即中心主任梅雪芹教授、中心赞助人拿督钟岩般，以及中心副主任张弢、随行的马来西亚数位教育工作者一起，在清华大学人文学院召开了第一次工作会议，商讨中心成立后未来的工作布局并探究未来的发展动向，成功达成了多项长期合作协议。

绿史中心的成立，成功整合了当下国内外顶级的公众史学与环境教育的最新资讯与人力，对中心未来的稳定发展奠定了强有力的基石。与会的专家学者都是历史的见证者，大家积极、认真与专业的态度，对环境与公众史学的热情与执着以及对未来绿色世界建设的许多设想和建议，都成为点燃"绿火"、维系"绿火"、传播"绿火"的火苗。历史人物为环保付出的努力、做出的卓越贡献，若能成为后人学习的榜样，激发当代人的环保热血和情怀，也不失为点燃"绿火"的精神燃料。

值得深思的是，这一团团"绿火"以及许许多多专家学者呕心沥血释放出来的能量，对于绝大部分的局外人（非与会者或参与者）来说，尤其是一些经常在远处"隔岸观火""袖手旁观"的公众来说，是否存在意义？这团绿色火焰又能够持续燃烧多久？所谓众人拾柴火焰高，如果无法吸引或聚合众人的投入和参与，这火焰又能烧得多猛烈？火焰有可能燠天炽地吗？故此，只有人人心中的"绿火"同步点燃、持续传播，绿史中心的"绿光"才有可能光芒万丈。

两天会期转瞬即逝，会后每个人又回归各自的工作单位，继续埋头苦干。因为公众史学，众多专家领导、历史学者才可以聚集一起宣传公众史学，身为门外汉的我才有机会听闻公众史学并且学习公众史。这样一来，在不断地教学相长之中，公众史学得才以迅速传播，学公众史才得以慢慢成为社会常态。

结　语

刘：李先生，在访谈一开始您谈到了自己对"绿火"内涵及传承"绿火"的理解，访谈过程中我也切身体会到您对建设生态文明的那份热情。"绿火"传播的过程尽管充满了酸甜苦辣，但您对生态文明建设的贡献大家是有目共睹的。那么访谈最后我想进一步了解，这些年在传承生态文明、传播"绿火"过程中您的收获是什么？如果让您畅想未来全球的生态文明建设，您的期待又是什么？或者说未来我们应该怎样建设全球的生态文明？

李：环境保护离不开公众参与。20世纪中叶以来，日渐恶化的地球环境与生态问题频频发生，这引起了世界各国人民的积极反应和关注，以表达爱护环境、拒绝三废（废弃、废水、废物）污染、反对森林过度开发、维护生物多样性等诉求为目的的群众性集会和示威游行，相继在美国、加拿大、欧洲、日本及印度等国家举行。其中最具代表性的是1970年4月22日在美国发生的人类史上第一次规模宏大的群众性环境保护运动——"地球日"（Earth Day）活动。当时，全美国有将近2000万人、大约1万所中小学、约2000所高校和将近2000个社区以及团体参与集会和示威游行，并以其他多种形式参与宣传活动。斗志高昂的群众要求政府正视环境问题以及尽快采取治理环境的举措。[13]此次大规模"绿火"聚合，产生了强而有力的"绿光"，促使当时的美国政府成立了国家环保署，也陆续出台了《清洁空气法》《清洁水法》和《濒危动物保护法》等法规。此后，熊熊的"绿火"并没有因此而停止，"地球日"活动的精神迅速向世界140多个国家传播，短短20年时间就吸引超过20亿人参加，成为全球性的"绿火"行动，更于2009年4月22日第63届联合国大会中一致通过确定每年的4月22日为"世界地球日"。

总结多年来在环保教育、生态教育以及生态文明教育上的宣传，虽然个人的精神、精力和经济投入实在不少，不过比较起来，我在思想上与心灵上的潜在收获更是无法估量。这里除了特别要感谢家人（特别是太太）的支持、体谅和理解，也要感谢生态文明教育引路人梅雪芹教授、多年来与我一起奋战的《环环相扣》生态文明传播中心的理事、义工们（特别是劳苦功高、经常与我同行的郑志雄大哥），以及默默为我护航的政界、教育界、企业界和娱乐界的贵人们，绿色世界不能没有你们！

我已进入不惑之年，将善用近 6 年来投入环保宣传工作的发现和经验，重新规划未来我在生态文明教育宣教工作上的路径与蓝图，继续为马来西亚生态环境的可持续发展而努力，同时与日益恶化的全球生态危机、生存困境、生活环境等问题抗争到底，当个称职的生态文明传人。请允许我再次炫耀对"绿火"的坚持以及展现对"绿光"的执着，我立志用毕生精力、坚持不断的努力和行动，倡导与传承生态文明思想，身体力行生态文明行为，感召更多的生态文明传人，将生态文明思想传播千万里。

最后有关如何建设全球生态文明，我想借用梅雪芹教授的"生态文明建设四字诀"，与大家共勉。

> 厚德载物，标本皆顺，依法理政，匡世济民（政府）
> 循环设计，三废勿生，义利相得，持续运营（企业）
> 无信不立，着绿方兴，修元正本，造福苍生（商贾）
> 养田护林，睦邻敦亲，青山秀水，叶落归根（乡里）
> 自我做起，分类导引，绿色消行，从美入心（居民）
> 研促结合，理论提升，经世致用，德学双馨（学人）

注　释

[1] 关于火与人类文明演进的关联及其造成的问题，参见斯蒂芬·J. 派因：《火之简史》，梅雪芹等译，北京：生活·读书·新知三联书店，2006 年。

[2] *A Fierce Green Fire*, Documentary (2012), Retrieved December 10, 2018, https://www.imdb.com/title/tt1539489/.

[3] 王蒙：《传承》，2018 年 12 月 10 日，https://baike.baidu.com/item/%E4%BC%A0%E6%89%BF/81910.

[4] 华人新村是马来西亚华人聚居的村落，形成于 20 世纪 50 年代，是马来亚英国殖民地政府在长达 12 年的紧急状态中设立的一系列华人集中定居点。马来西亚现今共有 452 个传统华人新村（Kampung Baru），占总人口的 22%，其中霹雳州是拥有最多华人新村的州。在这儿以华人居多，而马来人和印度人居住在甘榜和园丘。早期的华人新村多为木屋区，随着时代发展，今日许多木屋已翻新成现代式洋房，也有一些新村因城市化人口外移、房屋废弃而逐渐变得破旧不堪。

[5] 参见林廷辉、宋婉莹：《马来西亚华人新村 50 年》，吉隆坡：华社研究中心，2000 年。

[6] 自 20 世纪 50 年代以来，由于塑料具备多种功能，它在全球生产制造业中的运用已超过其他所

有材料。可是,绝大部分的塑料仅在使用一次后就被丢弃,这导致一次性塑料废物堆积的问题日渐恶化。在全世界所生产的 90 亿吨塑料中,只有 9% 被回收利用,绝大多数最终都被送进垃圾填埋场或露天垃圾场。一次性塑料泛指塑料包装、便携袋子、饮料吸管、发泡饭盒等仅仅使用一次即被丢弃的塑胶制品。2018 年 10 月 31 日,马来西亚能源、科学、科技、气候变化与环境部于官方网站上发布了《2030 年为实现更健康与清洁的马来西亚环境,迈向"零一次性塑料"》路线图,强调了以下 5 个基本原则:1. 共同责任——消除自然环境中一次性塑料废物的责任必须由包括政府、企业、民间社会和消费者在内的所有利益相关者共同承担。2. 可持续发展——支持更广泛的可持续发展国家议程,其中包括对经济、技术、环境、发展和社会因素的考虑。3. 预防原则——据报道,塑料对生物多样性、环境和人类健康皆产生不良影响。当任何一项企业或公民活动对人民健康或环境造成威胁或伤害时,即使该威胁或因果关系未得到科学的充分确立,也应采取预防措施。4. 公开参与——所有规划和执行将通过公开透明的方式让所有利益攸关方参与进行。5. 良好治理——包括问责制和透明度在内的适当机制对于实施路线图至关重要。

[7] 夜间环保:一般是在下班后的时间做资源回收,时间从傍晚 6 点开始,到晚上 9 点结束。校园环保:环保义工进入校园宣教和示范垃圾分类,鼓励师生参与资源回收。

[8] 慈济:人文志业《社区环保》(2006),Retrieved December 13, 2018, http://www.tzuchi.org.my/web17/ind-ex.php/missions2/renwenzhiye/shequhuanbao.

[9] Going Green 2012 Live Plant For Future Theme Song: Plant For Love(July 9,2012),http://www.xymusic.com/music/album/music_id/93.

[10] 卢云峰、梁景文:《华人社会中的宗教与环保初探》(2009),Retrieved January 1, 2019, http://www.pacilution.com/ShowArticle.asp?ArticleID=2225.

[11] 同上。

[12] 绿色世界是马来西亚的一个致力于提倡环保绿色生活,为抵御全球暖化而努力不懈的环保公益平台。目前,绿色世界的绿色宣传足迹遍布世界各地。

[13] 姜春云:《拯救地球生物圈》,北京:新华出版社,2012 年,第 23 页。

历史与记忆

"记忆之场":二战后德国城市景观与战争记忆 [*]

花琦 李超^{**}

摘要: "记忆转向"是当代西方史学重要转向之一,也是大屠杀研究的新趋向,而城市记忆成为记忆研究的新增长点。二战后,德国关于纳粹历史的辩论在城市建筑领域同样爆发,德国城市"克服过去"的历程也直接塑造了德国的城市景观。科尔(Kohl)执政时期,发起了各种历史项目,意图以此构建联邦德国新的历史图景,在此背景下,一种有别于传统纪念碑的纪念活动方式"逆-纪念碑"(Gegendenkmal)逐渐兴起。以彼得·艾森曼(Peter Eisenman)所设计的欧洲被害犹太人纪念碑群为例,1988年至今,围绕该场所的目的、形式、功能等进行的辩论难以休止,作为"逆-纪念碑"的典范之一,它的公共性和开放性具有向德国公民和国际社会展示德国如何持续"克服过去"的功能,观察纪念碑的表现场域,有助于理解一个新的"记忆之场"是如何形成的,在"后记忆"时代德国"克服过去"与城市景观之间是如何相互影响的。记忆场所的存在和维系价值观念之间的关系引人深思,鉴于此,在自身集体记忆的建构中,要重视"记忆之场"在公共历史教育中的作用,重视"记忆之场"的生活渗入性。

关键词: 记忆之场;城市景观;战争记忆;城市记忆;公众历史

---

* 本文系2016年贵州省哲学社会科学规划课题"二战后德日国家形象与民族认同比较研究"(2016GZQN08)的研究成果之一。

** 花琦:六盘水师范学院历史系副教授。
李超:华中科技大学外国语学院讲师。

Abstract

"Memory turn" is one of the important turn of contemporary Western historiography, and also the new trend in the Holocaust research. Urban memory has become one of the important fields in the the study of memory. The debate over the Nazi past in the urban construction field broke out since the World War II. The German city "overcoming the past" process has shaped its urban landscape. During the Kohl's administration, a variety of historical projects were launched to construct a new historical images of the Federal Republic of Germany. A different way of commemorating the event from the traditional monuments, or "counter-monument" emerged. In the case of Memorial to the Murdered Jews of Europe, designed by Peter Eisenman, the debate around the purpose, form and function of the site has evolved since 1988. The publicity and openness demonstrate how Germany can continue to "overcome the past." Observing the performance around the monument offers insights in to how a new "sites of memory" was constructed. The relationship between the sites of memory and evaluating their values offers new perspectives in public history education and the study of collective memory.

Key words

sites of memory, urban landscape, war memory, urban memory, public history

对德国人而言，"零年"是在残垣废墟上的重新起步，城市在重建，生活逐渐恢复正常，可经济奇迹的光鲜外衣下是难以愈合的战争创伤，无论是在公共领域中，还是在私人空间里，二战给战争体验者和战后出生者都留下了深深的烙印。战争记忆如同永不消散的阴云一直笼罩着这个国家，铭记与缄默、纪念与遗忘，不管怎样应对纳粹历史和大屠杀事件，作为战败国，德国如何处理这段沉重过去，如何塑造公众"战争记忆"，成为他们"克服过去"难以逃避的现实问题。

史学研究和战争史研究的"记忆转向"

20 世纪 60 年代中后期，国际上关于"大屠杀"的沉默被打破，七八十年代形成研究高潮，在史学理论中占据了中心的位置，进入新世纪以后，有关"后大屠杀时代"的研究持续高涨，国际学术界关于大屠杀的研究出现了两个新的趋向：一是"目光向下"与民众角色的凸显，另一是大屠杀研究的"记忆转向"。[1]"记忆转向"不仅仅出现在大屠杀研究领域，在 20 世纪后半叶，西方历史学和史学理论的学术形态发生了转型变化，各种新史学兴起，在此当口，历史记忆受到史学实践和史学理论的广泛关注，甚至以"记忆转向"来表征这一现象。加利福尼亚大学历史教授克莱因（Kerwin Lee Klein）认为："记忆作为一种元史学范畴，变成了新文化史中的主导词。'记忆'一词的被重释，提供了一种关注边缘群体的新文本。"[2]"记忆转向"是西方史学的重要转向之一，它不仅对当下的史学方法产生了冲击，也深刻改变着人们对历史的理解和认知。

从史学理论发展来看，记忆转向"最要紧的背景就是（史学）在后现代思潮冲击下的解体"[3]。现代史学家要求打破宏大历史"单一叙事模式"，释放过去宏大叙事中被驱逐、压制或者边缘化的因素。如弗吉尼亚大学历史系教授艾伦·梅吉尔（Allan Megill）所言，人类所处的世界"并非一成不变，而是多元的、起伏不定的"，"在综合描述历史时，除了关注人类实践的相似性，更应当关注其中的差异性，正是不同人类群体间的这些差异与分歧真正构成了人类思想的多样性和复杂性。这种强调差异性的研究能帮助我们真正理解人与人之间的区别，理解外部群体间的区别"。[4]而由于记忆仿佛天然就与被压制的"多元历史"因素之间具有酵酶，"记忆代表着人类过去所有被抑制、被忽视和被压制的东西"[5]。大众史、日常生活史、新社会史、新文化史和口述史，这些新兴学术领域和史学方法的兴起，使得历史记忆成为重要的历史研究对象和史料来源。在历史哲学家弗兰克·安克斯密特（Frank R. Ankersmit）看来，在后现代观念冲击下，相较于有着共同目标的大教堂，历史更像是一个都市，每个人走自己的路。后现代条件下，自我与过去之间的联系变得"私人化"，具有高度个体化和私人化特征的记忆成为焦点，正是对过去"私化"这一变化的反映。[6]记忆研究有其理论发展脉络，"心理学家弗洛伊德（Freud）、哲学家柏格森

（Bergson）以及社会学家哈布瓦赫（Halbwachs）都对此做出了重要贡献，而将记忆与历史紧密结合在一起的则是法国年鉴学派的历史学家，布洛赫（Bloch）和费弗尔（Febvre）所开创的心态史模式为记忆史的研究提供了可能。"[7]其理论价值在于挑战了传统史学叙述模式，记忆话语让我们触及"历史超语言的经验维度"[8]。20世纪80年代中期，犹太裔法国历史学家皮埃尔·诺拉（Pierre Nora）主编的《记忆之场》（*Les Lieux de Mémoire*）[9]的出版，使得有关民族历史记忆的研究成为一项国际性议题，推动了"记忆转向"的全面展开，在过去的30余年中，历史学家和社会科学家对遗忘和记忆的过程进行了广泛的探索。

　　从现实社会背景来看，记忆之所以在20世纪下半叶受到关注，这与西方焦虑社会的"认同危机"和"创伤体验"有关，记忆的升值与这两者紧密相连。20世纪后期以来，认同成了欧美社会的一个热点问题，记忆随之受到前所未有的关注。对此，梅吉尔评论道："大多数当前对于记忆热的表征之下的共同特点，似乎都是对于认同的不安全感。在一个各种相互对立的确定性不断地彼此冲突，以及一大堆各种可能的认同争相出场的世界里，对于认同的不安全感也许是无法避免的副产品。此种情形为'记忆'走上前台提供了足够的理由。"[10]而埃里克·霍布斯鲍姆（Eric Hobsbawm）所言"极端的年代"之现代性给人们带来诸多外在和内在的创伤体验，记忆可以为历史悲剧提供见证，帮助了解和留存真相，在多元历史书写中不被压制的记忆可以变成帮助人们从创伤和焦虑中得到释放和救赎的工具。

　　在构成20世纪历史图景的若干核心论题中，"世界大战""大屠杀"这类极限事件在"记忆的转向"中扮演了尤为重要的角色。彭刚认为战争这样的极限事件"给受难者和亲历者所造成的难以言说的巨大创伤，它那种即便亲历者也觉得无法理解的特性，引发了史学理论中有关历史表现的极限何在的争议。其核心论题在于，既有的历史话语形式能否有效处理这样的历史题材。大屠杀使得历史记忆在20世纪80年代以来，成为学术焦点乃至社会生活热点的诸多因素中，影响最大的单一事件。"[11]德国文化记忆学者阿莱达·阿斯曼（Aleida Assmann）也强调"创伤性经历是记忆的爆炸物"，展现这类"让人不安的回忆"不仅仅是把已过去的东西加以延长保存或者人工重建，同时也是一种抵抗遗忘和压抑的愿望的力量。[12]当前大屠杀"记忆的转向"相关研究具体成果颇丰，继美国文化记忆研究学者詹姆斯·E. 扬（James E. Young）的《记忆的结构：大屠杀纪念碑及其内涵》（*The Texture of Memory: Holocaust Memorials and Meanings*）[13] 一书后，记忆史学逐渐进入大屠杀研究的主流，战场、纪念馆、纪念物、记忆主题、大众文学、影视艺术等记忆形式皆成为研究分析对象，[14] 相关论著不断涌现。在我们生活的这个时代，人们召唤着记忆，为历史遗留冲突，也为重构集体认同"提供表现的场所"[15]。

二战后德国城市景观与战争记忆

在纷杂的记忆研究中，许多学者将目光放在了"场所"上，这受益于诺拉"记忆之场"概念的凝练，他重视场所在公众记忆塑造过程中所发挥的作用，把场所视作承载记忆，即"当下的、具象的、活着的、情感的现象"[16]，阿斯曼进一步将之解读为媒介，认为"不存在文化记忆的自我生成，它依赖于媒介和政治"，记忆的生成、储存、传递都充满着各种变形机制，[17] 以极限事件大屠杀记忆为例，他强调"如果不想让时代证人的经验记忆在未来消失，就必须把它转化为后世的文化记忆"[18]，亲历者的鲜活记忆最终会被有形媒介承载的可传递记忆所取代，记忆表现形式难以穷尽，文字、图像、地点都是凝结并藏匿记忆的重要场所或媒介，但无论记忆研究范畴如何扩张，城市作为一个流动的生命体，是公众记忆生成与交换的重要物质场所，所以城市及作为其核心构成的建筑景观的记忆研究应在此领域内占据一个重要位置。

建筑构成了城市景观的主要部分，对于传承与传播城市记忆与历史，维系城市空间里的集体文化认同具有积极意义，它是一种权力的雄辩术。建筑艺术评论家德扬·苏吉奇（Deyan Sudjic）认为，"建筑的背后有着丰富的内涵。……它们是创造和记载历史的方式。"公众自然沉浸在"凝固的音乐"中感受着其意象表达，交互着记忆，尤其是以凝固特定记忆为目的的纪念场馆、纪念碑、博物馆等物质载体最能体现出诺拉所归纳的"场"的三种特征："实在的、象征的和功能的"，[19] 鲁迪·科沙尔（Rudy Koshar）认为"记忆景观"不仅包含狭义上的建筑地标和纪念碑，"还有街道名称、公共广场、历史遗迹，比如二战掩体或以前的集中营，甚至整个城市景观或自然景观，这些都是记忆的象征"[20]。

当建筑或空间的集体意义被个体所意识，这些景观就浸透在既私密又高度公开的记忆和图像中，在集体记忆层面上，塑造过程会受到有目的政策的干涉与控制，特别是大型纪念性公共建筑，当其与重大事件紧密相连后，它的象征性远超个人持有的图像意义，"象征着一个国家、一个民族、一种文化或一个时代，也反映了一个权力做出的政治判断"[21]。德国战后的战争认知可从其城市景观和建筑中窥其一角，人们"决定要建造什么，要保留什么。这种想要保留或摧毁的冲动，不管是出于怀旧心理、对声名的渴望，还是对合法性的诉求，甚至是经济上的动机，都反映了关于历史身份根深蒂固的信念"[22]。

　　1945 年，德国在一片建筑的废墟上开始了重建，如何"克服过去"是战后德国长期的命题，涉及从国家政治到私人生活的方方面面，成为知识分子交锋的战场，有关"克服过去"的争议在建筑环境领域内同样爆发了，自 20 世纪 60 年代以来，总能在建筑领域观察到德国对过去的关注，作为记忆的有形物质载体，它本就是辩论的中心，诸多学者投入记忆景观这一具体领域的研究之中，"德国历史学家越来越意识到特定的有形遗址对于建构历史意识和民族身份的重要性。最具代表性的是鲁迪·科沙尔的著作《从纪念碑到痕迹：德国记忆的产物，1870—1990》（*From Monuments to Traces: Artifacts of German Memory, 1870–1990*）和《德国的瞬态过去：20 世纪的保存和民族记忆》（*Germany's Transient Pasts: Preservation and National Memory in the Twentieth Century*）[23]，其长时段考察了德国从帝国到联邦共和国时期的纪念性景观和国家认同的变化。……70 年代，汉斯·恩斯特·米蒂希（Hans-Ernst Mittig）等德国学者针对纳粹时期艺术和建筑史领域的研究具有开创性意义，为其后的维尔纳·杜尔特（Werner Durth）、尼尔斯·古乔（Niels Gutschow）、温弗尔德·奈丁尔（Winfried Nerdinger）等人的重要研究铺平了道路，他们揭示了从纳粹时期到战后时代人们思想和规划意识形态的连续性，并提供了在城市环境中逃避记忆的新概念形式"[24]。90 年代，詹姆斯·E. 扬在《记忆的结构》中，将文化记忆、视觉文化引入大屠杀纪念碑研究，对大屠杀记忆、公共艺术及它们在生活中的融合做了开创性的研究，扬后续的系列作品《记忆的边缘》（*At Memory's Edge: After Images of the Holocaust in Contemporary Art and Architecture*）、《记忆的阶段》（*The Stages of Memory: Reflections on Memorial Art, Loss, and the Spaces*

Between)[25]都延续了其在艺术和建筑领域的批判性眼光。自此，关于德国过往的记忆形式和城市意象成为研究热点，德国统一后，从中心城市柏林到非中心城市都处在观察视域中，各类场所被一一检视。大量的学术成果增加了我们对记忆和战后德国城市空间之间关系的理解，建筑遗产、成规模的历史地段、建筑群、文化景观遗址、纪念性空间以及历史性场所等都被纳入城市记忆场所研究的范畴。

　　布莱恩·拉德（Brian Ladd）认为建筑和场所"给城市的历史和身份提供了形式"[26]，在柏林这个"闹鬼"的城市里，有名的政治人物和文化人物的"幽灵"出没之地挑起并持续挑起人们的激情、深思和讨论，对建筑物和纪念碑如何去观察、处理与回忆的反应，揭示了一种集体认同。凯伦·E. 蒂尔（Karen E. Till）同样也以柏林为中心，考察了德国于 20 世纪的历史困境，在德国柏林的社会记忆工作中，她"试图探究群体为什么且如何主张构造和划定场所和景观，以建构过去和社会认同"[27]。以来自不同社会团体和机构的从事"记忆工作"的人为研究对象，蒂尔认为这些人"在处理与国家和社会的黑暗过去的复杂情感关系（包括内疚、遗憾、哀悼、否认和责任）的同时，试图与未来几代人建立联系"[28]。城市是否能"克服过去"？很难有一个通行的判断标准。罗森菲尔德（Gavriel D. Rosenfeld）和杰森科特（Paul B. Jaskot）试图更全景式地考察德国，避开了国家层面纪念活动集中的柏林，多样化地关注了 12 个德国城市和城镇的争议性战后记忆，提供了观察德国人在城市环境中，处理纳粹过去遗存成败得失的不同场所视角，而大屠杀研究者们已经极其善于捕捉沉默、逃避、否认这样的"不成功"迹象，"克服过去"本身就是过程性的，"能否完全'掌控'过去是有争议的，很难将'过去'理解为一种对历史遗产的有目的可循、有终点可达的封闭式理想建构，毕竟，只要过去仍是一个活跃的社会参考点，它将保持开放的解释、讨论和辩论"[29]。象征性、纪念性的处理方式因与体验直接关联，更加会被置于激辩中。辩论中，包括城市空间的许多外在形式，如特定的地点、建筑、纪念碑和城市中存在的其他物质形态皆会成为记忆建构的材料因子，皆会成为历史争议的对象。

　　战后，曾经受纳粹政权推崇的具有象征意义的建筑风格，特别是一般历史主义、新古典主义和以达雷（Darre）的"血和土壤"（soil and blood）理论 [30]为基础的家乡风格在西德受到抨击，反之，现代主义倾向的建筑风格则广泛获得"民主"的认可，钢铁和玻璃材质构造的现代新建筑获得了主流机构的支持。无数城市废墟的重建成为另一个具有巨大争议的主题，该如何处理纳粹政权建造或使用过的建筑，黑暗的第三帝国历史是否应该被纪念、如何纪念更是备受争论，例如是否重建毁于战火的法兰克福歌德故居，是否拆除柏林阿布雷契亲王大街上的盖世太保总部等。战争结束后的十几年里，德国在处理建筑环境中的纳粹遗留时的表现倾向与他们同时段的记忆选择是一致的，地方政府都通常倾向于逃避悔罪，通过怀旧地、无意识地在废墟上重建著名历史建筑，拒绝交出或是简单拆除罪行遗址，地方纪念性工作通常局限于那些大屠杀和死亡遗址上。在东西对抗背景下，第三帝国对建筑景观的影响淡化了，柏林这座城市更是成为冷战的重要象征，随着柏林墙的筑起，其作为"展示橱窗"陷入东、西柏林的竞争性开发，此阶段德国城市环境更多受冷战局势所左右。直至 20 世纪 80 年代早期，西德人和东德人才慢慢开始发展出一个更系统的记忆文化，通过保存纳粹暴行遗址和修建宏大纪念碑，承担起坦率地记录并接受过去的责任，[31] 而德国的统一更是引发了一场记忆的剧烈冲突，承载记忆的象征物被卷入争论旋涡："前纳粹集中营遗址是否应该重新构建起来……作为统一德国的未来首都柏林，是否应该成为一个大规模的国家大屠杀纪念馆？……前帝国皇宫或德累斯顿圣母教堂，是否应该重建成宏伟的历史地标？统一不仅是经济和政治同步的过程，也是一场关于象征的对决。"[32] 可见，在城市与建筑领域，建筑形式问题具有政治含义。

　　20 世纪 90 年代以来，从汉堡竖立起格尔兹（Gerz）夫妇设计的"消失中"的"逆 – 纪念碑"开始 [33]，学者对纪念方式的关注由纪念性建筑形式的变化诱发而来，20 余年来，"逆 – 纪念碑"已成为一种新兴的、重要的纪念活动方式，其采取与传统纪念碑原则相反的策略，或对抗现有的纪念碑形式及价值，"即使这样的做法是通过反对传统纪念碑来定义自己，它也帮助重新激发了公众和专业的兴趣"[34]，"逆 – 纪念碑"批评传统纪念碑在记忆过程中实际起到了遗忘作用，试图摆脱传统形式的束缚和封闭，使用一种新的表达方式，与传统的静态和非对话性纪念碑相比，这种表达方式在当代城市空间中与过去进行对话，并创造性地寻求与公众对话，将纪念碑与个人记忆的过程相结合，"更能与正在进行的后现代转型和当代城市空间的流动性保持一致"[35]。虽然当下不同利益集团对记忆和历史的要求越来越多样化和冲突化，"逆－纪念碑"的数量和范围也不断增加，且服务于一些特定受众，但"逆－纪念碑"的独特之处就在于它们能评估不同的个人／集体行为者对纪念活动的各种期望[36]。诚然，"逆－纪念碑"也经常遭到质疑，但与传统的过度政治化的纪念碑相反，它以不确定的对话式想象为特征，跨越公共和私人纪念活动的传统模式建立起对话，"满足了许多当代纪念实践的期望，……成为一种非常有效的记忆形式，它不仅积极地将城市空间作为记忆和认同话语的场所，而且还将其作为主体或对话者"[37]，适应了以多样性和包容性为基础的当代城市空间对新形式纪念活动的需求。

　　学者们广泛探讨在德国各个城市的类似案例，特别聚焦于中心柏林。德国统一后，柏林明显地担负起统一德国对外公众形象的职责。作为展示国家城市"克服过去"的橱窗，在建筑领域，柏林的历史古迹、纪念碑等成为有关战争过去的重要记忆场所，使得"柏林风景被独特地政治化"，城市的建筑、废墟乃至空置遗址在"记忆的重压下呻吟"[38]。柏林是一个"过去、现在和未来以意想不到的方式碰撞的地方，个人和集体都在寻找成为德国人的意义"[39]。

围绕欧洲被害犹太人纪念碑群的辩论

　　21世纪初，德国官方记忆在柏林有了一项里程碑式的有形体现——欧洲被害犹太人纪念碑群，该建筑位于柏林的心脏地区，在勃兰登堡门附近，紧邻使馆区和蒂尔加藤公园，周围有文化设施、商店及居民住房，它还与历史城区及议会和政府区相连，自揭幕以来，已成为德国首都城市多样化结构的一部分。这充分体现了这一记忆场所的公共性和开放性，具有向全体公民和国际社会展示其持续"克服过去"的功能。

　　步入全球化时代，集体记忆与民族认同愈加升值，对大屠杀的记忆已经从动机问题（记住的意愿）转变为表征问题（如何构建过去）。[40]从倡议到实现，从征集方案到开放实践，围绕欧洲被害犹太人纪念碑群的论辩集中体现了，在"后记忆"时代，德国"克服过去"与城市景观之间是如何相互影响的。每当讨论大的社会趋势或群体性经历时，研究者倾向于把人划分成几代人，作为"一代人"的其中一分子意味着什么？学者艾米·科宁（Amy Corning）和霍华德·舒曼（Howard Schuman）认为，正是集体记忆赋予了"一代人"这个群体以意义和凝聚性，[41]并且塑造着未来，对过去苦难的回忆萦绕在脑海中，可能会淹没几代人。[42]"对于惨遭大屠杀或目睹大屠杀的一代人来说，记住奥斯威辛的伦理要求似乎简单明了，可在今天，记忆的重担越来越落在公众身上，他们是在所要记忆的事件之后出生的。记忆不再专属于幸存者视野，它越来越依赖于艺术家、学者和社区工作人员的各种作品。"[43]

在当代柏林的城市景观中，一些场所被亲历者之外的人遗忘，一些场所为公共博物馆或纪念碑所用，标志着这座城市的纳粹历史，然而，只有一部分"真实"的遗址（与纳粹时期抵抗或迫害行为有直接联系的地方）被指定为官方集体记忆的场所，其他的则被重新纳入日常生活中[44]。20世纪80年代，科尔执政时期，推行新保守主义的历史政策，发起了各种历史项目（国家博物馆、纪念碑、纪念活动），意图以此构建联邦德国新的历史图景，其目的是塑造一种"积极"的德国民族认同，"从而将德意志民族从纳粹主义的阴影中'解放'出来"[45]。在这种政治背景下，从20世纪80年代初开始，公共领域关于纳粹历史的辩论极为热烈，"在审视纳粹历史、建造国家博物馆、纪念二战结束等众多问题上意见分歧、针锋相对"[46]。1988年，记者利亚·罗什（Leah Rosh）和研究二战的历史学家埃伯哈德·耶克尔（Eberhard Jackel）倡议，要求在施害者国家设立一个明显的标志，在西柏林为被谋杀的欧洲犹太人建立一座纪念碑，使个人的参与"部分进入了国家政治的范畴"[47]。自此，开启了长达17年关于纪念碑的功能性和合法性的激烈辩论，学者扬-霍尔格·基尔施（Jan-Holger Kirsch）分析了1988年至2001年期间德国具有代表性的报刊，如《法兰克福汇报》（*Frankfurter Allgemeine Zeitung*）、《法兰克福评论报》（*Frankfurter Rundschau*）、《每日镜报》（*Der Tagesspiegel*）、《南德意志报》（*Süddeutsche Zeitung*）、《日报》（*Die Tageszeitung*）、《明镜周刊》（*Der Spiegel*）和《时代周刊》（*Die Zeit*）等刊载的关于大屠杀纪念碑的辩论文章，[48]人们就纪念碑的必要性、目的性、悼词、地点、形式、设计方案等进行了无数讨论。[49]基尔施认为历史罪行的认知对于"德国国家身份的重新定义"[50]必不可少，这是"柏林共和国"实现自我理解最重要的辩论之一。

1999年6月，德国联邦议会正式决定在柏林修建"欧洲被害犹太人纪念碑"，纪念碑的设计成为媒体和政府争论的焦点，越来越多的设计作品"挑战着神圣与世俗间的界限，挑战着传统观念中关于纪念碑是神圣之地的认知"[51]。关于纪念碑两轮设计比赛的历程已在詹姆斯·E.扬的《记忆的边缘》一书中被详细记述，[52]扬记述了当代德国为纪念大屠杀而付出的艰辛努力，并提出了一个记忆表征问题：20世纪晚期的艺术家们如何才能记住一件未曾亲历的事件，他们关于该事件的记忆是通过电影、照片和博物馆里的图像塑造而成的。被扬称为"后大屠杀一代"的群体没有直接经历大屠杀的经验，他们该如何用艺术来描述大屠杀。

作为研究美国历史遗迹和记忆之间复杂关系的权威，扬在这场辩论中发出了有力的声音，在1998年的访谈中，他指出"在二战后一代人看来，（传统）纪念碑是一种极权主义的艺术或建筑形式"，尤其是对德国新一代艺术家和建筑师来说，用极权主义形式纪念极权主义受害者是"可疑"而"矛盾"的，他们认为记忆"必须内存于心"。扬本人也质疑纪念碑能否提供稳定而恒久的记忆答案，在德国集体记忆的框架内，曾经在全国范围内纪念的大屠杀，在某种程度上面临着被埋葬的真实威胁。他担忧道："在德国国家纪念过程中，政府在柏林为欧洲被害犹太人建立国家纪念碑的主要原因，是为了在20世纪修建一座伟大的墓碑，如此一来，德国就可以不受可怕的过去的阻碍而跨入21世纪，如果真是如此，我宁愿一个纪念碑都看不到。事实上，我现在正参与其中，在这个过程中我有很多问题要问政府。"[53]不管扬对纪念碑喜欢与否，他逐渐从一个批评家变为参与者、创造者，扬讲述了他是如何变得"怀疑……（他）自己的怀疑论"，并协助使解构主义建筑师彼得·艾森曼备受争议的设计"摇摆不定的柱子"获得批准，将自己选择的设计融入了二战后德国重生的叙事中，虽然并不完美，"但它远比完全不建纪念碑要好得多，否则将迎合那些急于通过否认纪念竞赛所带来的公众大屠杀想象，以和过去划清'最后一笔'的人"。[54]

纪念碑可以看作是"历史政策"（geschichtspoticik）的助推力，考虑到辩论各方的不同立场，很难就德国"适当的"大屠杀文化纪念达成一致意见。[55]与寻求治愈和终结的政治家们相反，艺术家们往往在破坏这种"救赎"事业，他们通过"逆－纪念碑"强调观察者的视角，"每一个世代的成员都必须扪心自问，记忆是什么，当他们凝视一个物体或纪念碑时他们在做什么"[56]，在这种艺术形式中，"艺术品与观众的体验是一致的：观众将成为作品的主体"[57]。

传统形式的大屠杀博物馆陈列了大量历史文献，建筑学与历史学都试图以自己的方式对历史进行评论，但两者之间存在着差异，建筑以自己的方式呈现历史时，其"逻辑、范围和框架可能完全不同"[58]。一直站在建筑实验主义前沿的艾森曼拒绝参与大屠杀"产业化"过程，在访谈中表达了对二元式大屠杀纪念方式的否定："我不喜欢大屠杀产业，我不喜欢《辛德勒的名单》（Schindler's List），我不喜欢任何把问题如此多的事情简化为……'好'或'坏'的形式。"[59] 在谈到自己所设计的柏林纪念碑形式时（下文简称"欧洲被害犹太人纪念碑群"为"柏林纪念碑"），他解释自己不想"俗气地"再现记忆的真实地点集中营中的恐怖气氛，"我想要某种你无法（简单代入）的东西，一种让你难以忘怀的东西，这是不可同化的……那不是你以前经历过的或可以概念化的部分"[60]。艾森曼试图解构秩序，打破刻板的纪念馆一贯限定的"肃穆"气氛，营造一个迷宫式结构与空间，"当你进入纪念碑后，你会有一种潜在的迷失感，孩子们会从母亲身边离失，你听到孩子们在尖叫，有的是在玩捉迷藏，有的是因迷路了，一旦离开，你就消失了……城市消失了，人们来来往往……如同鬼魂，不知从哪里冒出来，你认为人们会出现，……你会撞到别人，有一种现世的体验，一种脱离肉体的体验"[61]。

艾森曼在构思设计时，试图避免大屠杀的任何历史"再现"，践行了一种纪念大屠杀的新的建筑表达方式：建筑图式[62]，"这种表达方式是内在的，是从现有的环境中派生而来的"[63]，它并不试图传达一个特定的信息或想法，该纪念碑不具说教意味，"没有功能，没有目的，没有目标，没有信息，然而在一年内有 300 万人来到这里"[64]。他希望纪念碑保持"开放"，而非承载某种象征意义，或是"一种由外部用途、符号和价值稳定下来的存在"[65]，不与"形式、功能和历史建立固定关系"[66]，人们可以在那里进行多种日常活动，包括野餐、嬉戏等，使"它成为（战后）第三代和第四代德国人日常生活的一部分"[67]。该纪念碑的"非象征性特征允许在其空间引入不同的操作模式"，正如学者伊兰·纽曼（Eran Neuman）所观察到的那样，"一个没有明确含义的建筑文本无疑会使文本的多样化'阅读'（或使用）成为可能。因此，作为一个开放性的文本，柏林纪念碑允许日常活动发生在它的周围"[68]。

纪念碑群里的男孩　　图片来源：德克·纳扎纳斯（Dirk Nazarenus），纪念基金会（Memorial Foundation），2008 年 [69]

纪念碑群里的日常活动　　图片来源：彼得·艾森曼（Peter Eisenman）设计的欧洲被害犹太人纪念碑（Memorial to the Murdered Jews of Europe），谭贾·舒尔特（Tanjia Schult）[70]

图式建筑构建了一个"尚未形成的意义体系",柏林纪念碑作为建筑文本,并不试图直接代表大屠杀,艾森曼将纪念碑安置在纳粹政权曾经使用过的地方(紧临希特勒地堡),而不是屠杀实际发生的地点。同时,纪念碑并没有像传统纪念馆那样复制、展示大屠杀图像,在外观设计上也未呈现任何与大屠杀有关的暗示,事实上它并不涉及任何与大屠杀直接相关的象征意义,看到这座纪念碑的人不会立刻知晓它的纪念主旨。开放式的结构允许将大屠杀作为一个非封闭和非固定意义的事件,人们可以将纪念碑与多重意义联系起来,在保留与事件相关概念的同时,置入新的活动,将新的意义带入大屠杀纪念活动。

艾森曼的设计打破了纪念碑固有的概念,放弃了传统象征性符号的使用,纪念碑群占地近 2 万平方米,灰色混凝土浇筑的纪念碑镶嵌在地面上,由 2711 个水泥碑组成波浪状网状通路,石碑的数量和大小不具象征意义,有许多出入口并可供参观者任意穿行,作为大屠杀记忆的"德国"场所,这座纪念碑成为一块"旅游磁石",吸引了德国公民和其他国家的大量游客来"解读"它。由于柏林纪念碑是作为其他所谓"真实的"大屠杀纪念馆的补充,其重点在于"从受害者的角度"讲述犹太人遭受迫害的故事,作为一个"非真实"和"没有东西"[71]的地方,"它所处的位置,物理的开放性、新颖性和抽象性,以及规模的巨大,使其成为展现记忆工作性能及相关研究的迷人之所"[72]。纽曼评价,"艾森曼为大屠杀纪念创造了最独特的机会,这个机会不试图规定意义与经历,而是允许新的观念介入我们与大屠杀之间的关系"[73],允许多重的感知和解释。通过这种方式,可以考察德国人是如何将纳粹政权的"存在"现状融入他们的生活中去的。

人们通常认为作为记忆工作的物质载体,纪念碑应该是恒久的,但随着时间的流逝,由于大量游客来访和温差的影响,纪念碑持续出现损毁的情况,石碑上可以看到许多细缝,事实上,早在 2007 年,即开放两年后,纪念碑基金会就估计大约有 400 个裂缝会形成。德国媒体关注着混凝土纪念碑的"崩坏",2011 年 12 月 6 日,《柏林日报》(*Berliner Zeitung*)刊登了如下标题"如今,大屠杀纪念碑的紧急楼梯也在坍塌"。[74] 2014 年 5 月 22 日,《德国文化广播电台》(*Deutschlandfunk Kultur*)引用了来自一名专家的言论,已经有 380 个石碑因混凝土的裂缝而严重受损,质疑如此重要的纪念碑为什么由混凝土材料来建造。虽历史学家克里斯汀·富尔迈斯特（Christian Fuhrmeister）评述道："这实际上是一个相对正常或日常的事情。"[75] 但媒体总引用"碎裂的石头"和"摇摇欲坠"的石碑来质疑其昂贵的建筑成本和安全性，并隐喻大屠杀纪念和记忆的脆弱性。对于大屠杀纪念碑是否即将倒塌的持续关注，恰恰证明了，它被置于阳光和公众的视线下，柏林纪念碑已经获得了国家地位。[76] 对纪念碑的道德评价并不局限于它的形式，还反映了人们对参观者的行为预期。

混凝土纪念碑上的裂缝　图片来源：肖恩·盖洛普 / 盖蒂图片社（Sean Gallup/Getty Images），2007 年 [77]

当纪念碑开放后，它的使用和解读权就被交与公众，将研究视角从与幸存者共同见证转向公众参与的领域，侧重于观察、访问参观者，即德国大屠杀纪念性建筑是如何被居民和游客理解的？学者们发现大多人对纪念碑、纪念馆产生了强烈的情感反应，对德国游客来说，可能面对着"集体负罪感"所带来的情感冲击，来自曾被德国占领的国家的游客也许会感到不安，而能够引发犹太游客震惊和悲痛的程度可能是意想不到的。洛兰·布朗（Lorraine Brown）认为，在"暗黑之旅"中参观纪念场所的游客增加了对纳粹罪行的了解，[78] 从而实现了纪念碑的教育功能，游客被他们的经历所淹没，产生了悲伤、震惊、愤怒、绝望和不理解的感觉，这些感受让他们在参与追悼后很难恢复游客的身份，一些人认可了德国举行纪念活动的程度。[79] 艾里特·德克尔（Irit Dekel）将观察重心集中于游客参观柏林纪念碑的反应，他也把此纪念碑理解为一个邀请各种形式的行动、解释和参与的场所，认为这些纪念活动的新内容改变了人们对记忆和政治关系的理解。[80] 德克尔观察到人们在石头上跳跃、打闹，也常常听到"他们不尊重大屠杀的地点和记忆"的声音，虽然他不认为这是一种"积极的（记忆）方式与规范意义上的大屠杀记忆"，"但它开启了新的可能性接触"。[81]

孩子在石碑上跳跃　图片来源：肖恩·盖洛普 / 盖蒂图片社（Sean Gallup/Getty Images）[82]

　　2016 年 10 月 26 日，《柏林日报》引用了艾森曼在《时代周刊》（*Die Zeit*）的访谈，"社会气候发生了变化，以前被认为可以接受的很多东西现在都受到了质疑"[83]，在德国，仇外心理和反犹太主义急剧上升，保守势力获得影响力，假如推延到今天，柏林大屠杀纪念碑不会建成。2017 年 1 月，德国右翼政党另类选择党（Alternative für De）政治家比约恩·赫克（Björn Höcke）在一次青年活动中的公开发言印证了艾森曼的观点，赫克称："我们德国人，是世界上唯一一个将'耻辱纪念碑'植于首都心脏的民族。"[84] 虽然他辩称其演讲是为了质疑德国人是如何回顾历史的，但此言论遭到左翼人士的强烈斥责，认为这完全是纳粹的措辞。同一时段，以色列艺术家沙哈克·沙皮拉（Shahak Shapira）在他的网站 Yolocaust 上发布了一组图片，[85] 照片中将陌生人发布在社交媒体上的，在柏林纪念碑旁微笑、杂耍和做瑜伽的自拍照与纳粹死亡集中营的镜头组合在一起，以此来探索德国的纪念文化。他希望借此项目激起人们思考大屠杀以及纪念大屠杀遗产的适当方式，"柏林大屠杀纪念碑不是为犹太人，甚至不是为受害者而建的。它是为后代树立的道德指针，以准确地提醒他们提防比约恩·赫克这样的人"[86]，在删除照片后，沙皮拉还将自己收到的各种反馈意见也发布到网站上，该艺术项目受到全世界媒体的关注，并引发了一场关于大屠杀纪念馆和纪念文化的辩论。虽然沙皮拉倾向于采取一种非道德的立场，但其项目也受到质疑，批评者认为，虽然在大屠杀纪念馆自拍肯定不是什么道德典范行为，甚至是不可接受的行为，但用恐怖画面羞辱陌生人可能不是开启有意义对话的最有效方式。针对沙皮拉的这一项目，艾森曼也持否定态度，在接受 BBC 采访时谈道："说实话，我觉得这很糟糕。"[87]他希望这个空间能以各种方式与参观者互动，而不需要评判或求助，"人们一直在那些柱子上跳来跳去，……他们一直在晒太阳，一直在那里吃午饭，我认为这很好"[88]。他反对将此场所"神圣化"，坚持应将其视为一个日常集会的地方。显然，虽然艾森曼主张对其用途采取一种更为宽容的态度，不希望参观者带着一种特定的感受来对待他的作品，但在这样一个标志性的纪念场所，人们对记忆的参与依旧是被赋予一定行为规则和道德评判的。艾森曼和扬质疑的是建筑对秩序的概括，挑战建筑功能和意义，但在实践中也留下了一个问题，即为国家纪念目的而采用的"逆－纪念碑"，是否传达了一种与它们本应颠覆和取代的老式纪念碑没有太大区别的叙述，公众总将符号与强烈的情感联系在一起，并"融入有意义的叙事结构"[89]中。

再统一后的德国社会发展出了一种新的身份，即"柏林共和国"，这引发了一种选择性的"记忆热潮"[90]，政治中心柏林已然成为一个城市规模的纪念场所，一方面，柏林的纪念景观一直是许多国际辩论和争议的焦点，几乎每一个地点都有自己的故事，如何记住城市的过去是一件困难的事情；另一方面，其城市纪念景观既是一种身份认同的动力，也是这种新身份的产物。纪念碑等标志性建筑通过制造和塑造集体记忆来凝聚一种集体认同，成为集体记忆的一部分，帮助塑造了社会特征，是"社会不断改变其过去的一种手段，它们为公众纪念的个人记忆提供了一个焦点，引导他们进入致力于改变公共目的的渠道"[91]，通过柏林纪念碑这一向公众展示历史的案例，可以了解纪念性场所作为一种标志物，它的道德意义，或者说它蕴含的道德意义源自于诸如德国记忆话语、多重地点、表现形式的外部赋予和演绎。因此，了解围绕柏林纪念碑的辩论，以及纪念碑周围的表现场域，有助于理解在"场景"环绕的物质场所中意义是如何建构的，各种互动和表现形式"不仅反映了德国与大屠杀记忆的接触状态，而且也反映了公众行动形式和结构的转变"[92]，让我们了解一个新的"记忆之场"是如何形成，并在城市肌理上留下印记的。

回顾 20 世纪 80 年代始在德国出现的"逆 – 纪念碑"，有学者认为就其功能意图而言，并不像人们迄今所认为的那样具有开创性，围绕柏林纪念碑和其他大屠杀纪念馆的辩论不会是同类辩论的最后一场，纪念的形式也将不断地发展，多种元素"组合"的新类型纪念馆在萌生。[93] 正如纽曼所言，在未来，物质不会从大屠杀的纪念活动中消失，但时代的活跃因子会改变我们使用物质的方式，大屠杀纪念活动已经进入一个新的阶段，虽然建筑仍将提供一种实质的表达方式，但这种表达方式可能会失去对新媒体的优势地位，[94] 同时还要接受来自内部的论争与挑战。

结　语

记忆不符合历史编纂学顺时性记事法的标准，集体记忆是由多重渠道创建的，随着政治、社会与个人记忆的互动，加上时间和空间的变化，所以它又是动态多变的。彭刚认为，"历史正义要求的是记忆得以发掘，真相得以揭示；对于转型期社会而论，不同族群甚或不同阶层的和解，是在特定时期更需要解决的问题。"[95] 历史记忆的伦理维度往往会受到社会需求、政治权力、个人价值等现实维度的影响，而呈现出多元化的过往认知。二战结束至今，德国对大屠杀的政治与社会记忆可分为三类：战后早期无政治意义的回忆；政府兴建国家级纪念场所来回忆和反省黑暗时期，表达对大屠杀受害者的承认和追思，构筑民族以外的记忆新"框架"；仍然试图美化政治罪行。[96]

记忆研究学者皆强调建构集体记忆的重要性，因为如果停留在个体记忆上，心理机制会让记忆变得随机易变，很难达成彼此的记忆共同体。从德国公众对战争记忆的不同处理方式上便可知，尤其对个人来说，把晦涩的记忆扫到大脑的角落轻松简单，所以塑造获得认同的或集体层面上的创伤记忆是项艰巨的工程。正如梅吉尔所言："如果真理和正义（或它们留给我们的无论是何种幻影）对人们还有所要求的话，它们至少还需要大写历史的幽灵。否则，留给我们的就只能是此刻令人感到美好的东西，或用来满足邪恶的东西。"[97] 战后德国的再出发需要深刻反思，并将战争的理性叙事纳入集体记忆的建构框架，而非冷处理或歪曲过去，将时代证人的创伤记忆转化为文化记忆，传递真相和正义，是对过去、当下和未来的人们应负有的责任。"人类只有在记忆中才能寻求对过去的理解，才能从羞耻和罪恶的力量中得到救赎。"[98]

当政治与权力参与集体记忆的塑造，作为记忆重要物质场域的城市（建筑）展现出记忆的博弈，隐藏在其中的"意识形态构造以及特殊的历史经验"[99] 便成为研究论辩的焦点。综观学界成果，对德国在城市景观和建筑空间里如何"克服过去"还难知全貌，但跨越传统学科界限的研究视角能帮助我们更好地了解战后德国的战争记忆活动和构建进程，并进一步理解德国应对战争记忆所表达出的态度。从现有研究看来，建筑环境具有影响记忆的重要功能：既能模糊过去又能映射过去，既能阻碍记忆又能深化记忆，在自身集体记忆的建构中至少有以下两点值得我们借鉴：

第一，要重视"记忆之场"在公共历史教育中的作用。近年来，记忆不断呈现出"扩展化"的趋势，内容囊括了从集体到个人，从政治层面到社会层面的过程。"记忆研究，不仅限于历史事件与文本研究，而是涉及话语、图像、手势、仪式和节日的研究，大大拓宽了传统历史学的研究范围。"诺拉将"记忆之场"划分为地形学场所、纪念性场所、象征性场所、功能性场所等，同一场所也可由创伤性地点、回忆之地、代际之地来叠加复写。[100] 记忆就其本质而言是动态变化的，具有可操纵性的，"现存的各种'记忆'尤其是集体记忆，是选择的结果，而记忆的选择，究其实质是权力角逐与博弈的过程"。一般来说，不同的群体会回忆起不同的事件或变化，青春期和成年初期的记忆尤为深刻，对于涉及各种事件和变化之原因的记忆也因群体而异，这表明"代际影响是个人和国家历史交集的结果"[101]。城市与建筑领域这个多功能叠加的场所，是话语权力角逐与博弈的重要空间，能够在公共历史教育中发挥重要作用。社会记忆的建构过程是"记忆的不同权力主体通过对话语的掌控在整个政治社会领域中的博弈"[102]，谁拥有这些"记忆之场"，谁就掌握了集体认同的钥匙。[103]

　　第二，要重视"记忆之场"的公众渗入性。两次世界大战、大屠杀这样的重大历史事件应该超越世代记忆界限，需把与两次世界大战、大屠杀有关的"预防"和"纪念"视为世代普遍的义务。无疑历史事件的重要性是影响记忆的主要因素，但个人记忆选择受到主观因素的影响，"世代效应对记忆的影响，远不只是简单地在脑海中记录来自外部的关于历史重要性的指示"，历史学家对过去的看法会影响部分人的判断，但对大多数人来说，"是个人历史和国家历史的交集，提供了与我们所经历时代最重要、最值得记住的联系"[104]。近年来，随着信息技术的发展，记忆选择的"自主性"大为增加，集体记忆的"透明度"大为强化，记忆的"场所"也越来越"大众化"。"记忆之场"是某种价值观的现实载体和符号表达，其仅仅"充当严厉的道德法官的角色"，陈列说教多于解释体验的方式，在如今建构记忆的过程中效果大打折扣。人们（尤其是年轻人）更愿意接受多元化的建构方式，而彼得·艾森曼关于欧洲被害犹太人纪念碑群的设计理念，这种纪念场所的日常化倾向——有别于以色列犹太大屠杀纪念馆和侵华日军南京大屠杀遇难同胞纪念馆的仪式感——可供我们借鉴。若要反思官方记忆和大众记忆之间的叙事差异，我们需要在日常共享空间中，通过城市街道、历史遗址和博物馆等城市场所，与过去的声音一起唤醒历史记忆，构建个人和集体的历史记忆，用日常建筑对抗遗忘与无知，并思索：自己所在地区"记忆之场"的存在或缺失支撑着什么样的价值观念。

注　释

[1] 张倩红：《国际学术界关于大屠杀研究的新趋向》，《世界历史》，2013 年第 4 期。

[2] Kerwin Lee Klein, *From History to Theory,* Berkeley and Los Angeles: University of California Press, 2011, p. 5.

[3] 彭刚：《历史记忆与历史书写——史学理论视野下的"记忆的转向"》，《史学史研究》，2014 年第 2 期。

[4] 张尼：《全球史研究不应忽视人类文化的差异性》，《中国社会科学报》，2013 年 6 月 19 日，第 A03 版。

[5] F. R. 安克斯密特：《历史表现》，周建漳译，北京：北京大学出版社，2011 年，第 159 页。

[6] 同上，第 156—160 页。

[7] 《历史与记忆笔谈》，于沛主编：《史学理论研究》，2012 年第 3 期。

[8] F. R. 安克斯密特：《历史表现》，译者序言，第 13 页。

[9] 诺拉：《记忆之场：法国国民意识的文化社会史》，黄艳红等译，南京：南京大学出版社，

2015 年。

[10] Allan Megill, *Historical Knowledge, Historical Error: A Contemporary Guide to Practice*, Chicago: The University of Chicago Press, 2007, p. 43.

[11] 彭刚：《历史记忆与历史书写——史学理论视野下的“记忆的转向”》。

[12] 阿莱达·阿斯曼：《回忆空间：文化记忆的形式和变迁》，潘璐译，北京：北京大学出版社，2016 年，第 390—391 页。

[13] James E. Young, *The Texture of Memory: Holocaust Memorials and Meanings*, New Haven: Yale University Press, 1993.

[14] 张倩红：《国际学术界关于大屠杀研究的新趋向》，《世界历史》，2013 年第 4 期。

[15] 阿莱达·阿斯曼：《回忆空间：文化记忆的形式和变迁》，第 7 页。

[16] 诺拉：《记忆之场：法国国民意识的文化社会史》，第 XI 页。

[17] 阿莱达·阿斯曼：《回忆空间：文化记忆的形式和变迁》，第 6 页。

[18] 同上。

[19] 诺拉：《记忆之场：法国国民意识的文化社会史》，第 XII 页。

[20] Rudy Koshar, *From Monuments to Traces: Artifacts of German Memory, 1870–1990*, Berkeley: University of California Press, 2000, p. 9.

[21] 德扬·苏吉奇：《权力与建筑》，王晓刚、张秀芳译，重庆：重庆出版社，2007 年，作者序。

[22] Brian Ladd, *The Ghosts of Berlin: Confronting German History in the Urban Landscape*, Chicago: University of Chicago Press, 1998, p. 3.

[23] Rudy Koshar, *Germany's Transient Pasts: Preservation and National Memory in the Twentieth Century*, Chapel Hill: University of North Carolina Press, 1998.

[24] Gavriel D. Rosenfeld and Paul B. Jaskot, Beyond Berlin: *Twelve German Cities Confront the Nazi Past*, Ann Arbor: University of Michigan Press, 2008, pp. 5–6.

[25] James E. Young, *At Memory's Edge: After Images of the Holocaust in Contemporary Art and Architecture*, New Haven: Yale University Press, 2000; James E. Young, *The Stages of Memory: Reflections on Memorial Art, Loss, and the Spaces Between,* Massachusetts: University of Massachusetts Press Publication, 2016.

[26] Brian Ladd, *The Ghosts of Berlin:Confronting German History in the Urban Landscape*, p. 1.

[27] Karen E. Till, “Fragments, Ruins, Artifacts, Torsos,” *Historical Geography*, vol. 29, 2001, p. 71.

[28] Ibid..

[29] Gavriel D. Rosenfeld and Paul B. Jaskot, *Beyond Berlin: Twelve German Cities Confront the Nazi Past*, p. 7.

[30] 肯尼斯·弗兰姆普敦：《现代建筑：一部批判的历史》，张钦楠等译，北京：生活·读书·新知三联书店，2012 年，第 239 页。

[31] Gavriel D. Rosenfeld and Paul B. Jaskot, *Beyond Berlin :Twelve German Cities Confront the Nazi Past*, pp. 8–9.

[32] Rudy Koshar, *From Monuments to Traces: Artifacts of German Memory, 1870–1990*, p. 3.

[33] James E. Young, “The Counter-Monument: Memory against Itself in Germany Today,” *Critical Inquiry*, vol. 18, no. 2, 1992, pp. 267–296.

[34] Quentin Stevens, Karen A. Franck and Ruth Fazakerley, “Counter-monuments: the Anti-monumental and the Dialogic,” *The Journal of Architecture*, vol. 17, no. 6, 2012, p. 951.

[35] Natalia Krzyżanowska, “The Discourse of Counter-monuments: Semiotics of Material Commemoration in Contemporary Urban Spaces,” *Social Semiotics*, vol. 26, no. 5, 2016, p. 465.

[36] Ibid..

[37] Ibid..

[38] Brian Ladd, *The Ghosts of Berlin: Confronting German History in the Urban Landscape*, p. 3.

[39] Karen E. Till, *The New Berlin: Memory, Politics, Place*, Minneapolis: the University of Minnesota Press, 2005, p. 1.

[40] Miriam Hansen and Michael Geyer, "German-Jewish Memory and National Consciousness," in Geoffrey Hartman, ed., *Holocaust Remembrance: The Shapes of Memory*, Oxford: Blackwell, 1994, pp. 176–190.

[41] Amy Corning and Howard Schuman, *Generations and Collective Memory*, Chicago: University of Chicago Press, 2015, p. 1.

[42] Geoffrey Hartman, ed., *Holocaust Remembrance: The Shapes of Memory*.

[43] Zachary Braiterman, "Against Holocaust-Sublime: Naive Reference and the Generation of Memory," *History and Memory*, vol. 12, no. 2, Fall/Winter 2000, p. 7.

[44] Jennifer A.Jordan, *Structures of Memory: Understanding Urban Change in Berlin and Beyond*, Stanford, CA: Stanford University Press, 2006, p. 1.

[45] 吕一民、范丁梁：《"克服过去"：联邦德国如何重塑历史政治意识》，《学术前沿》，2014 年第 5 期。

[46] 范丁梁：《集体历史意识塑造权之争——20 世纪 80 年代的联邦德国政党关于历史政策的争论》，《浙江学刊》， 2014 年第 5 期。

[47] Jan-Holger Kirsch, *Nationaler Mythos oder historische Trauer?: Der Streit um ein zentrales "Holocaust-Mahnmal" für die Berliner Republik*, Köln: Böhlau Verlag Köln, 2003, p. 90.

[48] Ibid., pp. 339–395.

[49] 具体辩论历程可参见 Hans-Georg Stavginski, *Das Holocaust-Denkmal: Der Streit um das "Denkmal für die ermordeten Juden Europas" in Berlin (1988–1999)*, Paderborn: Ferdinand Schöningh, 2002. 亦可参见 Gerd Knischewski, Ulla Spittler, "Remembering in the Berlin Republic:The debate about the central Holocaust memorial in Berlin," *Debatte: Journal of Contemporary Central and Eastern Europe*, vol. 13, no. 2, 2005, pp. 25–42.

[50] Jan-Holger Kirsch, *Nationaler Mythos oder historische Trauer?: Der Streit um ein zentrales "Holocaust-Mahnmal" für die Berliner Republik*, p. 125.

[51] Tracy Jean Rosenberg, "Contemporary Holocaust Memorials in Berlin: On the Borders of the Sacred and the Profane," in Diana I. Popescu and Tanja Schult, eds., *Revisiting Holocaust Representation in the Post-Witness Era*, London: Palgrave Macmillan, 2015, pp. 73–89.

[52] 关于两轮设计比赛的经过具体参见 James E. Young, *At Memory's Edge: After Images of the Holocaust in Contemporary Art and Architecture*.

[53] Adi Gordon and Amos Goldberg, "Interviewers: Holocaust Monuments and Counter-Monuments," Source: The Multimedia CD *'Eclipse Of Humanity'*, Yad Vashe, Jerusalem 2000. Shoah Resource Center, The International School for Holocaust Studies. https://www.yadvashem.org/odot_pdf/Microsoft%20Word%20-%203659.pdf.

[54] Gavriel D. Rosenfeld, "Review: At Memory's Edge," *German Studies Review*, vol. 24, no. 1, 2001, pp. 241–242.

[55] Caroline Gay, "The Politics of Cultural Remembrance: The Holocaust Monument in Berlin," *International Journal of Cultural Policy*, vol. 9, no. 2, 2003, pp. 153–166.

[56] Jay Winter, "Review: At Memory's Edge," *The Art Bulletin*, vol. 83, no. 2, 2001, pp. 357–358.

[57] Cooke, M., "The Ethics of Post-Holocaust Art: Reflections on Redemption and Representation," *German Life and Letters*, vol. 59, no. 2, pp. 266–279.

[58] Eran Neuman, *Shoah Presence: Architectural Representations of the Holocaust,* Burlington: Ashgate Publishing Limited, 2014, p. 6.

[59] Peter Eisenman, "Interview," in Yasha Grobman and Eran Neuman, eds., *Performalism: Form and Performance in Digital Architecture,* DVD (Tel Aviv, 2008); Eran Neuman, *Shoah Presence: Architectural Representations of the Holocaust,* p. 149.

[60] Yasha J. Grobman and Eran Neuman, *Performalism: Form and Performance in Digital Architecture*, Abingdon, Oxon: Routledge, 2011, p. 17.

[61] Ibid., p. 17.

[62] 艾森曼（Eisenman）的建筑图式（Diagram）作品实践始于其 1963 年的博士论文《现代建筑的形式基础》（"The Formal Basis of Modern Architecture"）。

[63] Eran Neuman, *Shoah Presence: Architectural Representations of the Holocaust,* p. 156.

[64] Ibid., p. 150.

[65] Yasha J. Grobman and Eran Neuman, *Performalism: Form and Performance in Digital Architecture*, p. 17.

[66] Silvio Cassarà, Peter Eisenman, *Feints*, Milano: Skira, 2006, p. 204.

[67] Eran Neuman, *Shoah Presence: Architectural Representations of the Holocaust,* p. 150. 艾森曼的类似观点还可参见 "SPIEGEL Interview with Holocaust Monument Architect Peter Eisenman," *Spiegel Online*, May 9, 2005. http://www.spiegel.de/international/spiegel-interview-with-holocaust-monument-architect-peter-eisenman-how-long-does-one-feel-guilty-a-355252.html.

[68] Eran Neuman, *Shoah Presence: Architectural Representations of the Holocaust,* p. 150.

[69] Irit Dekel, *Mediation at the Holocaust Memorial in Berlin*, New York: Palgrave Macmillan, 2013, p. 108.

[70] Tracy Jean Rosenberg, "Contemporary Holocaust Memorials in Berlin: On the Borders of the Sacred and the Profane," in Diana I.Popescu and Tanja Schult, eds., *Revisiting Holocaust Representation in the Post-Witness Era,* London: Palgrave Macmillan, 2015, p. 85.

[71] "没有东西"指与真正的文物没有直接关系，既没有保存和展示它们的形式，也缺失通过残余物和文件进行讨论。在欧洲被害犹太人纪念碑地下，有一个小档案展览馆，即"信息中心"，用来澄清和补充上面的纪念碑。它有四个房间讲述被纳粹迫害的犹太人的故事，由设计师兼艺术家达格玛·冯·威尔肯（Dagmar von Wilcken）设计。本文仅讨论地面上的开放"场所"。

[72] Irit Dekel, *Mediation at the Holocaust Memorial in Berlin*, New York: Palgrave Macmillan, 2013, p. 6.

[73] Eran Neuman, *Shoah Presence: Architectural Representations of the Holocaust,* p. 177.

[74] Irit Dekel, *Mediation at the Holocaust Memorial in Berlin,* pp. 16–17.

[75] Frank Meyer, "Beton ist das einzig denkbare Material," *Deutschlandfunk Kultur*, May 22, 2014, from https://www.deutschlandfunkkultur.de/holocaust-mahnmal-beton-ist-das-einzig-denkbare-material.954.de.html?dram:article_id=287129.

[76] Nikolaus Bernau, "Denkmal für ermordete Juden Europas Holocaust-Mahnmal nicht einsturzgefährdet," *Berliner Zeitung*, May 22, 2014, https://www.berliner-zeitung.de/berlin/denkmal-fuer-ermordete-juden-europas-holocaust-mahnmal-nicht-einsturzgefaehrdet-3209792.

[77] https://www.thoughtco.com/the-berlin-holocaust-memorial-by-peter-eisenman-177928.

[78] Samuel Merrill and Leo Schmidt, eds., *A Reader in Uncomfortable Heritage and Dark Tourism*, Cottbus: BTU Cottbus, 2010.

[79] Lorraine Brown, "Memorials to the Victims of Nazism: the Impact on Tourists in Berlin," *Journal of Tourism and Cultural Change*, vol. 13, no. 3, 2015, pp. 244–260.

[80] Irit Dekel, *Mediation at the Holocaust Memorial in Berlin,* p. 5.

[81] Ibid., pp. 1–24.

[82] https://www.thoughtco.com/the-berlin-holocaust-memorial-by-peter-eisenman-177928.

[83] "*Architekt Peter Eisenman: Berliner Holocaust-Mahnmal würde heute nicht gebaut,* " *Berliner Zeitung*, October 26, 2016, https://www.berliner-zeitung.de/berlin/architekt-eisenman-berliner-holocaust-mahnmal-wuerde-heute-nicht-gebaut-24983792.

[84] "Denkmal der Schande" -Rede Linke-Chefs wollen Höcke wegen Volksverhetzung anzeigen, *Berliner Zeitung*,January 18, 2017, https://www.berliner-zeitung.de/politik/-denkmal-der-schande--rede-linke-chefs-wollen-hoecke-wegen-volksverhetzung-anzeigen-25571670.

[85] Yolocaust 是 Yolo（You only live once）与 Holocaust 的组合。沙皮拉此艺术项目网站参见 http://yolocaust.de/.

[86] Philip Oltermann, " 'Yolocaust' artist provokes debate over commemorating Germany's past, " *The Guardian*, January 19, 2017, https://www.theguardian.com/world/2017/jan/19/yolocaust-artist-shahak-shapira-provokes-debate-over-commemorating-germanys-past.

[87] Priscilla Frank, " 'Yolocaust' Project Shames People Who Take Selfies At Holocaust Memorials, " *HuffPost*, January 23, 2017, https://www.huffingtonpost.com/entry/yolocaust-holocaust-memorial-selfie_us_588602a7e4b096b4a232e386.

[88] Priscilla Frank, " 'Yolocaust' Project Shames People Who Take Selfies At Holocaust Memorials."

[89] Irit Dekel, *Mediation at the Holocaust Memorial in Berlin,* p. 174.

[90] Jay Winter, "The Generation of Memory: Reflections on the 'Memory Boom' in Contemporary Historical Studies," *Canadian Military History*, vol. 10, no. 3, 2001, pp. 57–66.

[91] Margaret Rose Olin, "Review: The Art of Memory: Holocaust Memorials in History," *Modernism/modernity*, vol. 3, 1995, pp. 188–190.

[92] Irit Dekel, *Mediation at the Holocaust Memorial in Berlin*, p. 22.

[93] Bill Niven, "From Countermonument to Combimemorial: Developments in German Memorialization," *Journal of War & Culture Studies*, vol. 6, no. 1, 2013, p. 75.

[94] Eran Neuman, *Shoah Presence: Architectural Representations of the Holocaust*, p. 185.

[95] 彭刚：《历史记忆与历史书写——史学理论视野下的"记忆的转向"》。

[96] 相如：《"历史事件与集体记忆"国际学术研讨会综述》，《史林》，2011 年第 1 期。

[97] 艾伦·梅吉尔：《记忆与历史理解》，张旭鹏译，《史学理论研究》，2012 年第 3 期。

[98] Geoffrey Hartman, ed., *Holocaust Remembrance: The Shapes of Memory,* New Jersey: Wiley-Blackwell, 1993.

[99] 蒋雅君：《东亚、现代化及历史意识》，引自《2009 世界建筑史教学与研究国际研讨会（论文集）》，北京：清华大学建筑学院，2009 年，第 375 页。

[100] 阿莱达·阿斯曼：《回忆空间：文化记忆的形式和变迁》，第 394 页。

[101] Howard Schuman and Jacqueline Scott, "Generations and Collective Memories," *American Sociological Review*, vol. 54, no. 3, 1989, p. 359.

[102] 李武装：《"社会记忆"的政治哲学分析》，《吉首大学学报》（社会科学版），2017 年第 5 期。

[103] 孙一萍：《记忆研究在法国公共历史教育中的作用》，《东岳论丛》，2013 年第 7 期。

[104] Howard Schuman, *Jacqueline Scott, Generations and Collective Memories*, pp. 379-380.

美国的二战记忆之争：以"十字路口"展
为中心的探讨

陆英浩 *

摘要：公众史学正逐渐成为学界热点话题。美国围绕"十字路口：第二次世界大战的结束，核武器和冷战的开始"（The Crossroads: The End of World War Ⅱ, the Atomic Bomb and the Cold War）展览的争议是典型的公众史学争议。这一争议是战后原子弹争议的延续。原子弹争议不仅存在于美国国内，也存在于美日两国之间。展览争议从如何展出"埃诺拉·盖伊"（Enola Gay）号和展览脚本问题肇始，老兵及其组织最先发难。关于如何书写这段历史，美国社会各界人士运用各种媒体参与这一争议，从理性到感性，最终使争议激化。而后政治强势介入，通过政府决议的形式来谴责展览。展览最后被迫取消，涉事的美国航空航天博物馆（Smithsonian National Air and Space Museum）馆长辞职。经过彻底修改后的展览在馆长辞职后成功举办。政治之所以在"十字路口"展争议中直接参与，乃是国家实力、外交及安全战略和民众三种因素影响下的结果。

关键词：公众史学争议；埃诺拉·盖伊；历史书写；政治正确

Abstract

Controversy over "The Crossroads: The End of World War Ⅱ, the Atomic Bomb and the Cold War" is heavily debated among public historians. It is a continuation of the postwar atomic bomb controversy, and exists not only in the United States, but also between the United States and Japan. The way how USAF Enola Gay was

---

* 陆英浩：华东师范大学历史学系本科生。该文获 2018 年全国大学生历史学本科生论坛一等奖。

exhibited induced fierce criticism from the veterans and veteran organizations on the role of the atomic bombs in ending the World War Ⅱ. Then, people from all walks of life in America used various media to participate in this controversy concerning the narrative of the history, from rational to emotional perspectives, thus intensified the debate. The political powers also intervened and condemned the exhibition through the form of congressional resolutions. Finally, the exhibition was cancelled and the director of the National Air and Space Museum resigned. After thorough modifications, the exhibit was successfully held after the resignation of the director. In this incident, the direct participation of politics in the "Crossroads" controversy is a result of three factors: national strength, diplomacy and security strategy, and the public.

Key words

public history controversy, Enola Gay, historiography, political correctness

　　近年来，公众史学渐渐成为学界的热点话题。公众史学争议是其中的一个重要组成部分。不过，关于美国的公众史学争议，还未得到中国学者的充分重视。怎样的主题可以引起长达数十年的公众史学争议？公众史学争议是如何逐渐激化的？一国的公众史学争议与他国有着怎样的关系？政治在公众史学争议中扮演了怎样的角色？本文将以"十字路口：第二次世界大战的结束，核武器和冷战的开始"展览[1]为例，尝试围绕上述问题，着重探讨政治对公众史学争议的影响和其在历史书写中起到的作用。

　　"十字路口"展举办于 1995 年，但关于该展的争议却始于 1994 年。由于相关争议的激烈性和重要性，学界已有许多论述。[2] 但相关研究者大多受争议本身影响，纷纷站边，或多或少地失去了客观立场。此外，大部分著述以直接参与争议的美国人为研究对象，忽视了日本在展览争议中所扮演的重要角色。中国学界对这一争议的研究则几乎一片空白。本文希望能够填补国内相关研究的缺失，从一个旁观者的角度，以相对客观的立场，重述"十字路口"展争议的背景及其始末，进而观察政治介入争议的原因，并对之做出分析。

历史上的原子弹争议

关于"十字路口"展的争议实际上是对美国在实战中运用原子弹之争议（以下简称"原子弹争议"）的延伸。为了探索展览所产生的争议，我们必须回顾原子弹争议产生和发展的历史过程。这一原子弹争议不仅存在于美国国内，也存在于美国与日本之间。

美国国内的原子弹争议

原子弹的运用彻底改变了人类战争史乃至整个世界历史发展进程。原子弹是一种"由某些重元素，如钚或铀的原子核裂变突然释放能量而产生巨大爆炸威力的武器"[3]。二战末，美国通过实施"曼哈顿计划"（Manhattan Project）掌握了原子弹制造技术并在新墨西哥试爆成功。日本广岛[4]与长崎[5]成为人类历史上至今为止仅有的两个受到核攻击的目标。两座城市分别于 1945 年 8 月 6 日与 9 日化为灰烬。这两次攻击造成约 30 万人死亡。第二次核攻击的前一日，即 8 月 8 日，苏联对日宣战。8 月 15 日，日本宣布投降，从而宣告二战的结束。

原子弹有着巨大威力，自其诞生前，人们对其使用与否就存在争议。一般认为，时任美国陆军参谋长马歇尔（George Catlett Marshall）将军是唯一被记录下在广岛核爆之前对使用核武器来攻击城市之举存在疑虑的高级官员。[6]1946 年，记者兼作家约翰·赫西（John Hersey）在《纽约客》（The New Yorker）杂志上发表《广岛》（"Hiroshima"）[7]一文，掀起了战后质疑核武器使用必要性的浪潮。但美国官方始终强调原子弹决策的正确性。1955 年，曾下令使用原子弹的总统杜鲁门（Harry S. Truman）出版了他的回忆录，强调其决策是经过深思熟虑的结果，且这一决策十分正确。[8]

随着战后核军备竞赛的激化，有关原子弹的争议从未被遗忘，而是常辩常新，不断被旧事重提。这一争议最早为学术界所关注，讨论集中在学术界内部。历史学家赫伯特·费斯（Herbert Feis）[9]与加尔·阿尔佩罗维茨（Gar Alperovitz）[10]提出了探索第一次使用核武器及这一行为导致的更广泛的政治与外交影响这一课题。

随着相关档案的解密，越来越多的证据表明在最终决定实战运用原子弹前已存在许多反对意见。巴顿·J. 伯恩斯坦（Barton J. Bernstein）在其著作《迈向宜居世界：利奥·西拉德与核军备控制运动》（*Toward a Livable World: Leo Szilard and the Crusade for Nuclear Arms Control*）[11] 中介绍，芝加哥大学"冶金实验室"（Metallurgical Laboratory）[12] 的科学家们于 1945 年提出了出现核军备竞赛的可能性，并因此反对实战运用。[13] 不过，多亏了马丁·舍温（Martin Sherwin）[14] 和伯恩斯坦的贡献，争论随后平息了多年，学界基本认同了实战运用原子弹在政治和外交上有着独特的考虑，但学者们对于原子弹在结束二战作用上的大小却存在着较大分歧。

在争议的过程中，美国史学家由于立场不同而分为传统主义者和修正主义者两派。修正主义者认为美国政府当时有许多别的选择可以结束战争，如修改无条件投降条款、在使用原子弹前预警、与苏联并肩作战，或几个选择并用。实战运用原子弹本可以被避免。[15] 传统主义者们坚持认为实战运用原子弹是正确而必要的行为。原子弹争议最终没能产生决定性结论而暂时淡出了人们的视野。直至 1995 年，随着"十字路口"展的举办，原子弹争议借展览之机再次成了风暴中心。

日美间的原子弹争议

在美国国内学术界为原子弹的使用争辩之时，作为原子弹受害国的日本不可能完全置身事外。美国在二战中曾攻击日本本土，造成大量日本民众死亡。日本方面一直希望就此从美国处获得道歉，但由于美日关系的特殊性，这一点根本无法实现。日本无法要求美国道歉，美国也不愿向日本道歉。尽管如此，沉默不等于过去的事情已被一笔勾销，日本人仍然记得美国人的攻击，而日本袭击珍珠港蓄意发动战争之举也刻印在美国人的记忆之中。这一历史背景使双方对历史的表述不可避免地受到政治及道德判断的影响。

日本，作为被投掷原子弹的一方（日本称为"被爆"），涌现了大量整理受灾和救灾情况的书籍，典型的有长崎市编的《告诉长崎后人的故事——长崎原子弹爆炸灾难志》（『ナガサキは語りつぐ―長崎原爆戰災誌』）[16]，长崎证言会编著的《长崎的毁灭》（『証言・長崎が消えた』）[17] 等等。此外还有反映核弹破坏情况的写真文献，它们被称为“写真史”。1952 年 8 月 6 日的《朝日画报》（『アサヒグラフ』）是这类“写真史”文献的开端，它第一次公开了原子弹爆炸所造成的灾害的照片。[18] 典型著作还有《1 亿人的昭和史（4）空袭・战败・遣返》（『1 億人の昭和史 4・空襲・敗戰・引揚』），系统整理了空袭所造成的破坏的照片，其中也包括广岛和长崎的照片。[19] 翻阅这些图书画报，人们能感受到核战争的残酷，不自觉地产生对受灾群众的同情心。这一出版举动反映出日本希望强化受害记忆，表明自己在广岛长崎核爆事件中的受害立场，隐含着谴责两颗原子弹的使用者——美国的意味。

日本方面也对核武器使用决策的研究很感兴趣。1978 年 8 月 3 日，在东京举行了主题为“核军备竞赛的起源与现状”的学界讨论会。国内外著名学者参加了此讨论会，最终形成的成果便是《国际研讨会——原子弹的投下与科学家》（『国際シンポジウム—原爆投下と科学者』）[20] 一书。该书第二章《原子弹投下的真相》中运用巴顿・J. 伯恩斯坦的报告，分节详细叙述了原子弹投下前的争论。[21] 前文已述及，伯恩斯坦对美国国内原子弹争议做出过学术贡献，其观点靠近修正主义者。由此可见，日本对广岛长崎原子弹事件的叙事是从受害者角度出发的，极力表明自己受灾之严重，从而试图达到反对核武器并让美国道歉的目的。而美国官方则一直持保守主义历史学家的观点，不愿承认自己是个加害者或否定过去的决定。美日两国在原子弹争议上的不同认识，随后便影响到有关“十字路口”展的争议，并充分体现在争议展开的过程中。

“十字路口”展览争议

“十字路口”展争议的核心“埃诺拉・盖伊”（Enola Gay）号是“一架 B-29 超级空中堡垒轰炸机，由飞行员保罗・蒂贝茨上校（Paul Tibbets）以他母亲埃诺拉・盖伊・蒂贝茨（Enola Gay Tibbets）的名字命名。1945 年 8 月 6 日，在第二次世界大战的最后阶段，它成为第一架投掷原子弹的飞机”[22]。因为这架飞机给广岛带去了毁灭，所以它象征着对日本的核攻击。20 世纪 80 年代早期，两个退伍飞行员倡议修复"埃诺拉·盖伊"号。1983 年，随着一位前 B-52 轰炸机飞行员成为美国国家航空航天博物馆的馆长，它的修复正式提上日程。

（一）争议进程

在"埃诺拉·盖伊"号的修复有一定进展后，博物馆内部开始讨论展览方式。此时，天文学家马丁·哈威特（Martin Harwit）已于 1987 年接任前飞行员成了新任馆长。哈威特是一位康奈尔大学的教授，以红外天文学的研究著称。[23] 他在 1955—1957 年间曾为美军服务，参加了埃尼威托克岛和比基尼环礁的核试验。曾经目睹核弹爆炸的经历使他深感核武器的可怖，并开始反对实战运用核武器。[24] 日本方面一直密切注视着展览的准备。早在 1988 年，高木盛久（Morihisa Takagi）就发出了警告："广岛和长崎的爆炸事件仍然牢牢刻印在日本人的意识中，正如大屠杀之于犹太人。"[25] 这使美国航空航天博物馆在备展时必须考虑日本方面对展览的看法，以避免产生外交问题。

博物馆方本希望展出整架飞机，但因缺少修复人手，修复进程不够迅速。馆长又收到报告称博物馆的地板无法支撑整架"埃诺拉·盖伊"号，而搭建一个临时场地可能需要 200 万到 250 万美元，在寻求空军方面的帮助时又遭到了拒绝。[26] 鉴于二战老兵们希望在自己"老到无法去看展览"前再看看这架有着重大意义的飞机，为了从速举办展览，馆长下决心将"埃诺拉·盖伊"号部分展出。然而这一决定却让以前指挥官蒂贝茨准将为代表的许多老兵感到十分不满。他们认为馆方蓄意肢解飞机并以这种方式侮辱了老兵们。这是此后争议爆发的动因之一。

博物馆内部同时讨论了如何举办展览，并以怎样的方式引导参观者。馆长作为一位天文学家，对历史的了解有限，而博物馆内部也清楚该展览所具备的争议性，因而期望通过参考多方意见来形成展览方案，从而实现馆长所期望的一场"有深度平衡"的展览。"脚本的初稿由馆长和历史学家们组成的顾问委员会写就，其中包括来自空军历史中心的两位历史学家……这是个庞大的文件，超过 700 页，尽管有一些小瑕疵和值得商榷的重点，馆长和历史学家们仍然认为初稿相当不错。"[27] 然而这个方案却没有顾及社会各层面的想法，也为争议爆发埋下了祸根。

当展览计划逐渐浮出水面时，学术界内本已平静的争论突然爆炸性地被

公开化。最先发难的是老兵们，或者说是老兵的组织们。海外退伍军人协会
(Veterans of Foreign Wars)[28]、美国退伍军人协会 (American Legion)[29]和美国空
军协会（Air Force Association）[30] 公开表示失望。因为他们发现，"十字路口"
展除了表现美国军人的奋战以外，还将展示"从广岛、长崎两地借来的展品，
以重现地面受害者的经历，其方式类似于广岛和平展览馆的图片展"[31]。老兵们
认为，日本在战争中犯下了严重的罪行，使许多亚洲人和美国军民死于非命，
而"十字路口"展却错误地把日本刻画为受害者。展览文本中一些判断性的表
述还包含着道德指向，如对太平洋战争的表述："对大多数美国人而言，这是一
场复仇战争。对大多数日本人而言，这是一场反对西方帝国主义以维护他们独
特文化的战争。"[32]人们认为，这一表述是对侵略之举的美化——但后半句其实
是从日本视角来加以阐释的。实际上，展览并未回避日本所犯下的战争罪行，
仅在前述文字的前一段，脚本中便有"日本的扩张主义表现为赤裸裸的侵略和
极端的野蛮行为。1937 年在南京对数以十万计的中国人的大屠杀震惊了世界。
日本军队的暴行包括残忍虐待平民、强迫劳工与战俘高强度劳动，还有对人
进行生物实验"[33]。但这些描述却无法平息反对展览文本者的抗议。馆长的"平
衡"想法受到了抵制。

　　除此以外，"十字路口"展主要运用了过去争议中修正主义史学家的观点，
这使深受传统主义史学观影响的人们颇感不安。展览文本试图引导参观者思考
使用原子弹在道德上是否正确和其在战略与政治上的动机。反对者认为，不存
在这样的道德判断，且这是在恶意揣度杜鲁门总统。反对者所在的组织很快行
动起来反对展览，其中美国空军协会的表现最为典型也最为激烈。由美国空军
协会负责出版的《空军杂志》（*Air Force Magazine*）在 1994 年 4 月号中刊发了
一篇题为《在航空航天博物馆的战争故事》（"War Stories at Air & Space"）的
文章。该文披露了"十字路口"展的计划，并对之加以批驳。[34] 这被认为是打
响了"十字路口"展争议的第一枪。紧接着，美国空军协会的人员在九个月里
接受了 28 次电台采访，参加了美国有线电视新闻网（CNN）的报道，参与了
30 次进一步的电视采访，发表了超过 330 篇文章，向国会寄去了许多信件。[35]

　　"十字路口"展的主办方史密森学会资金大部分来源于美国政府拨款，这
使政治介入争议存在可能。军人组织很快游说了国会，而此时的国会本就弥漫

着保守主义的气息。许多国会议员通过新闻稿以及信件来表达自己对"十字路口"展的反对。1994 年 8 月，议员萨姆·约翰逊（Sam Johnson）提出："国家航空航天博物馆应是美国人能看到航空航天获得发展的地方，而不是用来否定五十年前战略的社论化观点或是展示修正主义者的历史的。"[36] 同月，议员汤姆·刘易斯（Tom Lewis）在新闻稿中称："纳税人资助了这个博物馆，我不会允许他们的钱被用来修正历史。"[37] 当然也有一些议员对此持保留意见，因为他们注意到展览亦有强调日本侵略暴行的文本，而这些文本却被抗议的议员们忽视了。

1994 年 9 月 19 日，相同内容的决议被共和党人提交众议院和参议院讨论，期待两院"对在即将到来的美国航空航天博物馆'埃诺拉·盖伊'号展览中关于空军成员之适当表达的关切"[38]。此时，美国总统是民主党人威廉·杰斐逊·克林顿（William Jefferson Clinton），第 103 届国会参众两院中均是民主党占优势。共和党人可能希望借反对这一展览，以便在年末进行的国会中期选举中争取获得军方势力的支持。

在众议院，关于"十字路口"展的第 531 号决议未能获得通过。[39] 决议在参议院讨论前先由发起人共和党著名女参议员南茜·卡斯鲍姆（Nancy Kassebaum）进行了简要发言。她在结尾说道："我今天提出的参议院决议之意义，在于提醒国家航空航天博物馆履行其在正确的时代语境下叙述历史的义务。"[40] 参议院经过讨论后，于 9 月 23 日通过了第 257 号决议。这表明国会中仍有部分议员认可"十字路口"展，而共和党与民主党在"十字路口"展问题上存在一定共识，并达成了一些妥协。不过，众议院没有通过该决议，使该决议没有正式通过并生效，这给博物馆方留下了斡旋的余地。另外，国会以参议院通过决议的形式，也表达了政府对"十字路口"展的总体态度，逼使馆方修改展览计划。

参议院第 257 号决议是对"十字路口"展的全面抨击，共分五条表达了美国政府对"十字路口"展的态度：（1）"埃诺拉·盖伊"号挽救了美日两国人民的生命；（2）现在的展览脚本是修正主义的，是对老兵的冒犯；（3）法律规定史密森学会应纪念和展示由军队贡献而缔造的美国社会与文化；（4）法律也规定了军人的勇敢和牺牲应被描绘为对美国当代和子孙后代的激励；（5）为纪念美国在武装冲突中的角色，美国国家航空航天博物馆在法律规定下有义务褒扬而非责难在二战期间为国家忠实服务的人们。[41]

随着展览反对者们的攻击，展览将做出巨大改变时，日本方面的抗议随之而来。山口仙二（Senji Yamaguchi）向博物馆方面抗议称对广岛和长崎的核攻击是残暴的大屠杀，"通过我们自己的经验，我们知道核武器是魔鬼的武器，无论如何都不应使用它"[42]。日本方面认识到美国政府在争议中的巨大影响力，1994 年 10 月 4 日，日本原子弹氢弹被害者团体协议会事务局长斋藤义雄（Yoshio Saito）致信美国总统和参议院，抗议参议院第 257 号决议。[43] 类似的抗议还有许多，如博物馆租借广岛和长崎当地家庭亲属的遗物作为展品的方案遭到了日方批评，日本政府还威胁不提供任何一件展品。日本原来希望哈威特馆长前往日本谈判解释，或者日本方面派遣一个代表团前往美国，但后来又因担忧激起美国政府的进一步不满而作罢。

美国政府和国会的批评迫使博物馆方面继续修改展览。同时日本方面渐渐发现美方的愤怒超乎其想象，于是便偃旗息鼓，不再试图采取措施来反对修改方案。1994 年 10 月，博物馆方面试图与美国退伍军人协会的代表会谈来解决冲突。"经过 22 小时的逐行修改，哈威特得到了一个被修正的'爱国的'脚本。在这一'官方历史'中，不再有讨论原子弹是否应被使用的问题或是否存在其他替代方案。现在只剩下一张展现日本受害者的照片，与此同时却有 15 张'埃诺拉·盖伊'号机组的照片与机组成员对任务的回忆的视频。估计伤亡人数则'谈判'到'26 万至 100 万'。"[44] 这一数字是盟军若进攻日本预计产生的最高伤亡人数，而原本计划使用的数字则是 25000。[45]

尽管如此，博物馆方面的历史学家却还不打算彻底投降。他们运用海军上将莱希（Fleet Admiral William D. Leahy）日记中的数字 63000 以进行妥协。[46] 但此举激起了美国退伍军人协会更大的不满。他们继续游说国会，发表文章进行抗议。1994 年 11 月 8 日，美国发生了所谓"共和党革命"（Republican Revolution）。共和党利用 1992 年以来民众对民主党的不满情绪而在国会中期选举中大获全胜，在两院中的席位大幅增加。1995 年 1 月，共和党 40 多年以来第一次完全掌控了两院。共和党本来就激烈反对"十字路口"展，现在便可以毫无阻碍地推进反对措施的实施。国会威胁要切断给博物馆的拨款，召开关于展览的国会听证会——这些压力已足以完全取消展览。

1995 年 1 月 30 日，博物馆最终宣布取消展览。[47] 国会以及老兵组织呼吁史密森学会辞退哈威特馆长，但被学会委婉拒绝。但馆长本人仍然于 5 月 2 日辞职。这一结果宣告，在这次公众史学争议中，修正主义者全面落败。[48] 同样在 5 月，国会举办了题为"史密森学会：未来管理指南"的会议。会议探讨了应该如何管理史密森学会，并且充分吸纳了老兵团体的意见。[49] 在哈威特辞职后的 6 月，经过完全重做的新"埃诺拉·盖伊"号展览得以举办。新展览去除了所有"政治化"内容，吸引了大约 400 万游客观展。在展览被迫缩小规模、进行了一系列"爱国"修改之后，广岛市长平冈敬（Takashi Hiraoka）发表了声明，对此表示遗憾和"无法用语言形容的失望"，并表示日本民众只是希望美国人能了解核武器造成的残酷后果。[50]

（二）展览之后

"十字路口"展的取消和渐渐淡去仅仅意味着关于展览本身的争议的暂时消弭，并不等同于修正主义者和传统主义者之间战争的结束，他们之间的争论持续至今并似乎将一直持续下去。日本方面的抗议没能最终扭转"十字路口"展被取消的结局，但依然形成了影响力。仅在"十字路口"展被取消两周后，广岛考虑在美国单独举办一场展览。1995 年 7 月 9 日，就在被完全修正过的新"埃诺拉·盖伊"号展开放参观后一个月，广岛展在华盛顿的美国大学开幕了。[51] 日本成功实现了在美国宣传自己"受害者"形象的愿望。

原子弹争议也未随着展览的结束而告终，两派依然通过著述和文章来互相攻击，为自己辩护，此处仅举一些重要书目为例。1995 年，阿尔佩罗维茨的《使用原子弹的决定：美国神话的构建》（*Decision to Use the Atomic Bomb: And the Architecture of an American Myth*）一书 [52]，该书引用马歇尔于参联会提出的估计伤亡人数 31000 人。[53] 伯恩斯坦联合菲利普·诺伯（Philip Nobile）出版了《在航空航天博物馆的审判：轰炸广岛与长崎》（*Judgment at the Smithsonian: The Bombing of Hiroshima and Nagasaki*），伯恩斯坦积极地支持被取消的展览，为馆方辩护。同年，历史教授罗伯特·詹姆斯·马多克斯（Robert James Maddox）出版了《制胜武器：五十年后的广岛决定》（*Weapons for Victory: The Hiroshima Decision Fifty Years Later*）[54]，该书认为学者们过于阴谋论地看待原子弹决策。作者认为，杜鲁门使用原子弹是为了尽快结束战争，避免入侵日本将造成的巨大伤亡。紧接着，1996 年，被迫辞职的馆长哈威特出版了《被否定的展览：为支持埃诺拉·盖伊历史的游说》（*An Exhibit Denied: Lobbying the History of Enola Gay*），该书从哈威特的视角重述了整个展览从计划到被迫取消的过程，将作者自己塑造为一个悲剧英雄。与此相对，反对者们以《空军杂志》和其他媒体为平台加以反击。恰在 1995 年，世界抗日战争史实维护联合会（Global Alliance for Preserving the History of World War Two in Asia）成立。它致力于纠正中日战争中的事实错误，恢复历史原貌。

随着新媒体的普及，争议双方在新的战斗平台——网络上开展了新的斗争。亚马逊网站的购买者书评充分反映了美国民众对于这场争议的不同认识，争议双方的支持者购买对方一派的书籍并加以贬低，对自己一派的书籍则加以赞美。以阿尔佩罗维茨所著《使用原子弹的决定》为例。该书共有 46 人评论打分，亚马逊对书的评分采取 5 分制，而阿尔佩罗维茨的该书仅有 3.4 分，其中竟有 35% 的人打了 1 分。[55] 对该书的赞扬和批评几乎各一半，时间跨度从 1998 年到 2017 年。一条有 93 人赞同的书评赞赏了该书，认为"它诚实地面对神话，解释了为什么美国人使用原子弹，以及它是如何被合理化为'正确的事情'的"[56]。而有人对这条书评进行了反驳，且文字比原书评字数更多，他举了 3 个例子来批评该书"事实上隐藏了历史记录中极为重要的因素，使读者对一系列信息产生了极为扭曲的印象"[57]。他的评论又引起了另一个人的不满，质问他为何不以自己的观点去与阿尔佩罗维茨本人接触，而是在这里暗中中伤对方。[58] 前者显然不会服输，于是两人进行了一番唇枪舌剑的交锋。以上只是书评中一个典型的例子，交锋还有很多。哈威特馆长的书甚至只得到了 2.6 分（根据亚马逊的特殊算法得出），5 个评分中只有一个 5 分，剩下四个全是 1 分。[59]

对于公众而言，"十字路口"展的争议虽未能使他们全都接受某种观点，但至少使他们更多了解了这场争议，也了解了双方不同的观点。有关哈威特馆长著作的亚马逊书评中有两篇反对该书的评论引用了同一句话："亲近你的朋友，但更要亲近你的敌人。"[60] 这表明了美国民众某种意义上对不同观点的宽容和认识。

于学界而言，历史学家们仍大多抱持修正主义的观点，并继续研究原子弹问题，但争议依然存在。如安德鲁·罗特（Andrew J. Rotter）的《广岛：世界的原子弹》（*Hiroshima: The World's Bomb*）[61]，肖恩·马洛伊（Sean L. Malloy）的《原子悲剧：亨利·L. 斯廷森与对日核轰炸决策》（*Atomic Tragedy: Henry L. Stimson and the Decision to Use the Bomb against Japan*）[62]，威尔逊·D. 米斯坎布尔（Wilson D. Miscamble）的《最具争议的决定：杜鲁门、原子弹与战胜日本》（*The Most Controversial Decision: Truman, the Atomic Bombs, and the Defeat of Japan*）[63] 等。其中值得注意的是美国历史学家长谷川毅（Tsuyoshi Hasegawa）所著的《与敌人赛跑：斯大林、杜鲁门与日本投降》（*Racing the Enemy: Stain, Truman and the Surrender of Japan*）。[64] 长谷川毅出生于日本并曾在东京大学就读，因而该书一定程度上代表了日本人对原子弹使用问题的新看法。他强调俄国参战才是日本投降的主要原因，而非原子弹的使用。这一观点较为偏激，受到了被认为是修正主义历史学家的伯恩斯坦及阿尔佩罗维茨等人的反对。[65]

　　从政府角度来看，成功迫使"十字路口"展取消之举绝不是一个结束，而是一个开始。它被视作一个维护美国神话，维护美国政治正确的一小步。2015年 8 月 5 日，第 114 届国会参议院第 247 号决议被提交讨论。决议题为"纪念和尊重总统杜鲁门与'埃诺拉·盖伊'号、'博克斯卡'号的驾驶员在使用原子弹终结第二次世界大战上所采取的行动"[66]，其内容主要有两点：一是纪念和表彰杜鲁门决策使用原子弹来结束二战的决定，二是纪念和表彰两架投掷原子弹的轰炸机上的驾驶员执行轰炸任务时，勇敢地达成了既定战略目标并拯救了无数美国公民的生命。虽然该决议最终没有得到正式通过，但这已表明国会一直记得宣扬政治正确的重要性，且它有着书写官方历史的野心。

"十字路口"展争议中的政治

　　在公众历史争议中，政治因素或许会一时缺席，但当一些相关言论有损政府公信力乃至国家形象、政权合法性时，政治力量的介入一定是及时而强势的。在这次"十字路口"展的争议中，政治不仅仅扮演了理论指导者的角色，甚至直接下场来引导舆论走向，攻击修正主义者。"十字路口"展争议中的政治所起的作用正是这样一个典型案例。"十字路口"展之所以会引起争议，不在于其展览本身存在史实错误，而在于其价值取向和道德判断——这正是政治所需要占据的制高点。"公众史学争议虽然总是表现为求真冲突，但其落幕却指向政治正确的维度。"[67] 政治之所以在"十字路口"展中直接下场参与，则是国家实力、外交及安全战略和民众三种因素影响下的结果。

（一）国家实力的影响

"十字路口"展的争议由于有着特定的时代语境而被推上风口浪尖，政治介入从弱到强，正体现了美国国家实力的变化。实际上，争议是美国寻找国家自信的表现。20 世纪 80 年代，美国经济衰退，国内失业率升高，整体实力下降。与此同时，曾经的对手日本在战后获得了令人瞩目的经济成就，80 年代正是日本经济最为繁荣的时期。从 1968 年开始，日本就成为仅次于美国的世界第二大经济体并长期保持这一位置，这给了美国人将被过去敌国赶上的危机感。

与经济上的衰颓相对应，美国在军事上也遭遇了一系列失败。1973 年，美国军事力量从越南撤出，标志着美国的彻底失败。此前，在美国国内已经爆发了大规模反战游行，在越战之前还有朝鲜战争的失败。这些战争的失败促使美国人反思其发动的战争的正确性，而这一怀疑进一步扩展到已经胜利的二战上。这些怀疑实际上是对国家实力的一种不自信。

进入 20 世纪 90 年代，情况突然发生翻天覆地的变化。日本繁荣的经济突然崩溃，开始了持续衰退。相反，美国经济却在 90 年代逐步增长。1991 年，美国数十年来的最大对手苏联解体，冷战结束，这使美国在世界上的权威达到顶峰，经济上的利好一定程度上也与此相关。作为唯一的超级大国，美国在世界各项事务上有着重大发言权，也承担了"世界警察"的工作。"十字路口"展争议产生的第 103 届国会任期内发生了几次重大军事行动。1993 年 10 月 3 日，美国在索马里展开"哥特蛇行动"（Operation Gothic Serpent）[68]，而就在参众两院开始讨论关于"十字路口"展的决议的 1994 年 9 月 19 日当天，美国展开了所谓的"支持民主行动"（Operation Uphold Democracy）[69]。这两次行动都有联合国背景，美国则持充分正义理由，而第二次入侵海地的行动更获得了巨大成功。美国政府通过这些军事行动，重塑了美国的国际形象及军事行动的正义形象，体现了美国的国家实力。

原子弹是美国对日自信的一个重要标志，它代表着美国力量的高度，是美国过去曾经为正义而战的象征，也是美国国家实力的一大部分。此时，对第一次使用原子弹的非议，无疑等同于对美国形象的损害，也是对美国国家实力的怀疑。在此背景下，任何怀疑使用原子弹的人都被视作反对美国本身，因而也就是美国的敌人——这便决定了政治必须介入以对抗这些敌人。

（二）外交及安全战略的影响

国家实力要求政治介入，这是政治介入"十字路口"展的内因。而政治参与这一公众史学争议的外因则是对日外交和美国国家安全战略的要求。"十字路口"展提出了对美日关系的新思考。过去，美国站在二战中被偷袭、被侵略的道德制高点上来看待日本，认为太平洋战争是一场正义战争。日本在战争中犯下罪行，原子弹则是对日本的惩罚。"十字路口"展却质疑了美国的这份优越感，它怀疑美国在战争中也采取了不义手段，可能是为了复仇而给自己披上了正义的外衣，因而美国并没有比日本高尚多少。这一价值取向和道德判断关乎战后国际关系的发展。前文已述，对美国而言，维持美国对日的优势是十分必要的。正是战胜日本缔造了如今的美国，不管实战运用原子弹是否正确，它必然影响了日本投降的决定，那么它就必须作为既成事实而被接受。如果美国为此道歉，那是否意味着美日间关系的完全平等？美国对日本的影响力将会衰退？

"十字路口"展争议不仅仅关系到美国对日外交，同样也关系日本对美外交。20 世纪 70 年代前，日本外交传统上还是跟随美国的脚步。但自田中角荣（Tanaka Kakuei）起，日本愈来愈多地谋求自主外交，尤其是在与中国建交这一问题上第一次走在了美国前面。20 世纪 90 年代，日本经济崩溃，新民族主义席卷了幻想破灭的日本人。他们发掘传统，希望重构国体。在此背景下，右翼势力抬头。他们对美国有所不满，希望美国为二战屠杀的日本民众道歉，提出了日本应更加独立自主等主张。著名漫画家小林善范（Kobayashi Yoshinori）在 1998 年出版了《战争论》（『新・ゴーマニズム宣言 SPECIAL 戦争论』），并在书中要求日本摆脱美国人给日本塑造的"自虐史观"。该书的大部分插图都有很多文字说明，但只有关于广岛长崎核爆的部分没有，此举暗示了日本被毁灭的悲剧色彩。[70] 在看待历史问题上，新一代的日本民众急于摆脱"罪恶"这一标签，希望从历史上发现亮点，寻找自己的国家信心。

在美日外交关系以外，"十字路口"展争议也关系到美国的国家安全战略。在冷战时代，以"NSC-68 号文件"为代表的战略思想贯穿始终。这一文件强调了苏联威胁的现实性和严重性，同时强调了军事实力的重要性。它主张在全球推行遏制战略，且美国能够承担这种持久、全面和大规模的扩军。[71] "十字路口"展举办时期，文件所指的美国最大敌人苏联已经倒下，但冷战带来的巨大惯性不可能使美国一下子调整其战略思想，这一文件依然很有市场。

"十字路口"展举办的这一时期，恰是后冷战时代，美国国家安全战略陷入迷茫之时。过去的冷战战略是否还要继续下去？"NSC-68 号文件"死灰复燃，新保守派战略家们将该文件奉为圣经。这些战略家们崇尚武力，并坚信自己是正确的——这成为 21 世纪以来美国发动的数场战争的根源。原子弹在广岛长崎的使用代表着战后国际新秩序，也催生了战后美国国家安全战略的形成。广岛是证明美国战略一以贯之的一环：美国最初的敌人是日本，后来变为苏联，之后也将出现新的敌人。正如美国冷战时期国家安全战略的缔造者保罗·尼采（Paul Nitze）的回忆录之名《从广岛到公开化：在决定的中心》（*From Hiroshima to Glasnost: At the Center of Decision*）[72]，使用原子弹的决策是战后美国国家安全决策的开端。政治对"十字路口"展的干预正表明了这样一种战略思维在国会和政府高层中的延续。

（三）民众的影响

美国政府由民选产生，但又在一定程度上游离于民众之外。在"十字路口"展的介入中，政治对公众史学争议的影响呈现了同样的两面性：既顺应了民意，又控制了民意。民众中客观存在反对"十字路口"展的意见。作为一个美国平民，可能自己的祖辈或者亲戚就有人参军，他自然更容易接受传统主义史学家的观点，而不是承认美国对日本犯下了战争罪行。有许多这样的人坚持政治正确，相信国家告诉他们的历史，相信结束二战的完全正义和完全正确。老兵们本身也是民众的一部分，他们作为一个群体构成了政治利益集团，推动了政治行动。感性在这场争议中起了巨大作用，老兵之所以发难，正是因为他们不能接受自己的战斗成果遭受质疑甚至否定。成为争议焦点的伤亡估计数字，也有很大的感性成分。

但美国国内并不是铁板一块，民意中也有支持展览的声音，而这正是政治想要控制和压制的。越南战争期间美国国内反战情绪高涨，反思战争给美国带来的影响，反思其正义性成为一种主流，而思考使用原子弹即为这一反思的代表。核武器巨大的破坏力一直是人们质疑核武器的重大原因，无核运动也大有市场。自由的历史学家们拒绝仅仅从一个角度——美国正义的角度来看过去的历史事件，希望将他们独特的反思融入"十字路口"展并传播出去，所以争议也就不可避免了。

"十字路口"展争议的奇怪之处在于，支持"十字路口"展的人认为是政治压迫学术，最后展览被迫取消；而反对展览的人认为展览过于政治化，而非客观历史，因而反对展览。这种怪现象正说明了政治在这一事件中介入之深，政治思维对双方观点都产生了巨大影响。争议双方互相指斥对方是"政治的"，这说明争议双方都没有脱离政治：修正主义者看到了使用原子弹背后的政治考量，因而想将其表达出来；保守主义者则运用政治手段来反对展览，以政治正确为书写历史的准则。

结　语

"十字路口"展的争议成功巩固了美国政府的权威，使得政治正确在越战中受创后重新占据了制高点。无论如何，保守主义一派得以唤起了美国民众的爱国心，并继续保持对日本心态上的优势，这对于美国的发展来说十分重要。争议也为美国国家安全战略的持续提供了倚靠。政治之所以介入"十字路口"展争议正是源于民众，作用于民众。民众在争议中找到了个人自由发声的通道，在网络上抒发自己或声援别人的观点。修正主义者并未由于遭受反对而改变观点。可见，"十字路口"展争议的影响还将一直持续下去。

公众史学争议作为争议本身并未形成决定性结论，最终获得优势一方的观点不能作为对这一历史学问题的盖棺定论。即使"十字路口"展争议中修正主义一方败北，他们依然坚持自己的观点，并使之传播。"十字路口"展争议的影响是巨大而深远的，甚至可以说，它割裂了美国。在后现代主义背景下，过去的胜利思维模式遭到挑战，新一代的人们更多地开始反思先辈们的行为，并冷静客观地看待他们所犯下的错误。对于争议本身的整理和反思也促进了人们对于政府权力干涉社会公众活动的思考，并影响了其后举办的各项展览。

影响国家的形成和认同的主题更容易引起激烈的公众史学争议，这样的主题往往受到政治正确的影响，但总有理性的批判者希望重建历史叙事，这就必然和主流价值观产生冲突。过去的学术争议随之公开化，业余的历史学者和公众参与进来，各抒己见，互相攻讦，使得争议一发不可收拾。正因为争议的激烈，所以社会各阶层都被卷入进来，从而使争议的影响更为深远，乃至影响了美国人对自己国家的认同。

"十字路口"展览争议之所以显现出极为复杂的特征，不仅仅是由于它作为一个公众史学实践而产生了争议，也因为它牵涉到博物馆的展品叙事及布展问题。美国航空航天博物馆作为国家资金支持的博物馆，虽然拥有一定的独立性，但违反国家制定的宣传目标布置展览，确实从道德上有所不妥。但哈威特馆长希望举办"平衡的"展览，认为博物馆应当告诉公众事实，促进公众思考的理念仍然是有价值的。博物馆承担了向公众宣传的重大使命，理应对自己的责任抱持一份敬意。这一问题不是本文的主旨，此处不再赘述。

最后，"十字路口"展反映了一个重大问题：谁有权书写历史？过去是职业历史学家书写历史，而展览体现了业余历史爱好者和普通民众对这一格局的不满。在后现代史学的观念下，"人人都是他自己的历史学家"，但也不是人人都有能力书写自己的历史。他们依然受到职业历史学家和政府书写的官方历史的引导。国家书写的官方历史无疑有着重大意义，它是构建国家凝聚力，培养爱国心的重要工具。但这不意味着官方历史一家独大，不再需要其他历史。同样，职业历史学家批判性的观点可以被视作官方历史的补充，但不可能完全代替官方历史。蛙声一片方是和谐的池塘。

《原子弹爆炸受害情况初次公开》，《朝日画报》，1952 年 8 月 6 日号，第 10 页

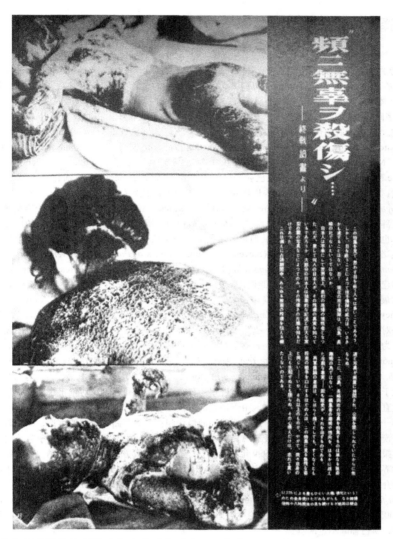

《原子弹爆炸受害情况初次公开》,《朝日画报》, 1952 年 8 月 6 日号, 第 3 页

注　释

[1] "十字路口：第二次世界大战的结束，核武器和冷战的开始"（*The Crossroads: The End of World War II, the Atomic Bomb and the Cold War*）展览名称中的"十字路口"在之后又被改为"最后一举"，本文中统一简称为"十字路口"展。

[2] "十字路口"展在美国国内引起巨大反响，相关文章著述较多，在此仅介绍几本较为重要的著述。如《在航空航天博物馆的审判：轰炸广岛与长崎》(Edited by Philip Nobile, Afterword by Baton J. Bernstein, *Judgment at the Smithsonian: The Bombing of Hiroshima and Nagasaki*, New York: Marlowe & Company, 1995)，该书含有航空航天博物馆 (Smithsonian National Air and Space Museum) 展览的脚本，巴顿·J. 伯恩斯坦 (Baton J. Bernstein) 则在后半部分回顾了论战。《被否定的展览：为支持埃诺拉·盖伊历史的游说》(Martin Harwit, *An Exhibit Denied: Lobbying the History of Enola Gay*, New York: Copernicus, August 29, 1996) 由"十字路口"展中被迫辞职的博物馆馆长马丁·哈威特 (Martin Harwit) 所作，其中有为自己辩白的成分，该书本身也成为反对者批判的对象，但仍有重要的参考价值。《权力的展示：美国博物馆中的争议从埃诺拉·盖伊展到感觉展》(Steven C. Dubin, *Displays of Power: Controversy in the American Museum from the Enola Gay to Sensation*, New York: New York University Press, January 1, 2001)，该书已成为美国各大学艺术类课程许多老师选用的教科书，它叙述和分析了几次引起争议的著名展览，立场相对客观。《埃诺拉·盖伊号与史密森学会》(Charles T. O'Reilly, William A. Rooney, *The Enola Gay and the Smithsonian Institution*, Jefferson: McFarland, January 11, 2005)，该书是对此事件做出的杰出评论，受到了《空军时报》（*Air Force Times*）杂志的肯定。还有一本被译为中文的著作《进攻日本：日军暴行及美军投掷原子弹的真相》(Judge Dan Winn, General Raymond Davis, *D-day Japan: The Truth About the Invasion of Japan, its War Crimes, and the Atomic Bomb*, CreateSpace Independent Publishing Platform, June 16, 2011. 此书中文版由广西师范大学出版社于 2014 年 9 月出版)，该书主要通过叙述日军二战期间暴行以反对修正主义历史学家，第八章直接批判了"十字路口"展。由于话题的争议性和热度，关于该展览的文章不可胜数，在此不一一罗列。相较美国对原子弹争议的热烈讨论和对"十字路口"展的辩论，中国国内对此几乎漠不关心，仅有高芳英教授的《美国史学界关于对日使用原子弹原因的论争》（《内蒙古大学学报》（人文社会科学版），1999 年第 2 期）一文对辩论双方观点进行了总结，但总结仅限于史学界专业人士的观点，文中也并未提及"十字路口"展。迟至 2005 年，中国国内才第一次在译介的书《无约束的日本：枕边的人文情怀》(John Nathan, *Japan Unbound: A Volatile Nation's Quest for Pride and Purpose,* Houghton Mifflin Harcourt, 2003. 此书中文版由华东师范大学出版社于 2005 年 4 月出版，关于此展的论述在中文版第 147—148 页) 中出现了对该展览争议的简要介绍，所占篇幅不足两页。

[3] 中国大百科全书出版社《不列颠百科全书》国际中文版编辑部编译：《〈不列颠百科全书〉国际中文版修订版》，北京：中国大百科全书出版社，2007 年，第 32 页。

[4] "瀬戸内海の広島湾奥に臨む中国地方有数の大都市……日清戦争以来、軍事都市として發展。1945（昭 20）．8.6 史上最初の原子爆弾を受けて瞬時に潰滅、死者二十数万といわれた。"三省堂編修所編：《简明地名辞典·日本编》（《コンサイス地名辞典·日本編》），东京：三省堂，1975 年 1 月 30 日，第 1027 页。中国地方是日本本州岛西部一片区域的称谓，并非指国家。

[5] "長崎半島·西彼杵半島＊の基部を占める港湾都市。"三省堂編修所編：《简明地名辞典·日本编》（《コンサイス地名辞典·日本編》），第 854 页。

[6] William Burr, National Security Archive Electronic Briefing Book No. 525, Reteived August 7, 2018,

https://nsarchive2.gwu.edu/nukevault/ebb525-The-Atomic-Bomb-and-the-End-of-World-War-II/. Latest update August 7 2017.

[7] 约翰·赫西：《广岛》，董幼学译，桂林：广西师范大学出版社，2014 年。

[8] Harry S. Truman, *Memoirs by Harry S. Truman*, New York: Doubleday & Company, inc, 1955. 中文译本有哈里·杜鲁门：《杜鲁门回忆录》，李石译，北京：东方出版社，2007 年。

[9] Herbert Feis, *Japan Subdued: The Atomic Bomb And the End of the War in the Pacific,* Princeton: Princeton University Press, 1961.

[10] Gar Alperovitz, *Atomic Diplomacy: Hiroshima and Potsdam: The use of the atomic bomb and the American confrontation with Soviet power*, New York: Simon and Schuster, 1965.

[11] Barton J. Bernstein, *Toward a Livable World: Leo Szilard and the Crusade for Nuclear Arms Control*, Cambridge: MIT Press, 1987.

[12] "冶金实验室"（Metallurgical Laboratory）是专为原子弹开发核燃料的实验室，其中聚集了大批参与曼哈顿计划（Manhattan Project）的科学家。

[13] 参见 Document 22: Memorandum from Arthur B. Compton to the Secretary of War, enclosing "Memorandum on 'Political and Social Problems,' from Members of the 'Metallurgical Laboratory' of the University of Chicago," June 12, 1945, Source: RG 77, MED Records, H-B files, folder no. 76 (copy from microfilm), Retrieved May 8, 2018, https://nsarchive2.gwu.edu/nukevault/ebb525-The-Atomic-Bomb-and-the-End-of-World-War-II/documents/022.pdf. Latest update August 7, 2017.

[14] Martin J. Sherwin, *A World Destroyed: The Atomic Bomb and the Grand Alliance*, New York: Random House Inc, October 1, 1975.

[15] 参见 William Burr, National Security Archive Electronic Briefing Book No. 525, Retrieved May 8, 2018, https://nsarchive2.gwu.edu/nukevault/ebb525-The-Atomic-Bomb-and-the-End-of-World-War-II/. Latest update August 7, 2017.

[16] 長崎市編、長崎国際文化会館監修『ナガサキは語りつぐ——長崎原爆戰災誌』岩波書店 1991 年。

[17] 长崎证言会编著：《长崎的毁灭》，徐英东、田蔵等译，哈尔滨：北方文艺出版社，2012 年。

[18]「原爆被害の初公開」『アサヒグテフ』1952 年 8 月 6 日号。

[19] 牧野喜久男編『1 億人の昭和史 4・空襲・敗戦・引揚』毎日新聞社 1975 年 9 月 104—111 頁。

[20] 小川岩雄、小野周、斉藤孝、関寛治、野沢豊、宮崎繁樹編『国際シンポジウム——原爆投下と科学者』三省堂 1982 年 6 月 1 日。

[21] 同上 31—57 頁。

[22] https://en.wikipedia.org/wiki/Enola_Gay#Subsequent_history, Retrieved April 20, 2018.

[23] John Boslough, John Matter, *The Very First Light: The True Inside Story of the Scientific Journey Back to the Dawn of the Universe*, New York: Basic Books, September 30, 2008, p. 112.

[24] John T. Correll, "War Stories at Air & Space," *Air Force Magazine*, April 1994, p. 6. http://www.airforcemag.com/SiteCollectionDocuments/Enola%20Gay%20Archive/031594specialrpt.pdf. Retrieved May 8, 2018.

[25] Martin Harwit, *An Exhibit Denied: Lobbying the History of Enola Gay*, New York: Copernicus, August 29, 1996, p. 150.

[26] Ibid., p. 40.

[27] Sam Marullo, "Bomb's Away at the Smithsonian," *Peace Review: A Journal of Social Justice*, 8:2, 1996, p. 208.

[28] 会员必须是参加过美国海外战争的军人或现役军人，宗旨是通过服务机构和各种公益活动，帮助老兵，祭奠牺牲者，主要政治主张是追求强大的军事力量和建立更加健全的退伍军人福

利制度。

[29] 于 1919 年由美国远征军作战及勤务部队的代表在巴黎成立，协会由退伍军人组成，政治色彩较淡，主要照顾残障及患病的退伍军人，福利也遍及军属。

[30] 美国空军协会（Air Force Association）是一个独立的非营利组织，任务是向公众宣传航天力量在国防方面的关键作用，倡导强大的国防力量，支持美国空军、空军家庭和航空航天教育。其会员大部分是退伍军人，也包含部分现役军人。该协会负责出版《空军杂志》（*Air Force Magazine*）。

[31] 约翰·内森：《无约束的日本》，周小进译，胡应坚校订，上海：华东师范大学出版社，2005年，第 147 页。

[32] 译文转引自雷蒙德·戴维斯将军、丹·温法官：《进攻日本：日军暴行及美军投掷原子弹的真相》，臧英年译，桂林：广西师范大学出版社，2014 年，第 38 页。原文参见 *The Crossroads: The End of World War II, The Atomic Bomb and the Origins of the Cold War*, p. 3, Retrieved May 8, 2018, http://digital.lib.lehigh.edu/trial/enola/files/crossroads/unit1.pdf, Latest update September 12, 2014.

[33] *The Crossroads: The End of World War II, The Atomic Bomb and the Origins of the Cold War*, p. 3, Retrieved May 8, 2018, http://digital.lib.lehigh.edu/trial/enola/files/crossroads/unit1.pdf, Latest update September 12, 2014.

[34] 详见 John T. Correll, "War Stories at Air & Space," *Air Force Magazine*, Retrieved May 8, http://www.airforcemag.com/SiteCollectionDocuments/Enola%20Gay%20Archive/031594specialrpt.pdf.

[35] Martin Harwit, *An Exhibit Denied: Lobbying the History of Enola Gay*，p. 250.

[36] Sam Johnson, "Purpose of Enola Gay Exhibit Disputed" , Congressional News Release, August 10, 1994. Retrieved May 8, http://digital.lib.lehigh.edu/trial/enola/files/round2/congpressreleases.pdf.

[37] Tom Lewis, "Lewis Disappointed With Smithsonian Director's Explanation of Japanese Bias in Upcoming Exhibit on Atomic Bomb", Congressional News Release, August 10, 1994. Retrieved May 9, http://digital.lib.lehigh.edu/trial/enola/files/round2/congpressreleases.PDF.

[38] 提交众议院的决议参见 H. RES. 531, https://www.congress.gov/103/bills/hres531/BILLS103hres-531ih.pdf. 提交参议院的决议参见 S. RES. 257, https://www.congress.gov/103/bills/sres257/BILLS-103sres257ats.pdf, Retrieved May 8.

[39] American Congress, H.Res.531—To express the sense of the House regarding the appropriate portrayal of men and women of the Armed Forces in the upcoming National Air and Space Museum's exhibit on the Enola Gay., Retrieved May 8, 2018, https://www.congress.gov/bill/103rd-congress/house-resolution/531/all-actions?q=%7B%22search%22%3A% 5B%22Enola+Gay%22%5D%7D&r=28, Latest update September 20, 1994.

[40] Record Volume 140, Number 131, Monday, September 19, 1994, Retrieved May 8, 2018, https://www.gpo.gov/fdsys/pkg/CREC-1994-09-19/html/CREC-1994-09-19-pt1-PgS48.htm, Latest update September 20, 1994.

[41] https://www.congress.gov/103/bills/sres257/BILLS-103sres257ats.pdf, Retrieved May 8, 2018.

[42] 转引自 Martin Harwit, *An Exhibit Denied: Lobbying the History of Enola Gay*，p. 363. 山口仙二（Senji Yamaguchi）是长崎核爆的幸存者，核爆之后成了无核运动的一位领导者。

[43] Yoshio Saito, letter to President of the Smithsonian Institution, October 13, 1994, NASM/MH.

[44] Sam Marullo, "Bomb's Away at the Smithsonian," p. 209.

[45] 雷蒙德·戴维斯将军、丹·温法官：《进攻日本：日军暴行及美军投掷原子弹的真相》，第 40 页。

[46] Sam Marullo, "Bomb's Away at the Smithsonian," p. 209.

[47] Martin Harwit, *An Exhibit Denied: Lobbying the History of Enola Gay*，p. 409.

[48] The Enola Gay and the Smithsonian, Retrieved May 8, 2018, http://www.airforcemag.com/MagazineArchive/EnolaGayArchive/Pages/default.aspx.

[49] U.S. Congress, Senate, Committee on Rules and Administration, The Smithsonian Institution: Management Guidelines for the Future, Hearings before the Committee on Rules and Administration, 104th Cong., 1st sess., 11 May 1995, Printing Office.

[50] 转引自 Martin Harwit, *An Exhibit Denied: Lobbying the History of Enola Gay*, p. 402.

[51] Ibid., p. 408.

[52] Gar Alperovitz, *Decision to Use the Atomic Bomb: And the Architecture of an American Myth*, New York: Knopf, July 30, 1995.

[53] 参见 Document 26: "Minutes of Meeting Held at the White House on Monday, 18 June 1945 at 1530," Top Secret. Source: Record Group 218, Records of the Joint Chiefs of Staff, Central Decimal Files, 1942—1945, box 198 334 JCS (2–2-45) Mtg186th-194th. https://nsarchive2.gwu.edu/nukevault/ebb525-The-Atomic-Bomb-and-the-End-of-World-War-II/documents/026.pdf. Retrieved April 25, 2018.

[54] Robert James Maddox, *Weapons for Victory: The Hiroshima Decision Fifty Years Later*, Columbia: University of Missouri Press, September 1, 1995.

[55] https://www.amazon.com/Decision-Use-Atomic-Bomb-Architecture/product-reviews/0679443312/ref=cm_cr_getr_d_paging_btm_4?ie=UTF8&reviewerType=all_reviews&pageNumber=4, Retrieved April 22, 2018.

[56] Amazon customer, *Hard work to get through — but worth the trip*, February 8, 2000. https://www.amazon.com/Decision-Use-Atomic-Bomb-Architecture/product-reviews/0679443312/ref=cm_cr_getr_d_paging_btm_5?ie=UTF8&reviewerType=all_reviews&pageNumber=5&sortBy=recent, Retrieved April 22, 2018.

[57] James Meek, comment on *Hard work to get through — but worth the trip*, February 8, 2000. https://www.amazon.com/Decision-Use-Atomic-Bomb-Architecture/product-reviews/0679443312/ref=cm_cr_getr_d_paging_btm_5?ie=UTF8&reviewerType=all_reviews&pageNumber=5&sortBy=recent, Retrieved April 22, 2018.

[58] Mark S. Schaffer, comment on *Hard work to get through -- but worth the trip*, February 8, 2000. https://www.amazon.com/Decision-Use-Atomic-Bomb-Architecture/product-reviews/0679443312/ref=cm_cr_getr_d_paging_btm_5?ie=UTF8&reviewerType=all_reviews&pageNumber=5&sortBy=recent, Retrieved April 22, 2018.

[59] https://www.amazon.com/Exhibit-Denied-Lobbying-History-Enola/product-reviews/0387947973/ref=cm_cr_dp_d_show_all_btm?ie=UTF8&reviewerType=all_reviews, Retrieved April 22, 2018.

[60] rsjoquis@hawaii.edu, *Whining as an art form*, June 10, 1998; Joe, *A small victory for Veterans*, May 7, 2000. https://www.amazon.com/Exhibit-Denied-Lobbying-History-Enola/product-reviews/0387947973/ref=cm_cr_dp_d_show_all_btm?ie=UTF8&reviewerType=all_reviews, Retrieved April 22, 2018.

[61] Andrew J. Rotter, *Hiroshima: The World's Bomb*, New York: Oxford University Press, April 7, 2008.

[62] Sean L. Malloy, *Atomic Tragedy: Henry L. Stimson and the Decision to Use the Bomb against Japan*, Ithaca: Cornell University Press, May 1, 2008.

[63] Wilson D. Miscamble, *The Most Controversial Decision: Truman, the Atomic Bombs, and the Defeat of Japan*, New York: Cambridge University Press, April 18, 2011.

[64] Tsuyoshi Hasegawa, *Racing the Enemy: Stain, Truman and the Surrender of Japan*, Cambridge:

Belknap Press of Harvard University Press, May 30, 2005.

[65] 参见 H-Diplo Roundtable-Racing the Enemy Roundtable, Roundtable Editor's Introduction, https://issforum.org/roundtables/PDF/Maddux-HasegawaRoundtable.pdf, Retrieved May 24, 2018.

[66] S. RES. 247, https://www.congress.gov/114/bills/sres247/BILLS-114sres247is.pdf, Retrieved May 8, 2018.

[67] 孟钟捷：《从德国范式看公众史学争议的起因、进程与影响》，《江海学刊》，2014 年第 2 期。

[68] 该行动因被拍成电影《黑鹰坠落》（*Black Hawk Down*）而闻名，美军为抓捕索马里罪恶军阀艾迪德（Caydiid）而派遣部队深入摩加迪沙，但由于情报有误，导致两架黑鹰直升机被击坠，最后美军以阵亡 19 人的代价撤回基地。

[69] 美国在经过联合国安理会批准后，对海地进行军事干涉。最后美军和平占领了海地，推翻了赶走民选总统阿里斯提德（Aristeides）的军政府并使阿里斯提德重新成为海地总统。

[70] 参见约翰·内森：《无约束的日本》，第 123—124 页。

[71] 石斌：《保罗·尼采：核时代美国国家安全战略的缔造者》，北京：北京大学出版社，2017 年，第 75 页。

[72] Paul H. Nitze, *From Hiroshima to Glasnost: At the Center of Decision*, New York: Grove Press, October 1, 1989.

历史与媒体

新媒体环境下的主旋律叙事
——以"得到"App"中国史纲50讲"为例浅谈移动互联网环境下"知识付费"类内容产品的生产运营

滕乐 *

摘要：近年来，随着新媒体的发展和移动互联网的主流化，"知识付费"类媒体在大众传播中起到的引领作用日益凸显。在公众史学的传播领域，由传统媒体主导的传播格局，开始逐渐被各类新媒体取代。在各种知识付费平台中，以"得到"App为代表的传播平台，在内容质量、主讲人选择和盈利模式等方面的创新尤其引人注目。本研究将从新闻传播学的视角出发，结合社会心理学和传媒经济学的相关思考，以"得到"App平台最受欢迎的公众史学课程"施展·中国史纲50讲"为研究对象，针对新媒体环境下，公众史学的媒介语态、传播规律和盈利模式等问题进行深入分析。本研究试图指出，移动互联网平台下的公众史学传播，本质上，是以历史知识的传播为媒介，针对媒介场域内特定内容产品的缺失，为受众提供的替代性满足。知识付费类内容产品，需要在保持传播内容生动性的同时，巧妙地找到传播内容与主流意识形态的共通之处，将其融入知识传播的过程中，从而达到解读现实、指导行动，并建构身份认同的传播效果。

关键词：公众史学；新媒体；"得到"App；知识付费；传播学

---

* 滕乐：中国政法大学光明新闻传播学院讲师。主要研究领域为新闻传播学、文化心理学、跨文化传播等。本文系中国政法大学2016年校级科学研究青年项目"传播学研究的书写、记忆与表征"（项目号：16ZFQ86003）阶段性成果。

Abstract

In recent years, the new media has started to play a significant role in mass communication. Among all forms of new media products, online paid courses revolutionize the market of mobile internet. The dissemination of public history which mainly conveyed by traditional media, was right now replaced by new media. Among all form of online paid course applications, the Dedao application was the most well-known one. Due to the innovations in terms of the content, speakers, and marketing styles. This research analyzes one case by probing the communication style offered by Dedao application, especially "An Introduction of Chinese History by 50 Courses" by Professor Shi, Zhan. The article argues that online communication of public history, in essence, is an alternative genre of journalism. Aiming for the general public, the communicator needs to balance the dominant ideology and social psychology. By doing so, the media platform helps the audience to build an appropriate social identity, which further guides their practices.

Key Words

public history, new media, Dedao application, paid course, journalism

在 21 世纪初，互联网彻底改写了全人类的传播生态，为远隔千山万水的人们，构建了一个想象中的"地球村"。如果对 21 世纪的前 20 年进行回顾，我们会发现，在中国的文化市场上，有一个现象很难被轻易忽视，那就是在文化全球化的大背景下，中国的文化市场内，反而出现了"历史热""国学热""传统文化热"的现象。这一现象自 20 世纪 90 年代中后期肇始，在过去 20 年内持续升温，成为横跨电影、电视、出版和互联网等多个传媒产业的文化现象，不但实现了知识的大规模传播，更贡献了巨大的经济效益。如果说早期的国学热现象，以《百家讲坛》为代表，以传统媒体为主导，那么，自移动互联网诞生以来，则涌现了类似"得到""喜马拉雅""知乎""果壳""豆瓣"等一系列知识付费类媒体，而曾经的电视讲坛类节目主讲人，也纷纷投身各类知识付费类平台，继续历史知识的传播。

在众多知识付费类 App 中，最为引人注目的莫过于由罗振宇推出的移动互联网终端——"得到"App。该应用一经推出，便以横扫千军之势，成为知识付费类内容产品的风向标。"得到"App 上线于 2016 年 5 月，据罗振宇透露，截至 2017 年 3 月，已有超过 558 万用户，并且这一用户数量还在持续攀升。[1]极光大数据的调查报告显示，截至 2017 年年底，"得到"App 的用户安装数量又比上一年 12 月增长了 167%。[2] 在"得到"App 的付费类应用中，有一款历史类知识付费节目"施展·中国史纲 50 讲"收获了大量用户。该节目在 2017 年年底推出，是"得到"App"大师课"系列的首部产品。据"得到"App 移动终端公布的数据，截至 2018 年年底，累积在线学习人数已经超过 17 万人，其中多期节目都有超过 10 万人在线收听。而"得到"App 平台相应推出的主讲人新作"枢纽——3000 年的中国"也引起了历史学界的高度关注，被誉为"全面呈现中国历史的新尝试"[3]。那么，该系列节目的主讲人究竟是凭借怎样的方式将一部中国通史课程成功搬上新媒体平台并实现大众化传播的？历史类知识在移动互联网时代的传播，是否需要遵循特定的传播规律？这样一种成功的背后，跟特定的媒介环境、受众需求和"得到"App 的市场运营策略有怎样的关系？本文将综合运用传播学、心理学和传媒经济学的观点，针对以上这些问题一一进行解读。本研究试图指出，以"得到"App 为代表的新媒体知识付费类平台，本质上是对在中国大陆地区的传媒市场内一类十分重要却又相对缺乏的内容产品所进行的替代性生产。历史知识的大众化传播，实际上是针对这种社会心理需求所生产的替代性满足。一种内容产品一旦满足了受众特定的社会心理，必然在受众中产生巨大共鸣，从而实现经济效益与社会影响力的双丰收。

大众传播嵌套下的人际传播

作为一档拥有超越 15 万付费用户的历史类节目的主讲人——施展，事实上，并非历史学专业出身。本科学习管理学的施展在进行历史知识的大众传播时，首先考虑的是如何让不同专业的受众，从宏观的社会科学的视角理解中国历史。在这样一种思想的指导下，施展的历史知识传播，借鉴了早期电视讲坛类节目的某些传播方法，但是也进行了较大规模的改进，使其在"得到"App平台上的节目，更符合新媒体传播的特点。

早期的电视讲坛类节目，以中央电视台科教频道的《百家讲坛》栏目为例，在传播的过程中，首先关注的是保证节目的收视率。作为传统媒体的电视台，迄今为止其最主要收入来源就是广告收益，这就需要在内容产品的生产过程中，针对最广大受众的最基本需求进行满足。因此，该节目的受众定位，主要是"初中以上文化的收视群体"[4]。这就要求主讲人和栏目编导，在制作节目的过程中，需要以悬念化、故事化、娱乐化的方式作为其基本的传播语态。所谓悬念化，就是要不断给故事设计悬念，吸引受众不断看下去；所谓故事化，即运用通俗化的讲故事的手段进行历史知识的传播；所谓娱乐化，即综合影视、动漫、游戏等多种视听语言，对受众进行感官刺激。这些传播手段的根本目的只有一个，即避免由于受众的流失而造成收视率的下滑。但是，对电视市场而言，由于其"封闭却不垄断"的竞争结构，导致"搏出位、撞底线"的恶意竞争时常发生。[5] 因此，有研究者套用传播学大师尼尔·波兹曼（Neil Postman）的名著《娱乐至死》（*Amusing Ourselves to Death*）对该栏目进行分析，并指出内容产品的过度娱乐化，是导致电视讲坛类节目最终衰落的根本原因。[6]

而作为新媒体的移动互联网，在进行历史知识传播时，则由于其技术壁垒，将传统媒体单纯依靠广告收入的"注意力经济"所产生的问题进行了规避。究其原因，笔者曾指出，新媒体环境下，移动互联网的传播是一种"拟态的人际传播"[7]。在这种"拟态的人际传播"环境中，虽然传播者是在进行大众传播，但事实上，受众会使用处理人际传播的方式，处理接收到的信息，这就要求传播者在传播过程中，更加关注人际传播中的相关变量。

首先，在"中国史纲50讲"课程中，主讲人避免了电视讲坛类节目为提高收视率而不断设置悬念的讲述模式，而是在提出宏观问题的基础上，将一部中国通史，切分为不同的版块，对于不同版块的历史进行细分式解读。在系列节目中，施展将中国古代史分为五大版块、四个时期（表1）：

表 1　"中国史纲 50 讲"课表

名称	集数
导论	2
商周之变：封建社会篇	5
周秦之变：豪族社会篇	19
唐宋之变：古代平民社会篇	15
古今之变：近代转型篇	11

数据来源："得到"App 付费课程"施展·中国史纲 50 讲"，https://m.igetget.com/share/course/pay/detail/36/4　图表制作：藤乐

　　在每一个版块中，主讲人会提出一个宏观的问题来统摄本章的内容，然后，在每一讲中，分别就特定问题进行讲述。由于在移动互联网时代，每一位的受众的媒介消费都呈现出高度碎片化的趋势，因此，每一期节目所用的时间相对都比较短，基本保持在 15 分钟左右，短则 10 分钟，长则 20 分钟，与传统媒体电视节目，如《百家讲坛》的 37 分钟相比，大大缩短了节目时长。这样就避免了内容产品为了吸引受众而采用不断设置悬念的讲述模式。而且，电视研究领域发现，知识传播类节目不同于影视剧，不是在单位时间内给受众制造越多的信息刺激和矛盾冲突就越好，而是需要对所讲授的知识，以螺旋式递进的方式进行传播。[8] 从这个角度而言，移动互联网的传播比传统媒体更有优势。在施展的课程中，每一个版块会设计一个核心问题，主讲人将这样一个核心问题拆分为几个小问题，并在每一讲中进行深入阐释，而在每一个版块结束时，再对所讲内容进行一次温故，帮助学习者达到承上启下的效果。

　　由于以新媒体移动终端进行的知识传播呈现出分散型、碎片化的趋势，在"中国史纲 50 讲"系列节目中，节目收听人数与节目时长呈现出出人意料的负相关趋势（图 1）。笔者基于"得到"App 移动终端收集了关于该节目的大数据（数据截至 2018 年 12 月 31 日），大数据显示，该节目的平均时长为 15.76 分钟（图 2）。通过对节目的聚类分析可以发现，该系列节目根据收听人数整体上

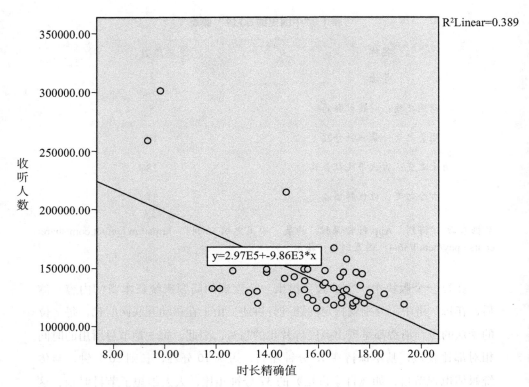

图 1　节目收听人数（单位：个）与节目时长（单位：分钟）线性回归　图表制作：滕乐

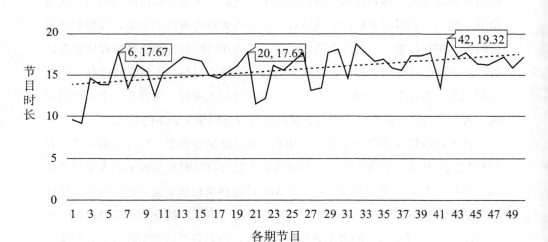

图 2　每期节目的时长精确值（单位：分钟）　图表制作：滕乐

可分为两大类，即免费类节目（前三讲）和付费类节目（图3）。在付费类节目中，节目收听的峰值为第8期，收听人数为167849人，该期节目时长为16.58分钟。首先，这说明在移动互联网终端上，每一期节目的时长都不应太长，太长则会流失受众群体；其次，付费类节目和免费类节目在收听人数上存在显著差异，整体而言，免费类节目的收听人数远远多于付费类节目；最后，节目系列本身也不宜太长，数据显示，该系列节目的收听人数随着节目的推进逐步呈现下跌趋势（图4）。

其次，在施展的中国史纲课程中，为了增添内容的生动性，主讲人会在节目中适当加入生动的小故事或者有趣的表达来活跃气氛，但是，这样的一种加入不是单纯地为了讲故事而讲故事，而是为了对抽象的历史理论进行具象化描述，辅助受众的理论学习。对于传统媒体而言，由于其盈利模式所限，其受众群体的定位必须覆盖最广大的收视人群，因此，任何一种综艺类电视节目的基本定位，一直是以讲故事为主。正如《百家讲坛》的主创人所总结的，故事是电视传播的核心，悬疑是故事的基础卖点。[9]这样一种观点对于电视传播而言虽然中肯，但是，如果所有历史知识的通俗化传播，仅仅就是为了讲故事而讲故事，那么，显然不可能满足受众的学习诉求。因此，在施展的节目中，主讲人对于历史故事的安排，在每一讲中都是做到点到为止。例如，在第4讲《封建社会是如何走向终结的》中，施展在解释贵族制度的衰落时，做了一个有趣的比喻，他说："打个不恰当的比方，贵族们打仗，比的不是谁能砍死更多的人，比的是谁的正步踢得更好。因为他们认为，只要大家都能把正步踢好，贵族就有了个贵族的样子。平民一看，觉得贵族确实有贵族范儿，也就会接受贵族制的等级结构。这样天下就太平了。"[10]类似的表述在节目里还有很多，但是这样的表述在每一期节目中，一般只有一到两次，主讲人不会不断地讲段子、讲笑话、讲八卦，甚至举出一些过于现代化、媚俗化、牵强附会的例子。因此，在新媒体传播中，施展将生动性与学术性做到了较好的平衡。

最后，"得到"App平台上的知识付费类节目，高度强调主讲人的个性化传播，删去了传统媒体上各种冗长无用的内容。例如，"得到"App的付费内容，就摒弃了电视媒体上不可或缺的片头、片花、串片、解说、预告等等耗费大量人力物力的内容，这实际上等于是省去了传统媒体平台雇用编导和技术人

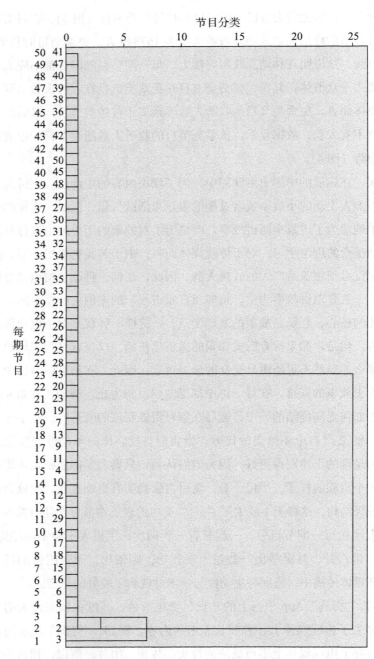

图 3　根据节目收听时长（单位：分钟）对节目进行的聚类分析　图表制作：滕乐

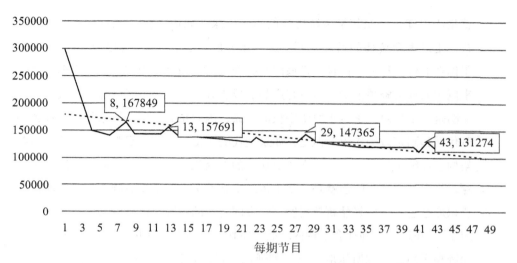

图 4　收听人数（单位：个）随系列节目的推进而产生的变化　图表制作：滕乐

员的全部成本，而仅仅在节目的片头和片尾，由主讲人针对每一期节目和整个板块进行简单的总括和温故。而且，"得到"App 推出的每一期节目中，都会要求主讲人为自己的节目设计一个独特的个性化开篇语。例如，在施展的节目里，他的开篇语统一为"你好！欢迎收听中国史纲，我是施展"。类似的例子，还有很多，如在罗振宇本人的节目中，使用的统一开篇语为"和你一起终身学习，这里是罗辑思维"。这样一种个性化、口语化、交流目的极强的开篇语，远远比在节目片头提出一堆问题更容易让受众产生亲近感，让受众有继续听下去的愿望。而且，在内容讲述方面，该平台的《得到品控手册》规定主讲人必须讲述正面化的、有建设性的，让受众对中国的社会前途和经济发展产生信心的内容。这样一种规定，就让"得到"App 的历史传播，从一开始就远离了宫廷阴谋、钩心斗角等等在电视屏幕上令人审美疲劳的内容，使受众通过收听节目，获得知识的提升和情感的愉悦。

以社会科学的前沿理论和主流意识形态为指导的历史传播

中华文明是一个非常看重历史的记录、整理和保存的文明体系，但是当以历史知识作为大众传播的内容产品时，一个非常敏感的问题便摆在了面前，那就是历史知识，尤其是传统史学的历史记录，如何以符合主流意识形态的方式，走进大众传播的话语空间。这一重要而敏感的问题，制约着每一个内容制作者的传播行为。而且一旦该问题处理失当，则会给内容产品的主创人员带来巨大的社会资源浪费，给内容产品的投资方带来难以估量的经济损失。中华文明是一个相对缺乏本土原生宗教的民族，因此正史的历史记录体系，在帝国时代就起到宗教的作用。但是，如果现代的历史类内容产品将全部的故事情节架构于传统史学之上，那么在历史知识的大众化表达过程中，则会出现各种问题。其中一个核心问题就是，基于传统史学的历史叙事带有强烈的帝国时代的意识形态色彩。如赵鼎新教授所言，帝国时代的中国可以被定义为一个"儒法国家"。在这样一种社会架构内，起决定作用的有四个变量：意识形态、政治、经济和军事。帝国所采取的是一种强化意识形态和政治变量、缘化经济变量、有意压制军事变量的做法。[11]但是，这样一种社会组织逻辑以及基于这种逻辑所产生的历史叙事，很难在简单翻译之后，直接进入现代社会大众传播的话语空间。孟宪实教授曾经指出："公共史学与传统史学形成很自然的同盟，而新史学可以拓展的空间，因此变得很狭窄。而对于一般民众而言，他们差不多都是公共史学所属的群众，在中国以至于很多人分不清，历史与历史小说到底有什么区别。"[12]此处的"公共史学"，按照孟宪实的定义，特指"以公众为阅读对象而撰写的历史"[13]。在此基础上，孟宪实指出，公共史学的传播不应局限于传统史学，而应当将新史学的研究成果用受众喜闻乐见的方式，纳入公共史学的传播之中。[14]笔者认为，公众史学的传播，不但应该结合历史学本专业的前沿成果，更应当与社会科学，甚至自然科学的相关成果相结合，形成独到的传播方式。而施展在"得到"App上的尝试，可以说是该领域中一个比较成功的实践。

首先，在讲述古代史的过程中，施展结合了文化人类学的研究方法，摒弃了传统史学中"华夷之辨""忠奸对立"等等狭隘的立场。在施展的历史叙事中，他将"中国"理解为一个复杂的文明共同体。施展试图将所有出现在同一历史时空中的人物，理解为各不同利益集团间进行博弈的代表。在各种博弈中，以关键历史人物作为利益集团的结点，通过这些历史人物及其背后连带的社会关系间的互动，理解中华文明共同体内部是怎样在几千年的竞合过程中，形成"中国"这一概念。比如，施展曾经在节目里对网络上流行的由日本人提出的"崖山之后无中华，明亡之后无中国"一说进行了批驳，并在此基础上，提出"中国"的形成是以农耕文明和游牧文明的博弈为主线，兼有雪域高原、沙漠绿洲、海洋文明的文明共同体。这样一种理解中国的方式，不但为受众理解古代中国提供了更加宏大的视野，也保证了对古代中国的理解在逻辑上能够做到与现代中国相衔接。

其次，如果说对古代史的理解可以站在文化人类学的视角上进行解读，那么传统中国到近现代社会的转型，则必须引入政治学的观点。但是，从实践角度来看，这样一种基于宏大理论的解读，不论从主流意识形态，还是从具体社会实践来看，在大众传播中都会出现一定的问题。因此，在解读民国史的版块中，施展的解读巧妙地规避了宏大的理论框架，选择了管理学中相对中观的理论框架，即从民族独立和国家内部整合的视角，去解释国民党的失败和共产党的成功。施展指出"共产主义意识形态不仅为共产党提供了强大的组织效率，还给它提供了一种超级宏大的结构"，因此，使现代中国能够在共产主义的指导下，首先完成整个国家的内部整合，进而以一种内部统一的形态，融入以西方为主导的世界体系中。施展从管理学的视角出发，从内部整合的角度，论证了中国人民选择共产主义意识形态的主动性和必然性。

最后，在解读现代中国与世界的关系时，施展则摆脱了社会科学中相对陈旧的"文明冲突"框架或是意识形态冲突框架，而是从经济学的视角入手，从地缘政治的角度出发进行分析。他指出中国作为地理上欧亚大陆的最东端，不论是从经济上，还是从文明上，都起到一个东西方世界交流枢纽的作用。施展认为，中国是西方发达国家与亚非拉的第三世界国家之间的一个中介性的存在，是"双循环"结构中的唯一枢纽。一方面，西方发达国家的前沿创意需要落地时，中国的劳动密集型产业能够迅速将其进行转化；另一方面，亚非拉等出口原材料的国家，需要中国作为枢纽进行产品的组装和最后成型。并且指出，从经济的角度而言，整个东亚地区以中国为中心的枢纽性地位，是一个"进得去，出不来"的存在，这就从全球的宏观视野出发，给现代中国以客观的定位。

通过对于以上三方面叙事结构的总结，我们会发现，历史知识的大众化传播，不但需要与史学界内部的前沿成果相结合，更需要与整个社会科学，包括自然科学的通力合作，才能够更好地完成，并获得更多的受众。如图5：

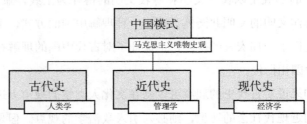

图5　节目不同版块所使用的理论框架　图表制作：滕乐

当我们以收听率为判断标准，对于整个系列节目进行分析时，我们会发现，该系列节目收听人数最高的几期基本符合这一宏观分析框架。在该系列节目中，除去作为免费类节目的前三讲之外，付费类节目的收听峰值分别出现在第8期、第13期、第29期和第43期（表2）。

表2　四期收听率最高的节目概况

期数	节目名称	上线时间	收听人数
第8期	草原征服型王朝为何能统一天下	2017年12月23日	167849
第13期	司马家族事业的断崖式下跌	2017年12月28日	157691
第29期	大清的高级政治智慧	2017年12月31日	147365
第43期	中国经济崛起的奥秘	2017年12月31日	131274

数据来源："得到" App 付费课程 "施展·中国史纲50讲"，https://m.igetget.com/share/course/pay/detail/36/4　图片制作：滕乐

深入观察这四期节目，我们会发现一个有趣的规律，除去第13期节目与2017年热播的系列电视剧《大军师司马懿》有关之外，其他三期节目在内容上全部与国家统一和大国崛起有关。事实上，这不仅是这一系列节目的主题，还

是贯穿整个系列的核心元素，更是时事政治的高频词。这说明，以历史为题材的知识付费类节目，如果希望受到高度关注，其内容必然和现实生活中受众所高度关注的社会热点相关，并且一定要符合受众热切期待的时代主旋律，使受众通过历史的表达，获得现实需求的满足。

移动互联网时代专业新闻评论类节目的替代性生产

"得到"App 在 2018 年 8 月改版以后，在首页上将付费课程分为"能力学院""视野学院""人文学院""社科学院""商学院""科学学院"六大付费版块。罗振宇曾经表示，"得到"App 与其他知识付费类产品最大的差距就是，"得到"App 永远不做开放类平台。罗振宇表示"你若有货，我必相邀"，但是平台不可能对所有的传播者开放。那么，作为一个一方面表示出对于知识努力做到包罗万象，另一方面，在信息过载的时代，又严格地控制内容产品准入机制的平台，[15] "得到"App 对于自身的定位，到底是什么呢？罗振宇曾经在"罗辑思维"第 564 期节目中表示，"我们要把已经存在的几千年的知识服务产业，利用新时代的技术再做一遍。做这个时代最好的知识服务产品。请注意，这不是自我标榜，这是我们锚定的第一性原理，就是我们找到的那个唯一的、古老的、远方的目标。"[16]

那么，这个唯一的、古老的、远方的目标到底是什么？或许，我们仍然能够从施展的节目中找到答案。2018 年，中国和美国之间爆发了一场史上最长的贸易战，迄今为止，意义如何，尚待历史评论。而在"中国史纲 50 讲"课程结束之后，施展又针对当前的形势更新了几期内容，如《美国独特的精神气质从何而来》《世界上有哪些超大规模国家》《美国如何才从孤立主义走向世界》《海洋秩序和大陆秩序有什么区别》等等。我们发现这些内容，都不单纯局限于关于中国史的研究，而更像是对时下受众所关心的国际问题和社会问题进行的历史性解读。因此，从这个意义上说，不论是作为主讲人的施展，还是"得到"App，对于自身的理解，都远远不是一个知识传播者，而更像是一位专业的事实评论员。从这个意义上说，"得到"App 从本质上是将自己定义为一个严肃的新闻评论类媒体。那么，知识付费类 App 为何最终锚定的目标是新闻媒体而不是其他类型的媒体呢？

这实际上要从我国传媒产业的产业结构和受众心理两方面来讨论。罗振宇在创办"罗辑思维"和"得到"App 之前，是中央电视台财经频道的主持人，从传统媒体出走的他，对于电视产业不会陌生。如果从产业结构进行分析，我国的电视产业基本可划分为三大板块：电视新闻、电视综艺节目和电视剧。电视剧制作自 20 世纪 90 年代产业化之初，就实行了"制播分离"体制改革，时至今日，电视剧产业在内容制作上已经完全独立于电视台，并且在互联网产业三巨头（百度、腾讯、阿里）的推动下，将在播出平台上也逐渐告别电视台，实现全产业链的社会化生产、营销和播出。而电视综艺节目的制播分离仍然在进行中，最终的目的也许是达到从传统的作为事业单位的电视台内部分离出一个市场化主体，实现制作、播出的市场化运营。[17] 而电视新闻的制播，自始至终都没有向社会资本开放，现行的管理体制也不允许向社会资本开放。因此，作为传统电视媒体的最后一片蓝海，新闻类节目的制作，极有可能是所有新媒体直播平台都虎视眈眈的对象，一旦 5G 技术全面成熟，互联网产业会迅速绕过体制壁垒，以摧枯拉朽之势，将传统媒体的最后一块阵营彻底攻陷。机会总是留给有准备的人，在多数知识付费类平台都没有认清自己的发展方向时，出身传统媒体的罗振宇，已经给"得到"App 指出了清晰的定位，那就是新闻专业主义精神在新媒体平台的具体实践。

问题在于，移动互联网环境下的知识付费类平台何以能够担此大任？答案仍然在中国的传媒市场中。一方面，社交媒体的普及加深了原有的圈层文化，加剧了各个小群体之间生产、评论、转发本群体认同度高的信息的现象，形成了"圈地自萌"的社交媒体文化。另一方面，社交媒体之外的传统媒体却未能达到通过大众传播"创造共识"的效果。大众传播学效果研究的经典理论——"使用与满足"理论指出，受众进行媒体消费时，其消费动机主要有三个，即"获取知识""愿望的想象""情绪的发泄"。我们会发现，社交媒体实际上强化了"情绪的发泄"，但是，削弱了传统媒体能够提供的"获取知识"的功能，也未能提供带有指引性的"愿望的想象"的信息。因此，社交媒体平台急需能够满足这两种受众需求的新媒体，而"得到"App 恰恰是由专业的传统媒体人"操盘"的、引进了专家型时事评论员的新媒体，其完美地填补了特定媒介环境下的需求空缺。从这个意义上讲，受众对于历史内容的消费，并非指向历史本身，正像意大利史学家克罗齐（Croce）所说的"一切历史都是当代史"，至少在社交媒体主导传播环境的今天，以历史为载体的内容产品，本质上，满足的是受众对新闻媒体解读当代世界的核心诉求。

结　语

本研究通过对于移动互联网终端"得到"App的知名历史类知识付费栏目"施展·中国史纲50讲"进行分析，试图指出，移动互联网时代，历史知识的大众化传播，要符合新媒体环境下"拟态人际传播"的需求。在传播过程中，在具体的传播内容层面，需要保证核心思想的提纲挈领与具体知识的碎片化传播相结合、理论深度与传播的生动性相结合、传播个性与内容精炼相结合，同时，突出主讲人个人魅力。在宏观指导思想层面，要平衡好汉族文明与少数民族文明、东方文明与西方文明、特殊性原则与普遍性原则三大关系。最后，移动互联网平台，要以传统媒体的标准对主讲人进行要求，针对受众需求，将历史知识的传播与现实世界的解读相结合，使受众通过历史知识的学习，能够更好地理解当下，把握未来，准确进行自身定位；使历史知识的传播成为受众决策判断的重要依据，真正做到"以史为鉴，继往开来"，为全球化时代的中国人建构一个想象的共同体。正像施展所言：历史学是真正的未来学。[18]

注　释

[1] 腾讯科技：《罗辑思维旗下App得到公布用户数：已超过558万人》，2017年3月8日。http://tech.qq.com/a/20170308/032953.htm?pgv_ref=aio2015_hao123news.

[2] 太平洋电脑网：《极光大数据："得到"月活用户年增长124% 获90后人群青睐》，2017年12月21日。http://pcedu.pconline.com.cn/1055/10553187.html.

[3] 姚大力、鲁西奇、关凯等：《重述中国：从过去看见未来》，《探索与争鸣》，2018年第6期，第110—140页。

[4] 万卫：《〈百家讲坛〉的电视语态》，《电视研究》，2007年第12期，第45—46页。

[5] 尹鸿：《只有笑得最早没有笑到最后——中国电视创新的"蜉蝣定律"》，《新闻与写作》，2010年第7期，第1页。

[6] 张守刚：《百家讲坛：死亡倒计时，现在开始》，2008年11月23日，http://blog.sina.com.cn/s/blog_470c56e30100bpao.html.

[7] 滕乐：《移动互联网时代的 IP 化运营策略》，《新闻战线》，2018 年第 4 期，第 99—101 页。

[8] 高峰、万卫、苗棣等：《〈百家讲坛〉的蓝海战略》，《电视研究》，2007 年第 4 期，第 37—40 页。

[9] 万卫：《十年一鉴——〈百家讲坛〉的品牌建设》，西安：陕西师范大学出版社，2011 年，第 51—77 页。

[10] https://open.weixin.qq.com/connect/oauth2/authorize?appid=wxed28a925b9d1a8d0&redirect_uri=https%3A%2F%2Fm.igetget.com%2Fpassgo%2Fv5%2Foauth%2Fcallback%2Fwx%2Fproduction%3Fsys_code%3D4%26scope%3D2%26only_openid%3D0%26origin_url%3Dhttp%253A%252F%252Fm.igetget.com%252Frush%252Fcourse%252Fcallback%253Fpacket_id%253De8zLgYdOzmx7Zr8qkAKEJXGy9PXbdAguX1crDypNR14Wvj0D3anb6eo5BlV2MMbq%26pass_through%3D%26env%3Dproduction&response_type=code&scope=snsapi_userinfo&state=456&connect_redirect=1#wechat_redirect.

[11] Zhao Dingxin, *The Confucian-Legalist State—A New Theory of Chinese History*. Oxford: Oxford University Press, 2015.

[12] 孟宪实：《传统史学、新史学、公共史学的三足鼎立——以武则天研究为例》，《中国图书评论》，2008 年第 12 期，第 43—47 页。

[13] 同上。

[14] 孟宪实：《历史剧与历史学散论》，《中国人民大学学报》，2007 年第 1 期，第 27—33 页。

[15] 王佳航、余媛：《信息过载视域下的内容付费——以"喜马拉雅"与"得到"App 的付费专栏为例》，《新闻论坛》，2017 年第 6 期，第 26—29 页。

[16] https://m.igetget.com/share/course/article/alias_id/dxq9KklyNw3vB4dtlopl.

[17] 尹鸿：《"分离"或"分制"——对广电制播分离改革的思考》，《现代传播》，2010 年第 4 期，第 98—100 页。

[18] https://open.weixin.qq.com/connect/oauth2/authorize?appid=wxed28a925b9d1a8d0&redirect_uri=https%3A%2F%2Fm.igetget.com%2Fpassgo%2Fv5%2Foauth%2Fcallback%2Fwx%2Fproduction%3Fsys_code%3D4%26scope%3D2%26only_openid%3D0%26origin_url%3Dhttp%253A%252F%252Fm.igetget.com%252Frush%252Fcourse%252Fcallback%253Fpacket_id%253DM3AlWA2zNRXxanYgJm41rv3eVpa7dzrHN2S4EVPb78okDdOKyZ95jq0ELBG6M6Be%26pass_through%3D%26env%3Dproduction&response_type=code&scope=snsapi_userinfo&state=456&connect_redirect=1#wechat_redirect.

开拓者

　　每一个学科的创建和发展都是一群具有远见、智慧与责任感的学人共同、持续努力的结果，公众史学亦是如此。1978 年，美国历史学家罗伯特·凯利（Robert Kelley）使用 "public history" 为历史学研究生教育改革命名，从此公众史学作为史学的一个领域诞生。在过去 40 年里，公众史学蓬勃发展，其间不同国家的史学传统与之结合，为之注入活力。"开拓者"专栏试图解读公众史学的奠基者、铺路人或领军人物所做的开拓性努力，并讲述他们的历史。我们希望能以他们的精神为榜样，与读者共勉。

　　韦斯利·约翰逊（G. Wesley Johnson）是美国公众史学的创建人，全国公众史学委员会（National Council on Public History）的创始人，也是《公众史学家》（The Public Historian）的创始人和首任主编。他创建了加州大学圣巴巴拉分校的公众史学项目。韦斯利·约翰逊于 2018 年 11 月 16 日去世。

　　在 2018 年 4 月美国公众史学会议上，韦斯利·约翰逊欣喜地看到了《公众史学》的出版和公众史学在中国的发展。我们在此发表他的口述历史，是为纪念，亦为鼓励。

韦斯利·约翰逊口述访谈 [*]

菲利普·斯卡尔皮诺（Philip Scarpino）
芭芭拉·豪（Barbara Howe）
丽贝卡·康纳德（Rebecca Conard）

Abstract

G.Wesley Johnson was the founder of the National Council on Public History, founder and first editor of *The Public Historian*, and he also helped establish the public history program at the University of California, Santa Barbara. This interview with Dr. Johnson is part of a projected series of interviews with founders of NCPH and the modern public history movement. Sponsors include the National Council on Public History and the National Council on Public History's Council of Past Presidents. The interviewers include Philip Scarpino, a member of the Council of Past Presidents and director of public history at Indiana University-Purdue University Indianapolis [IUPUI], and Barbara Howe, a member of the Council of Past Presidents and retired as director of public history at West Virginia University. Also present and participating is Rebecca Conard, director of public history at Middle Tennessee State University. The interview was edited by Philip Scarpino and translated by Na Li, Zhejiang University.

Key words

oral history, G. Wesley Johnson, public history, NCPH

---

* 对约翰逊博士的口述访谈是关于全国公众史学委员会和现代公众史学运动的创始人访谈系列之一。该访谈由菲利普·斯卡尔皮诺（印第安纳－普渡大学历史学系教授）编辑，由李娜（浙江大学历史学系研究员）翻译。

受访人：韦斯利·约翰逊（以下简称：韦）

采访人：菲利普·斯卡尔皮诺（以下简称：菲）、芭芭拉·豪（以下简称：芭）、丽贝卡·康纳德

时间：2015 年 4 月 17 日

地点：2015 年全国公众史学会议，喜来登酒店（位于田纳西州纳什维尔市联合街道 623 号）

菲：今天是 2015 年 4 月 17 日，我们要对韦斯利·约翰逊博士进行口述历史访谈。访谈的地点在田纳西州纳什维尔市区的喜来登酒店，即全国公众史学委员会今年的会议所在地。

对约翰逊博士的访谈是关于全国公众史学委员会和现代公众史学运动的创始人访谈系列之一。该访谈系列得到全国公众史学委员会及其"历任主席"分支委员会（Council of Past Presidents）的赞助。我是菲利普·斯卡尔皮诺，是"历任主席"分支委员会的成员之一，也是印第安纳－普渡大学公众史学项目的负责人。参与访谈的还有芭芭拉·豪，是"历任主席"分支委员会的成员之一，西弗吉尼亚大学公众史学项目的负责人，现已退休；丽贝卡·康纳德，中田纳西州立大学公众史学项目负责人。

韦斯利·约翰逊是全国公众史学委员会的创始人，也是《公众史学家》的创始人和首任主编。他创建了加州大学圣巴巴拉分校的公众史学项目。

这次访谈将被录音，并在经费允许的情况下被转录。录音和逐字稿将作为全国公众史学委员会档案的一部分，存放于印第安纳－普渡大学的珍稀档案馆。我想征得你的同意。

韦：我很愿意。

（韦斯利·约翰逊生于 1932 年 4 月 28 日，1951 年秋进入哈佛大学，专修历史学，并在著名的《哈佛讽喻》[*Harvard Lampoon*] 杂志工作，于 1955 年毕业。他是摩门教的后世圣徒教派 [Church of the Latter Day Saints]，因为宣教的使命而错过了在哈佛大学读书的最后一个学期。约翰逊的摩门教宣教经历如何在几年后影响他创建《公众史学家》呢？）

菲：你毕业后参加了后世圣徒教会的宣教吗？

韦：是的。那时我信仰后世圣徒教，我在进哈佛大学念书之前便想参与一次后世圣徒教会的宣教，不过朝鲜战争爆发后，宣教被禁止了。后来，在我大学四年级时，我父亲问道："你打算什么时候弥补这次宣教呢？"我说："是的，不过不是现在，将来会的。"他说："征兵协会正在寻找你的下落。朝鲜战争似乎迫在眉睫。你可以选择去参军，在军队最底层默默无闻，或参与后世圣徒教会的宣教。"

……

（我选择了宣教）所以我没能完成在哈佛大学的最后一个学期的学习和参与所有的聚会。不过，你可以想象吗？我真的很幸运。也许是命运使然，我被派到法国。我开始学习法国历史和法语。一切似乎太完美了："感谢神，我到了巴黎。"（全场笑声）我在巴黎待了两年半。

这成为我人生的一个转折点，因为在巴黎的经历让我开始关注历史研究中更为宏观的问题。在哈佛大学，我学的是美国史，成绩优异；在巴黎，我有机会参观不同的地方，游历不同的国家。最重要的是，我开始了解欧洲的学术传统。最让我感兴趣的是博览群书，无论是去图书馆，还是在报亭买包括学术刊物在内的各种杂志——所有这些，我以前从未留意过。在美国，我们也有这些，但我竟从未留意过。在欧洲，学术期刊是很重要的产业，几乎每位学者都有类似期刊一样的出版物，我很快发现，如果要在法国的学术界得到认可，占有一席之地，必须有自己的期刊。

芭：这就是你为什么要创办《公众史学家》？

韦：这只是部分的原因。我只讲了故事的一半。毫无疑问，这些法国学者拥有他们自己的刊物，这深刻地影响了我，"有一天我也要创办自己的刊物"。你看，这实在太棒了，并对我产生了深远的影响。首先我开始对期刊感兴趣，因此有了后来的《公众史学家》这份期刊；其次我开始超越美国史研究范畴，进入更为宏大的历史研究范畴，如法国史、意大利史、德国史等。这不仅改变了我的史观，而且还真正启示我思考，自己究竟想成为怎样的人。

（约翰逊谈及他的父母如何从经济上支持他在哈佛大学的教育。他父亲希望他在法国完成后世圣徒派的宣教使命之后能进入法学院。他在斯坦福大学的法学院学习了一年，发现自己并不喜欢法律。1959 年的秋天，他被位于纽约的哥伦比亚大学的历史学研究生项目录取。于是，他进入哥伦比亚大学，攻读法国史专业硕士与西非法国史研究博士。为了准备他在非洲的调研，约翰逊开始学习口述历史，哥伦比亚大学拥有当时全国最权威的口述历史项目。口述历史为 20 世纪 70 年代约翰逊从非洲史转入公众史学奠定了重要基础。

　　他还谈及了几位对他选择公众史学道路影响重大的人，包括小阿瑟·施莱辛格 [Arthur Schlesinger, Jr，后来担任《公众史学家》的顾问委员] 和兹比格涅夫·布热津斯基 [Zbigniew Kazimierz Brzezinski，波兰裔美国人，政治家，曾担任林登·约翰逊（Lyndon B. Johnson）总统的顾问，1966—1968 年；担任吉米·卡特（Jimmy Carter）总统的国家安全顾问，1977—1981 年]。在攻读博士期间，他还获得了颇具声望的福特基金会的资助，这笔为期三年的经费让他能够有相当充足的时间在巴黎和达卡进行实地调研。）

　　韦：1959 年，我进入哥伦比亚大学。我很喜欢哥大，也很喜欢纽约。几个月后，我遇见一个叫玛丽安娜（Mariana）的女孩；她就是现在坐在我身边的玛丽安·阿什比·约翰逊（Marian Ashby Johnson）。我们在相遇后一年便结婚了。我们在宿舍住了一年，我真的很喜欢那种欧洲模式的宿舍生活。而法学院则不同，你必须坐在固定的座位上，必须上课，像是备考的学校一样。而哥大则与巴黎大学类似。我曾在巴黎大学旁听过课，很自由，你可以做自己想做的事，只有天空才是边界。而这种自由正是我所向往的。

　　（约翰逊谈及在哥伦比亚大学的求学经历）

　　菲：看来你遇到了一些参与公共事务的教授，虽然那时他们不称之（这类事务）为公众史学，但这些教授对你的影响似乎很大。

　　韦：当然，对我的影响非常大。威廉·杨德尔·埃利奥特（William Yandell Elliott）是当时哈佛大学的知名教授，我上他的"政府学"（government）课，他不称其为"政治学"（political science）。他常常被召到华盛顿为总统、国务卿等出谋划策。我觉得那真的很棒。

　　我在哥伦比亚大学的经历与此类似。兹比格涅夫·布热津斯基教授既担任几位总统的顾问，又担任国家安全顾问。他已经在为总统和国务卿提供咨询和顾问方面颇有成就。他的课让我着迷，他既是历史学家，又是政治家，是我渴望效仿的榜样。

（约翰逊谈及早年的经历如何带领他最终进入公众史学领域，以及在经历了各种曲折后在斯坦福大学为期六年的教职生涯。1972 年，他转至加州大学圣巴巴拉分校，开始正式进入公众史学领域，并创办了《公众史学家》。）

韦：1972 年，我调到加州大学圣巴巴拉分校，并被提升为副教授，获得终身教职。我和圣巴巴拉非常投缘，学校氛围友好，对我很宽容，他们说："你想做什么都行。"是的，随心所欲。

我在那里专注非洲研究。几年后，在一次参观凤凰城（Phonenix）时，我的一位老朋友约翰·德雷格斯（John Driggs），凤凰城的市长，对我直言："我知道这听起来不可思议；凤凰城正在成为全国最大的城市之一，但她的历史却依然是一片空白。这是一个没有历史的城市。"我回答："我在圣巴巴拉研究非洲史。加州大学系统的主席曾做过一次激动人心的发言，鼓励我们发展辅助领域，'如果你是某一外国领域的专家，你应该尝试发展国内（与之相关）的领域，这样更容易争取到经费，以国内的研究经费来支持你的国外研究，因为我们不太可能为你的国外研究提供持续的经费支持'。"

芭：他在圣巴巴拉的确是这么对每一个人说的？

韦：是的，对加州大学系统的每一个人。于是我对约翰·德雷格斯说："也许我可以来凤凰城，研究这里的历史。这也许（对双方）有所帮助。"随后，我跟系里谈及此事。他们说："当然！"因此，我申请了国家人文基金（National Endowment for the Humanities），并成功获得了一笔到凤凰城进行研究的颇为慷慨的经费。凤凰城成为我的公众史学事业之起点，我很幸运。

芭：哦，这意味着你有更多的理由关注公众——以至后来发展成为公众史学？

韦：这毫无疑问。从法国知识分子到很多公共知识分子都参与其中；不是固守在象牙塔里而是在外实践的学者，开始成为我效法的榜样。

芭：那我们谈谈你是如何在圣巴巴拉开始正式的公众史学项目的吧！

韦：好的。

芭：我从加州大学系统主席的发言中得到的信息是，他们不会继续为你去非洲做研究提供经费支持。是这样的吗？

韦：是的。

芭：你在凤凰城的各种关系，你的市长朋友，你的家庭背景，所以那看起来是个不错的起点。跟我们谈谈你在圣巴巴拉创建的公众史学项目及其课程设置吧。你是如何在凤凰城实践历史向一个成功的公众史学项目转化的？

韦：好的。我们应该先谈谈一个人，他叫罗伯特·凯利（Robert Kelley），杰出的美国史专家，他在五六年里连续被聘为专家证人参与治水案例，常常飞往萨克拉门托做法庭辩护。他认为历史系的学生可以成为他们各自领域的专家证人，因此，他开始教授关于历史学家作为专家证人做法庭辩护的兼职课程，罗伯特认为也许我们应该有一个类似公众史学的项目。在我前往凤凰城的前一晚，我们讨论了此事。

"凤凰城历史项目"旨在为凤凰城修复撰写其历史，"国家人文基金"资助了这一项目。我不得不通过口述历史召集相关人士，因为亚利桑那州的档案存放在与凤凰城竞争的图森市，而关于凤凰城的档案几乎为零，所以这个项目似乎是拓荒。

口述历史成为关键。我开始非常积极地参与到社区历史，并意识到我在非洲的调研经历对此帮助很大。在非洲，我采访了不同城市的反对党领袖人物，了解社区在做什么，等等。因此在非洲的经验为我在凤凰城的历史项目奠定了基础。我曾在非洲做过类似的研究，我知道如何去操作。我组织了十二位女性，她们对在艺术博物馆里做讲解员感到厌倦，希望能有更多的作为；她们成为和我一同去访谈的盟友。我们一起访谈了凤凰城的六百人的口述历史，填补了这一块史料的空白。

这很快成为头条新闻，标题是《试图探寻凤凰城的历史，约翰逊教授发起让人们主动讲述（自己故事）的运动》，主要内容是约翰逊将在艺术博物馆大厅举办一系列会议，希望人们能带来自己的资料，或提供关于凤凰城的过去五十年的任何档案。在所有的来者中，有一个人这么说："我于1935年担任凤凰城市长，我把几乎所有的资料都保留了约三年时间。我太太坚持让我把这些资料扔掉，不过我把这些资料留在车库里了。我知道有一天你们这群人会来的。"（全场笑声）还有很多类似的故事。我因此颇受欢迎，很有成就感，也因此结交了很多朋友。不过，你看，我就是这样进入社区历史的。

（在凤凰城待了一年后，约翰逊回到加州大学圣巴巴拉分校。）

韦：（前面谈到罗伯特·凯利）罗伯特像是只牛虻，他沉醉于很多事情。他申请到福布赖特基金后去莫斯科待了一整年和一个暑假。当我从凤凰城回来后，他说："韦斯利，你得开始接管这个刚起步的公众史学课程……（我要去莫斯科了）"

就这样，罗伯特去了莫斯科，我开始负责这个规模不大的公众史学课程，即现在我们的公众史学项目。这一项目一开始是由国家人文基金资助的，然后得到洛克菲勒基金会的资助。我在圣巴巴拉的时候（1976—1984 年），就是这两项主要的外部基金资助了我们的公众史学项目。要发展公众史学运动，这些经费支持十分重要。我们可以做这样或那样的事，可以去欧洲，可以邀请来自各地的重要的演讲人，可以召开会议等。若仅仅依靠学校经费支持，我们不可能实现这一系列项目。

芭：罗伯特是在什么时候去莫斯科的？

韦：1978 年年末。他自 1978 年年末至 1979 年在莫斯科。

芭：是谁最先使用"公众史学"这一说法的？

韦：罗伯特·凯利称他的课为"公众史学"。对他而言，最初的想法是开发一门新的课程，他希望也许我们的学生能去其他学校，复制公众史学课程，这是他的目标。

芭：这看起来很像是诉讼，做专家证人。

韦：是的，这是他最主要的经验，不过他合作介入社区历史和其他一些项目。而在社区历史方面呢，我正好能发挥作用，因为他没有这方面的经验，因此我们的经验非常契合。

（约翰逊接着说道）当我回到圣巴巴拉时，罗伯特和我碰面后即飞往莫斯科。我则开始负责这个项目。当我们发宣传手册说我们在圣巴巴拉将要设立公众史学硕士项目时……

菲：所以，你是从硕士项目开始（发展公众史学）的？

韦：是的，接着我们就有了博士项目。大约在第二年，我们便说服了洛克菲勒基金会，说我们需要一些博士生。基金会给了我们三年的经费，用于培养博士生。接下来的五六年里，这项经费提供的慷慨的奖学金成为我们公众史学项目的卖点。

（约翰逊谈及他撰写各类项目申请书的经历，以及他和罗伯特一起为圣巴巴拉的公众史学项目寻觅并邀请那些在公共领域做史学实践的人士，虽然这些人并不称自己为公众史学家。）

韦：那时，一个非常重要的人——莉迪娅·勃朗特（Lydia Bronte）出现了。她是著名的勃朗特家族的一员，也是洛克菲勒基金会指派给我们的项目负责人。我说："莉迪娅，我们已经邀请了一些人来做讲座，我在芝加哥为期六个月的驻纽贝里学者期间也陆续写了东西。"我接着问莉迪娅·勃朗特："如果我们开始创办一份刊物，你觉得怎么样？"她回答："我觉得这是个很好的想法！"我问："你们（洛克菲勒基金会）愿意资助我们吗？"

我和一些同事讨论过此事，他们都警告我："小心点，你这是费力不讨好。"考虑到各种问题和困难，以及没有人，包括罗伯特·凯利，对创办学术刊物的事感兴趣，我能就此多谈几句吗？因为这十分重要。

当我在斯坦福大学教书时，一些研究生对摩门教会的武断、专制和集权颇有微词，作为摩门教徒，我们常常对此感到十分尴尬。我说："你看，在法国几乎所有的教派（根据我曾工作过的国家档案馆记录），都有自己的刊物。犹太人、亚美尼亚人、希腊东正教徒、天主教徒，都有自己的阵地；天主教徒就有十份刊物，而我们一无所有。我们只有从盐湖城的摩门教那里统一发布的公告。有位名为尤金·英格兰（Eugene England）的摩门教徒，曾经是《批判论》（*The Pan*）杂志的编辑，这本杂志是犹他大学的文学期刊。那时他在斯坦福大学攻读博士学位，于是我们携手，决定要为这个尚没有学术刊物的社群创建一份新的杂志。

我们实现了。我们向大约三百人发放了传单，很快就有了会员费。我们宣称："我们将要创办一份刊物。如果你愿意，这份刊物将无须经过盐湖城的教会总部统一审查的公告，而成为你们发声的阵地。"我们收到了热烈的回应，来自全国各地的希望能发表关于摩门教问题看法的人们早已十分沮丧，因为他们知道盐湖城的公告不会刊登他们的这些看法。我们知道我们发现了金子，因为我们正好满足了这样的需求。

芭：那份刊物的名字是什么？

韦：《对话：关于摩门教思想的杂志》（*Dialogue: A Journal of Mormon Thought*）（以下简称《对话》）。这份刊物一直蓬勃发展，今年我们将要庆祝她创刊五十周年。

菲：你的意思是这份刊物依然存在？

韦：是的，五十年来，《对话》一直是摩门教社群的核心学术期刊，并衍生了另外七八份刊物。事实是我们开辟了道路，探索了种种可能之后，其他人再加入进来。我在斯坦福时，担任了六年编辑。我在《哈佛讽喻》积累了大量的经验，例如如何组织、运作一份杂志，如何征集稿件等。你不能只是等着稿子，你得走出去，主动发现稿源，参加各种会议。编辑需要主动发掘，需要持续地行动。

因此当我在圣巴巴拉宣布我要创办一份刊物时，我的同事对此不以为然："韦斯利，你不知你在做什么。"我说："我很清楚我在做什么，我有计划，知道如何实现这一计划，等着瞧吧，我会成功的。"

芭：事实果然如此，你成功了。

韦：而给我最多也最切实帮助的是研究生们，他们颇有远见，在没有任何报酬的情况下，参与其中，帮助编辑、征订等一系列与刊物相关的事宜。最初的几期几乎是我一人完成，有一两位同事和研究生时不时帮帮忙。不过，我们生存下来了。当人们看到我们开始出第二期、第三期时，人们开始渐渐有信心了："这期刊也许会脱颖而出。"我回答说："看吧，我们有众多的订阅者，也有读者来信等等。"

当我走进圣巴巴拉分校校长罗伯特·赫滕巴克（Robert Huttenback）的办公室时，第二个转折点到来了。罗伯特曾是加州理工颇有名气和远见的一位历史学家，后来来到圣巴巴拉分校担任校长。我说："我认为我们这份刊物很有潜力，不过现在没有经费资助。您看，这是我们获得的反响。"他说："天啊，这太不可思议了！"我说："我需要一位兼职的助手，需要有文学和杂志编辑背景的人帮忙。"他随即拿起电话说："给我接院长。"（电话那头的回答是院长正在开会）"我现在就要见他！"不多久，院长走进来。"这是约翰逊。他需要经费。他很有想法，正在创办一份期刊。我们学校期刊寥寥无几，这份期刊很有潜力。和约翰逊一起努力，为他提供工作的空间，给他一些经费、几位研究生、奖学金等等。"《公众史学家》就这样诞生了！

菲： 你开始创办《公众史学家》的经历，与创办《对话》的经历似乎有些相似，在海外（或学院之外）的反响都很不错，但业内人士却批评声不断。你能不能谈谈来自学院内部的反对声音或阻挠呢？

韦： 不错，我们在创建公众史学的最初几年里遇到的一些反对甚至敌意的确让人意外，其中一些历史学者醉心于各自的研究，例如中世纪史，或其他领域。他们无法超越他们的研究，也对公众史学不屑一顾。幸运的是，随着时间的推移，不少学者从原来的历史研究领域走出来，对公众史学产生了兴趣。这真的很棒，因为他们能为公众史学注入更深入的视角与经验，例如，将中世纪史的研究引入公众史学。

不过至于公众史学这一领域的发展，我想谈谈一个在我看来很重要的转折点。卡尔·德格勒（Carl Degler）是我在斯坦福大学的同事，也是很好的朋友，曾担任美国历史学家组织（Organization of American Historian）主席，普利策奖获得者。在一次美国历史学家组织的年会上，我记得是在纽约，当很多人在畅所欲言时，不知谁提及公众史学，有人发表了极为负面的意见。德格勒说"让我来告诉你吧，我很了解公众史学这一新兴领域。我的朋友开创了公众史学，这是（历史学）的未来。你们应该予以关注"等等。我们因此得到了更多的回应。德格勒在规模盛大的美国历史学家组织的年会上对公众史学的支持为我们赢得了一个转折点，我想，公众史学要发展，我们需要更多的类似的转折点。事实的确如此，这样的转折点似乎在帮助我们不断前进。

一些"资深历史学家"说："你们这些人只是发起了一次运动而已，不过昙花一现。今天会有，但半年之后就会消失。"这样的言论让我备受打击。在1978年美国历史协会（American Historical Association）在旧金山举行的年会上，我们做了关于公众史学的报告，我当即被一位来自布朗大学的教授非难，他说："你的方向错了，不仅在浪费自己的时间，也在误导一些学生。"在开完会从旧金山返回圣巴巴拉的航班上，我做了如下的笔记："我们应该开始一个新的学科：公众史学。我们应该有一个组织，一份学术期刊，定期举行会议。我们需要建设一个学科所需的一系列基础，这些能让我们持续发展。我们不会只是权宜之计。"

总之，对我而言，在旧金山的那次会议是一个转折点，虽然我曾就此事写过文章，但在那次会议结束后返回圣巴巴拉的飞机上，我充满了各种想法，并记录下了这些想法。我做了创办《公众史学家》的规划，而且我们需要一个全国性的组织。几个月后，我与莉迪娅·勃朗特相遇。

菲： 来自洛克菲勒基金会的莉迪娅·勃朗特？

韦： 是的。她是我们（在洛克菲勒基金会）的代言人。在参观圣巴巴拉时，我对她说："我们很感谢你帮助我们不定期地刊登公众史学的文章。不过你也知道，很少有人读这些文章，我们需要一个全国性的刊物，具有一定规模和地位的那种。你愿不愿意资助我们创办一份这样的刊物？"她问："嗯，你有多少办刊的经验呢？"我随即给她做了一个约五分钟的我在斯坦福大学经历的报告。（笑声）她说："看起来你对这很有经验。"我说："是的，我想这份新的刊物的风格介于《哈佛讽喻》和《对话》之间，这是种风格迥异的刊物。"她答应说："好的！"她和她上司乔尔·科尔顿（Joel Colton），即洛克菲勒基金会社会科学部的主管，见面后给我来信说："行动吧。我们将资助你 3 万美元，这笔钱足够在一个度假胜地或圣巴巴拉附近召开一次约六十人规模的会议了。"

菲： 这就是后来的蒙特西托（Montecito）会议？ [1]

韦： 我随手挑选了六十人，原本希望洛克菲勒基金会能资助三十人，不过他们资助了全部，这比我的计划好多了！（笑声）是的，这就是蒙特西托会议的由来。

芭： 我们在谈论蒙特西托会议的细节前，我想再了解一下关于加州大学圣巴巴拉分校的公众史学课程设置与发展的情况。

韦： 当然。

芭： 当时在南卡罗来纳称作"应用史学"，你知道为什么罗伯特·凯利决定采用"公众史学"这一术语吗？

韦： 我不知道。我推测他只是觉得这一说法更好，就采纳了。我在凤凰城工作了一年后（1978 年）自然也很认同（这一说法），也开始这样称呼了。在相当长一段时间里，一小部分人希望使用"应用史学"，而另外一部分人则希望使用"公众史学"，这中间的故事其实很有意思。

芭： 你指的是在圣巴巴拉分校的历史系里？

韦： 不是，是在全国范围内。就这个分歧，让我来告诉你一个故事吧。

1979 年 4 月我们在蒙特西托开会时，很多人依然在谈论"应用史学"，尤其是卡耐基梅隆大学的那帮学者，乔尔·塔尔（Joel Tarr）、彼得·斯特恩斯（Peter Stearns）等，还有其他一些人，不过他们是倡导"应用史学"这一术语的主要阵营。我认为在一个以理工科见长的学校里，"应用"似乎更符合他们的逻辑。（美国）国务院的首席历史学家戴维·特拉斯克（David Trask）则是"公众史学"的主要倡导人："在国务院供职的有四五十位历史学家。我们主要是服务公众，为各部门撰写历史。"他还说："我们不是在'应用'历史，我们都有博士学历，都写过博士论文，也都出版专著和文章，都是专业人士。我们不是在某个后院里'应用'历史的人。"这是两个阵营，究竟孰对孰错？这场争论在蒙特西托会议后很快就有了结果。我提议两个阵营的学者们有机会应该再聚聚。

我一直不确定是否应该在蒙特西托会议上把这个建议提出来，不过在那次会议上人们都热情洋溢，我觉得如果我们在这样的氛围里讨论正在诞生的这个领域是应该叫公众史学还是叫应用史学似乎不太恰当。我希望来参会的人都能带着正能量回去。我觉得事实即是如此。那是一次颇为成功的会议，各类人士济济一堂。因此，我推迟了这一提议 [2]，直到几个月后我已在国家档案馆（National Archives）预定好了会议室后才对外宣布。这次会议于 1979 年 9 月 14 日在华盛顿的国家档案馆举行。与蒙特西托会议不同，华盛顿会议没有任何资助，都是参会人自己出资。

在华盛顿会议的上午讨论中，关于我们该如何称呼自己的问题凸显出来了。（笑声）我说："我以为乔尔·塔尔会来……"后来有人说："乔尔·塔尔说他上午在开另一个会，下午两点才能赶到。"我说："真是遗憾啊！"（全场笑声）其实我很开心。彼得·斯特恩斯也因故无法到会。我们讨论了大约半小时，然后罗伯特·波默罗伊（Robert Pomeroy）、戴维·特拉斯克、菲利普·坎特伦（Phil Cantelon）等提议投票。出席会议的人在没有反对票的情况下投票决定称自己的组织为"全国公众史学委员会"。

芭：接下来，我们想谈谈两个方面的问题，一是《公众史学家》的发展，二是全国公众史学委员会的起源和发展。

韦：好的。

芭：我们先谈刊物吧。你是如何发展与加州大学出版社的关系的呢？

　　（约翰逊谈及自己如何在经费十分有限的条件下创办一份刊物。《公众史学家》的前几期没有得到洛克菲勒基金会的资助，都是他自己出钱在圣巴巴拉当地的一家文印公司制作、印刷的。历史系的研究生们是这几期的最主要的支持力量，他们都是义务工作。约翰逊开始为《公众史学家》寻找一家大学出版社而努力。）

　　韦：当《公众史学家》第二期出版时——我想，第二期出版这一事实本身（就是证明）。关于《公众史学家》第一期得到的评论，也许我们可以用"热情洋溢"这个词来形容。第二期的反响也很好。我想我们得越做越好。我被邀请到几家大学出版社去，包括约翰霍·普金斯大学出版社和印第安纳大学出版社等，它们都出版学术刊物，都看到公众史学这一领域的刊物有优势，至少是潜在的优势。当然，我也极力向这些出版社解释、推荐。上述两家出版社都给我写信说："如果你向我们提交一份标书，我们会很感兴趣继续（探索合作的可能）。"

　　在加州大学圣巴巴拉分校历史系的一些同事建议："为什么不试试加州大学出版社呢？"我说："是的，我应该试试。我在那里认识一个叫阿兰·埃农（Alain Henon）的人，虽算不上好朋友，不过这人很不错。"我跟阿兰打了电话，他说："韦斯利，我看过你主编的第一期，很不错。但是加州大学出版社很少尝试出版新创办的刊物。他们更希望接管那些已经较为成熟的刊物。如果你能证明自己，扩大发行量，进一步发展，也许我们会感兴趣的。"

　　又过了几个月，《公众史学家》在继续发展，发行量也逐渐增加。毫无疑问，它将持续壮大，并非昙花一现。同时，我又参加了一些会议，意识到为《公众史学家》找到一家出版社的问题已迫在眉睫，仅靠一台印刷机，无法引起学者的强烈兴趣。"你有印刷机，又怎么样呢？每个人都可以买到印刷机。你需要一个出版社。两者有本质的区别。"所以，我飞到伯克利与阿兰再次见面。他又重复了一遍："韦斯利，我已读过你们最初的几期，看起来的确不错。不过我还是希望能看到这份刊物能稳定下来（再决定）。"

　　稳定性随之而来。在刚成立的全国公众史学委员会首届会议上，我建议说，如果你们接受，我可以让《公众史学家》成为这一机构的官方杂志。这样全国公众史学委员会很快就可以拥有自己的刊物。当然，这也给予我们更多的稳定性。他们接受了我的提议。

就这样，我回到圣巴巴拉分校后与校长罗伯特·赫滕巴克见面。这是一次具有历史意义的会议。赫滕巴克是一位英国史专家，他懂历史，也懂公众史学，我们的谈话可谓一拍即合。他说："好，你需要些帮助。一份全国性的刊物……"我说："是的，全国性的，甚至可能是国际性的刊物。"他拿起电话："替我接斯普雷彻（Sprecher）。"斯普雷彻是（历史学院的）院长。对方回答："他正在开会。""我现在就要见他。"五分钟后，斯普雷彻走进来。赫滕巴克说："斯普雷彻，约翰逊有个很不错的想法。他这里有一个刚创立的全国性机构，加州大学出版社准备与这一机构合作。不过你知道他缺什么吗？他还没有办公室，没有工作人员，他需要些帮助。他需要一个助手，你可以在预算中划拨出一份雇用一名助手的经费吗？这名助手需要有编辑背景，可以协助他将这份期刊走上正轨。研究生虽是很好的资源，也为刊物做了不少贡献，但他们不能持续帮忙。"两三天后，院长给我电话说："我们将给你一间办公室，并做了经费预算，你可以雇一名助手了。"

（然而，要找到合适的助手并非易事，约翰逊面试了一些人，并不满意。）

韦：直到琳赛·里德（Lindsey Reed）走进办公室。现在，你们都认识她了。她十分聪明，能解决问题，想我所想，并付诸行动。她也不怕烦琐，总能及时地回答问题，解决问题。我回家便告诉我太太，说我终于找到了合适的人。雇用琳赛·里德是我曾做过的最正确的决定之一。

菲：在你谈及的一系列转折点中，雇用琳赛·瑞德是其中之一吧？

韦：当然。因为她，我们才能稳定地发展。转折点在于赫滕巴克校长给我了支持，我立刻意识到我们开始变得举足轻重。斯普雷彻院长也很重要。当然，（因为他们的支持）我们才能雇用琳赛·里德，这实在太棒了……

芭：你雇用了琳赛，那你是否有了阿兰·埃农一直谈及的与加州大学出版社合作所需的稳定性呢？

韦：是的，带着喜悦之情，我最终飞到伯克利与加州大学出版社的代表见面，告诉他们赫滕巴克校长所给予的支持，包括给我们有经费支持来雇用助手，并提供办公空间等。他说："我看是到该认真考虑你们的时候了。"他们随即召开了一个（内部）会议。[3]

　　这里有两个转折点，其中之一是加州大学出版社在目睹我们证明了自己的发展潜力之后态度发生了转变。埃农说："你已证明了自己，《公众史学家》已连续出版了好几期，你有了订阅名单。我们可以资助你了……"

　　芭：能谈谈洛克菲勒基金会在创建《公众史学家》中扮演了怎样的角色吗？

　　韦：哦，洛克菲勒基金会。好的。首先，《公众史学家》起初能与加州大学出版社合作，我很幸运有阿兰·埃农的帮助；其次，在洛克菲勒基金会方面，我与莉迪娅·布朗特一直保持着良好的关系，我们开始有了第一期，我说："我们已获得一些资金赞助，不过经费需要一到两年才能到位。我们是否有办法可以分流一部分资金用于《公众史学家》？"她跟乔尔·科尔顿商量后回复我："可以的。你可以用我们的资助出版头四期。但我们不会一直资助你，你需要努力为自己争取一个长期的赞助方。"我们接受了。

　　加州大学出版社是从第二期才开始介入。我记不清了，似乎花了很长时间才实现与他们的合作。我自己出了些钱，还有一些人帮忙，好在洛克菲勒基金会的赞助终于到账，接着加州大学出版社于 1981 年 1 月 1 日正式开始负责《公众史学家》的出版。

　　菲：我想回到你先前谈及的一个转折点，即你曾参与摩门教的宣教。

　　韦：是的，在法国。

　　菲：我觉得宣教的工作一部分便是劝说和说服。在后来公众史学的发展中，你在宣教中所积累的说服技能是否有用？换言之，你的工作从劝说人们改变信仰变成劝说人们接受公众史学。

　　韦：当然，那是有用的。我想在经历了宣教之后，我的营销技巧较以前大有提高。

　　怎么说呢？我想我参与的后世圣教的宣教让我学会了如何与各类人打交道，因为我们必须面对各类人，从各个城市的市长到街头的平民百姓，从阳春白雪到下里巴人，我在回头想时发现学到了很多，我能适应各种类型的人。

　　菲：现在我们谈论的几个方面似乎殊途同归了。

　　韦：是的，你这么说很有道理。

　　菲：在圣巴巴拉和罗伯特·凯利一起开始的公众史学项目、创办《公众史学家》、发展全国公众史学委员会、与加州大学出版社建立各种联系等一系列努力。你还帮助在凤凰城（1978 年）举办了公众史学会议。

（接下来的访谈转向 1979 年举行的蒙特西托会议，这次会议被视为美国现代公众史学的起点，也标志着全国公众史学委员会的诞生。）

菲： 蒙特西托会议是在 1979 年，对吧？

韦： 是的。

菲： 是你决定举办这次会议？

韦： 是的。我去找莉迪娅·勃朗特帮的忙。前面我谈及了，我从旧金山回来后，草拟了我们需要做什么：我们需要一份刊物，需要一个机构组织，需要一名秘书长（secretary）。"创建一个新的领域，你需要什么？"这些就是我们所需要的。我说："我们需要聚集一批人，不断发展这一领域。"于是，她资助了我们 3 万美元，这样我才能邀请六十人来这个度假胜地参加会议，并支付他们一个周末的食宿。

（约翰逊回忆了蒙特西托会议的诸多细节，包括参与这次会议的一些关键人物，并特别提及与会人员就公众史学大致有两大阵营：一类人是像他一样笃信他们正在创建的是历史学的一个新兴分支学科，而另一类人则将公众史学看作解决历史学博士供大于求的权宜之计。）

芭： 在 1979 年 4 月蒙特西托会议和 1979 年 9 月华盛顿会议之间你都做了些什么呢？

韦： 我写了很多信，打了很多电话。（全场笑）

菲： 能跟我们谈谈这些信件吗？

韦： 嗯。我花了一整个夏天给很多人写信，试着说服人们来参会。蒙特西托会议的花销是我负责的，所以人们自然会来：圣巴巴拉，风景宜人，免费食宿。华盛顿会议则不太一样：你得自己出钱。我这样写道："国家档案馆慷慨地为我们提供了宽敞的会议室，华丽的枝形吊灯，定制餐饮，等等。"这样的描述似乎很管用。

芭： 为什么在国家档案馆？你在那里有朋友吗？

韦： 开会总得需要地方吧。我不想在大学校园里办会，因为很多公众史学家对高校有些厌倦或抵触。也许高校里有些人也不喜欢他们吧。因为我也是大学教授，所以得特别小心，不要把大学抬得过高。

菲：韦斯利，看起来在你帮助创建全国公众史学委员会和引领公众史学运动时，阻力之一竟来自历史学本身。

韦：正是这样。

菲：现在你又谈到另一个阻力，即在学院内自认为自己是公众史学家的人和学院之外的公众史学家（对学院体制有些抵触情绪的）之间存有鸿沟。

韦：是的。

菲：你是如何处理这一矛盾的呢？

韦：这是个持续不断的问题，现在依然存在。我已经尽力，我想着这样的分歧可能源自公众史学的本质，有些公众史学的实践人士对公众史学可以在学院里教授、训练的观点嗤之以鼻。"要成为公众史学家，你得在一个机构里待上二十年。"你往往面临这样的情形。

（约翰逊谈及这些年来全国公众史学委员会如何成功地吸引了来自各个行业、不同背景的人士。他也曾为公众史学的国际化做过初步的尝试。访谈开始集中在全国公众史学委员会的发展历程。）

菲：会议于 1979 年 9 月在国家档案馆如期举行了。

韦：是的。波默罗伊、特拉斯克、安妮塔·琼斯（Arnita Jones）为这次会议做了很多设想。波默罗伊提议我们采用类似于学人协会（College of Fellows）那样的形式，也有人建议取委员会（council）的协商之意。随着时间的推移，我们意识到我们需要争取大多人，不能只局限在小圈子里，应该更宽容、更多元。也有人认为我们应该显得更上档次些，这样更能赢得尊重。

菲：这次会议投票决定建立一个全国性的组织？

韦：反复斟酌后，我们决定采用"全国公众史学委员会"。特拉斯克和波默罗伊或许还有安妮塔尔对此付出了极大的心力。我们放弃了"应用史学"的说法，因为乔尔·塔尔忙得顾不上来开会。（全场笑）他以为他可以晚点来，情况会有转机，不过太晚了。我们已经投票决定了。

菲：你的同事选举你担任第一届主席？

韦：是的。

菲：你连任了三年？

韦：是的，不过我并不愿意。是大家说服了我："你必须得当主席。这个机构现在还不稳定，我们需要你担任主席。"然后我又续任了两届。虽然并不情愿，但我还是答应了。

（约翰逊谈及他被国家人文基金主席威廉·贝内特［William Bennett］邀请去见面。贝内特解释道，国家人文基金接到来自高校的越来越多的项目标书，这些项目都与正在迅速发展的公众史学相关。国家人文基金提议给他一笔钱，请他为那些有兴趣发展公众史学项目的学校培训师资。当时，加州大学圣巴巴拉分校的设施都已被预订，因此计划于夏天举行的师资培训无法在圣巴巴拉举行。于是他和诺埃尔·斯托［Noel Stowe］商量，决定在位于凤凰城的亚利桑那州立大学举行为期六周的师资培训。这次培训于 1984 年的 7 月至 8 月间成功举行，成为公众史学发展史上的又一个里程碑。）

韦：在全国公众史学委员会成立后，我的时间主要用于完成各种项目上，如 1984 年由国家人文基金资助在凤凰城举办的为期六周的公众史学高校师资暑期培训班。那次培训之后，新的（公众史学）项目和课程陆续产生了，一群对公众史学充满热情的人开始宣传这一领域。

菲：请具体谈谈圣巴巴拉的新项目是如何吸引潜在的生源的。

韦：我们有设计精美的宣传册子，有宣讲会，也邀请并鼓励以前的学生来宣讲。如果得到扶轮社（Rotary Club）的邀请去做讲座，人们一定会欣然接受。我们不同，得做宣传。我得益于我的摩门教宣教训练，因为我们需要走出去，跟人聊，做宣传、推广等。不错，我们就是这样做的，对我而言，这并不太难，似乎是日常生活中不可缺少的一部分。

菲：在华盛顿的国家档案馆举行会议后，接下来的会议是在匹兹堡市？

韦：是的。

菲：匹兹堡会议决定这一全国性组织采用委员会（council）而不是会员制（membership）的形式。

韦：是的。遗憾的是，波默罗伊没能参加那次会议。他一直积极主张采用委员会的机制，他认为这会让这一机构更有声望，而不是另一个会员制的机构，这样更容易得到上层的关注。因此，这得归功于波默罗伊。

菲：看来机构的组织形式与其声望息息相关。

韦：可以这么说。我们与美国历史学家组织和美国历史协会合作办会，会议非常成功，这为我们做了不少宣传。在我看来，合作办会为我们赢得了更多关注，历史学业内人士开始重视我们，开始真正认识公众史学，我们不再只是为历史学提供就业机会的一群人。

（约翰逊详细论述了全国公众史学委员会的诞生。）

芭：你决定全国公众史学委员会在哥伦比亚特区而不是在加州注册，这是不是因为罗伯特（波默罗伊）的贡献？

韦：是的，我们认为将机构的总部设在华盛顿会增加它的声誉。如果这是一个全国性的机构，它不应该设在圣巴巴拉。这一地点意义不大。但华盛顿不一样。总之，当你试着创建一个新的组织时，你应该试着尽可能地考虑其声望。如果你能请到像戈登·莱特（Gordon Wright）这样的人，人们一定会对你刮目相看。"哦，这是史学界的牛人，他都来参加我们的会议了，这一定有所不同。"我知道，这看起来很肤浅，不过这招很管用，游戏规则便是如此。

（约翰逊谈及他所做的公众史学国际化的努力时，感叹道："不过我不知道，当年的欧洲之行［推进公众史学国际化］几乎所剩无几。"）

菲：你还有什么要补充的吗？你在圣巴巴拉开创了公众史学，创办了《公众史学家》，还目睹了全国公众史学委员会的诞生，不知当你回头看时，你有何感想？

韦：知道吗？我真的很骄傲。我创办的第一份刊物《对话》将要举行五十周年庆。这是一份优质的、受人尊敬的刊物，若有学者要了解摩门教信徒，他们会阅读《对话》。同样地，我为《公众史学家》而骄傲，因为它填补了一个空白。和《对话》一样，《公众史学家》的诞生是为了满足需求，这是最重要的。我想《公众史学家》的发展证明了这一需求的存在。虽然全国有很多不同的刊物，但这样的需求依然存在，而且越来越强烈。

最后，我想补充一点，对我而言，遇见罗伯特·凯利是一件十分重要的和幸运的事，他帮助我明确了方向。当年我从事社区历史研究时，需要一个具体的研究重点，公众史学正好提供了这样的重心。罗伯特在圣巴巴拉开创了公众史学的课程，我将之在全国传播开来。那时罗伯特在莫斯科。当他回来时，他说："韦斯利，加油！"对我而言，他是良师益友，只可惜他过早地去世了。

芭：曾有人说你是公众史学的音乐之声。

韦：音乐之声？我不太明白。

芭：因为你四处奔走，宣传公众史学。这很准确地概括了你在公众史学运动中所扮演的角色。

菲：在关掉录音之前，我想代表我们三位采访人，代表全国公众史学委员会，对你接受我们的访谈表示最诚挚的谢意。

韦：谢谢你们！

（访谈结束）

韦斯利·约翰逊、玛丽安·阿什比·约翰逊和李娜在2018年美国公众史学年会上。
2018年4月21日，拉斯维加斯　图片来源：本杰明·约翰逊（Benjamin Johnson）

注　释

[1] 于1979年4月在加州圣巴巴拉附近召开，被普遍认为是全国第一届公众史学会议，为后来创建全国史学委员会做了直接的铺垫。——译者注

[2] 关于学科建设的会议。——译者注

[3] 加州大学系统与加州大学出版社在资助位于加州大学圣巴巴拉分校的一份公众史学刊物上充满政治纷争。——译者注

评论

核心素养范式的一个文本阐释
——《公共历史教育手册》

税光华　夏仁贵 *

摘要：依据托马斯·库恩（Thomas S. Kuhn）的"范式"理论，体系外的公共历史教育与正统的学校"核心素养"教育是相互统一的。《公共历史教育手册》可被视为对历史学科五个核心素养范式的一个文本阐释。依据米歇尔·福柯（Michel Foucault）的"规训权力"理论，《公共历史教育手册》倡导的作为素养载体的博物馆教育实践，则有不可避免的启蒙性悖论。

关键词：《公共历史教育手册》；核心素养范式；规训权力；博物馆

Abstract

Based on the "paradigm" theory of Thomas Kuhn, the official educational system of the "core literacy paradigm ," and public history education which happens outside the system, are mutually evolved. *Public History Education Handbook* offers the textual interpretation of five core literacy paradigms in history teaching. The "disciplinary power" theory of Michel Foucault also offers insights, as the *Handbook*

---

* 税光华：云南省昆明市第一中学历史教师。
　夏仁贵：云南省昆明市第一中学历史教师。

proposes the museum practices as a carrier of literacy, which involves an inevitable paradox of enlightenment.

Key words

Public History Education Handbook, core literacy paradigm, disciplinary power, museum

由上海博物馆陈曾路副研究馆员、华东师大孟钟捷教授等11人编著的《公共历史教育手册》（以下简称《手册》）一书于 2018 年年初由华东师范大学出版社出版。笔者借鉴托马斯·库恩的"范式"理论，比照《普通高中历史课程标准》中的核心素养要求，认为此书可视为对高中历史学科核心素养范式进行具体阐释的一种文本尝试。若以福柯的"微观规训权力"等作为概念工具，来分析该文本所极力倡导的——作为素养载体的博物馆的公共历史教育实践，则"公共历史教育"本身就有不可避免的启蒙性悖论。这种"悖论"不仅彰显了学科知识分子人文启蒙的自觉，更表明了知识、财富、权力网络空间中个体难以摆脱的历史重负。

一

"公共历史"这一概念，从国家与社会二元划分理论看，是指希望突破国家／政府、职业历史学家对作为政府史、精英史的历史的控制，让民间历史书写也参与进来的历史 [1]；也是让公众或受访者的历史叙事具有合法性和合理性的"共享话语权"的过程 [2]；其核心是"公众、空间、话语权"；其基本旨趣在于"多样性与包容性" [3]。而"公共历史教育"则是"公共历史"的大众化实践。其作为学校之外的历史教育；具有正统学校教育的补充性、公众普及性与终身性的特点。公共历史教育的目的是在强调历史界限叙述的基础上，降低工具理性的约束，弘扬价值理性与人文精神以启蒙民众。[4] 学校外的公共历史教育与正统的学校历史教育并不矛盾，二者有互补关系。按照此定义，借用托马斯·库恩的科学"范式"概念来解读《手册》是一个恰当的视角。范式并不是一个封闭的稳定概念，它本来就允许了主流之外的风险的存在。其主要内涵有二：

一是在作为主流的常规科学状态时期，"它代表着一个由特定共同体的成员所共有的信念、价值、技术等构成的整体"。这个整体需要一种具象的例子来取代抽象的规则作为解答的模型和范例。二是它允许背离内涵一的非常规因素的存在，这些非常规因素可以应对范式的新问题而得以进步。这种进步实为对主流的常规科学状态活动的补充。[5] 如此，正统的学校历史教育与体系外的公共历史教育就在库恩范式概念的两个内涵中统一起来。就具体运用而言，相对于传统的"三维目标"范式，2017 年的"学科核心素养"可视为一种新的范式，其内容主要包括：唯物史观、时空观念、史料实证、历史解释与家国情怀等。[6]这成为学科研究人员和中学师生所共同信奉并实践的主流常规观念。然而，由于课程标准抽象的纲领性质，2017 年版的长达 83 页的课程标准并没有以历史叙事的方式讲述，并具体例证五种素养的内涵及相互之间的联系。这不符合库恩范式的内涵一的"范例"要求。其造成的一个弊端是：作为工具性质的中学教师除了知道这几个名词并机械运用之外，很难历史性地理解核心素养以有机地帮助学生形成历史常识，促进其历史素养的养成。如此，核心素养范式的教育实践效果将大打折扣。此外，课程标准也没有对范式概念所要求的内涵二非常规因素做补充说明，这增加了核心素养范式稳固的风险。而《手册》则是一种"挽救"，它不仅"范例"地阐释了素养范式的主流常规状态的五种素养，而且补充了如"历史个体、博物馆公共历史教育实践"等非常规因素，从而达到稳固素养范式的目的。

　　该书分为四部分，分别为：第一部分"历史记忆的传承"；第二部分"历史文化的视野"；第三部分"历史实践的维度"；第四部分"博物馆与历史教育"。其中，对核心素养范式中的五个素养的对应性阐释主要集中在第一部分的"多重证据法"一章，这相当于课程标准中的"史料实证"；以及第二部分的"历史时间、历史空间、历史诠释、历史书写"等篇章，这相当于课程标准中的"时空观念、历史解释"。"历史书写"中则渗透着多元的历史情怀，也包括了课程标准要求的"家国情怀"。而"历史诠释"与"历史书写"共同体现出史观的存在，历史唯物主义史观也包含于其中。

　　在第一部分"多重证据法"中，该书强调了历史记忆、史料与历史学的"求真"原则之间的关系，如何"求真"？作者从顾颉刚的疑古派、王国维的二重证据法、史料的分类、强调文字训诂的多重证据法、绕开史料的"陷阱"这五个方面建构历史因果链条，试图以纯粹理性科学的方式达到传统历史学"史料实证"以"求真"的目的。需要注意的是：史料实证是历史学的核心。作者把史料的解析独成一章并放在本书的第一部分，这充分体现了《手册》的历史学的界限意识。这种"界限"正印证了公共历史教育以历史生成的方式来启蒙的工具目的。与之相比，课程标准是把唯物史观放在首位的。这种理念上的时空架构体现了国家意志。然而，历史学的终极目的在于说明"人为什么会成为人"，不是因为机械神位，也不是因为本能物性，而是因为人性和人格。[7] 国家意志的塑造当然是近代以来人格的首要组成部分，但不是全部，人作为历史记忆的合成物，史料实证之"真"是"人成为人"，也即人格塑造的经验与道德基础。如此，历史的史料界限与国家意志相辅相成，共同塑造具有人格的公众。《手册》把史料实证放在第一位，实为对核心素养范式合适的"挽救"与"巩固"。

在第二部分"历史文化的视野"中，该书集中强调"历史视野"的形成实为文化复合体。历史视野离不开时间、空间、个体与诠释等基本要素的分解。在分解"历史时间"要素时，《手册》特别分析了历史时间下的循环时间观与线性时间观，但是作为历史认识及历史教育，我们更多强调的是历史学的时间。而大众所熟知的"历史分期"观点、科泽勒克（Koselleck）的"不同时代的同时代性"以及年鉴学派的"三时段论"都是历史学时间的经典案例。

在分解"历史空间"要素时，《手册》按历史研究的习惯性划分了"微观空间"、"区域空间"与"宏观空间"三部分。在"微观空间"部分，作者从权力、财富、景观与空间转移及空间性质的角度，分别阐释了中国与欧洲城市的空间变迁。中国方面如中古城市革命下漕运经济对城市矩形空间向椭圆形、纺锤形空间演变的影响；苏州景观园林背后徽州盐商的巨额资本与财富。这与课程标准附录部分从民族文化交融、中外贸易发展的角度阐释长安城相比，实为一种有益的空间素养意义上的"补充"与"巩固"。欧洲方面则典型地列举了巴黎城市中权力与空间的互动增殖与权力嬗变特征；而佛罗伦萨则是财富空间的另一个例证。本部分最经典的部分当属"区域空间"。作者把 15 世纪至 18世纪中国的长江下游江南经济，与西欧的意大利、低地国家与英国三角区经济连接成一个区域空间经济，而其形成的媒介就是白银与丝茶，中国的明清史学者经常称之为"丝银贸易"[8]。由于这些物的崛起，这种区域空间经济对东西方的历史走向产生了截然相反的作用。也正是由于物的崛起，基于宏观空间的全球联系才成为一种可能，如热兵器带来的全球战争；季风、香料、胡椒、棉布带来的印度洋宏观贸易空间的形成；17世纪全球普遍危机[9]与太阳黑子反常运动、小冰期的紧密关系；鼠疫的传播、马镫的质变与13世纪欧亚大陆空间蒙古和平的创立等等。总之，历史空间的变迁其实就是物的变迁，而权力无不嵌套于实体多于象征的物的形变与替代之中。

关于《手册》对"历史个体"要素的分解，课程标准核心素养范式中是没有这部分的。历史（教育）意义的塑造离不开人的存在——是由具体的人而不仅仅是由某种利奥塔（Lyotard）所批评的单一的宏大叙事的"绝对精神"或者"经济基础与上层建筑"的实证架构所形成的。对"历史个体"的阐释是对核心素养范式稳固的最有力补充。笔者例解了五种历史个体：以李鸿章、柴荣等为代表的极大推动历史变革的"时势英雄"；以范蠡、文种等为代表的促成历史变化的"酶"；以东汉"清流"和晚明东林党人为代表的"以身殉道的人"；以刘瑾宦官集团、严嵩内阁权臣、金朝瓦解中的汉人世侯等为代表的"寄生者与食腐者"；以北朝颜之推、五代时期的冯道等为代表的虎狼丛中的"历史不倒翁"等。由此可知，单从知识的角度理解五种个体是没有意义的，意义的关键是：历史离不开英雄，但历史绝不仅是以数字符号形式表征的英雄所缔造的。英雄对历史变局的塑造离不开分饰不同角色的历史团队的贡献。这个团队不全是意识形态意义上的"正义的化身"。私利邪恶的个体或逆流也是团队的一员，有时甚至起着根本性作用。[10]历史个体不再是个体，而实为立体系统状态的历史团队。如此，国家意志、理念架构与鲜活的历史团队共同催生着历史的变革。

在分解"历史诠释"部分时，《手册》从历史诠释的功能、历史诠释的方式、历史诠释的界限三方面来叙述作为诠释的"意义编织"的历史学特征。这种特征就是"非碎无以立通"[11]，即史家通过碎片化的史料与连续性的历史想象，以多元化的时间为尺度制造历史断裂并重构历史连续的过程。[12]在这个过程中，历史诠释功能中的"史料选择理由、史事与历史趋势的呼应、历史与现实的对话"等——展现出来，如梁启超的基于反对帝王的史学、强调家国情怀的"新史学"就是历史阐释功能中的救亡启蒙现实功能的体现；在这个过程中，历史诠释的方式也将发生转变，如近代出现的理性阐释方式、长时段的地理环境—日常生活结构阐释方式、生产力与生产关系的实证方式等。这些方式的转变无不与政治局势的变化、权力架构的想象紧密相连，如以法国大革命为代表的革命史学阐释方式从经济动因向启蒙理性的转变，就与二战后法国知识分子对苏联体制的反思紧密相连。

当然，无论是功能还是方式，保证历史学特征的历史阐释的界限是明确的。这些界限就是对历史碎片的包容与留存、基于历史想象拼接历史碎片的"行事见于当时"的交互循环逻辑、诠释与叙事各安其位又"相依为命"的自觉意识。然而，历史诠释最终是需要以作为仪式的历史书写的形式显现出来的。历史书写的目的最终体现了历史诠释的价值意义。历史书写的目的主要包括成就个体、以史为鉴、统一思想、娱乐大众。而历史书写的方式则在形式上集中体现了书写者历史观的选择，如中国古代的纪表志传体把本纪放在首位，充分体现了传统英雄史观的形式选择，又如中国近代史以革命战争作为主题书写则充分体现了革命史观的形式选择等。史观的选择不是随意的，它又是一种历史情怀，而情怀则是时间、舆地与习俗文化及时代特征等紧密结合的产物。如此，缺乏封闭语言体系的历史书写本身就有了"亲民""乡土""日常"的特征，并通过这些特征在生活中的渲染达到史家有意"形塑"的征服性目的。如此一来，前述历史书写的四个目的就有机地统一起来，只不过，作为经验与道德聚合物的史家，其选择的目的是被允许有所偏好的。就如这本《手册》的历史书写形式，其公众启蒙的意图如此急迫且明显。总之，史料、时空、个体、诠释、史观等历史要素都要以历史书写的形式来融会贯通并表现效果。

二

由于"范式"内涵二所体现的范式本身的非常规性风险，故《手册》一书还着重强调通过公共历史教育的重要载体——博物馆的开放、直观展示、空间凸显、解读、立体参与、审美、重释、主题解构与边缘存在等多种话语权力分配[13]的方式，来提升公众的历史素养，维护巩固核心素养范式，最终以达到公众历史教育启蒙的目的。但是这种目的与载体可能面临巨大的风险。这首先需要从公众史学本身的理论基础谈起。

20世纪70年代以来的叙事主义历史哲学是公众史学的理论基础。[14]而叙事主义史学的理论核心在于海登·怀特（Hayden White）以日常语言哲学与诗学为基础建立起的言辞化的多元历史解释体系。[15]历史文本而非黑格尔式的思辨拟像或者亨佩尔式的分析实证模式，成为历史反思的重心。如此，历史学就被彻底地文本化了，历史表现取代了历史真实。而历史表现的政治启蒙价值在于通过揭示历史意义的丰富性与多样性以表征人的自由。[16]如果把公共历史教育视为公共历史学的大众化的启蒙实践，无疑这种分享政府与专家权力的方式为公众的在场提供了自由的可能性。但是这并非叙事主义史学的本来含义，其实质是实证科学统治与分析哲学挑战下的历史学危机的自我拯救。这种拯救无须以罗伯斯庇尔式的所谓主权民众革命的方式来保证历史学的应有地位。公众的自由解放只是其不太重要的附带价值，让公众启蒙并非叙事主义的本有之义。怀特说：

> 任何一门学术性学科，当它失去了神秘性而开始探讨那些仅仅让普通大众兴奋的东西时，这不仅远不能让人舒服，而且或许还真有理由让人担忧了。历史学家自称属于知识分子群体，而不与一般文化大众为伍。仅此而言，历史学家对前者的义务超过了对后者的义务……我们这个时代，历史学家的重任就是在某个基础之上重新确立历史研究的尊严，使之与整个知识群体的目标和目的相一致，也就是说，改造历史研究，使历史学家积极加入到把现在从历史的重负下解放出来的运动中去。[17]

当然，如果把"自我意识"的觉醒作为公众启蒙的题中应有之义，作为叙事主义历史哲学核心的"反讽"就会强调"只有在自我意识的水平之上，一种关于世界及其过程的真正'启蒙性的'（即自我批评）概念化才有可能实现"。这的确是公众史学可以借鉴的基础。但是，"反讽……作为一种世界观的基础，其倾向于在可能的积极政治行为中消解一切信念"，并把"人类的状况从根本上理解为愚蠢的或荒谬的"。[18] 如此，叙事主义从根本上就难以逃脱虚无主义的嫌疑，并可以为所有的意识形态立场提供辩护。以"叙事主义"作为公共史学的理论基础也许是一种或然性选择。

尽管如此，由于怀特叙事主义史学的固有张力以及视频技术革命所带来的历史表现形式的变化，其学术后期的文集《比喻实在论》则更多地关注"一般大众对历史的消费及所有权"，这对"公众历史意识、公众史学具有重要意义"[19]。但其把这种"关注"作为手段以拯救历史学的初衷依然没有改变。

其次，如果进一步分析近代启蒙自由的含义，我们发现：公共历史教育难以摆脱的启蒙性悖论。按照伏尔泰、亚当·斯密和康德等人的阐述，启蒙的内涵分别涉及政治自由、经济自由和思想自由所塑造的对私人快乐予以保障的自由秩序。[20] 相对于教会神权秩序下的圣徒而言，通过异端分子进行的近代人文主义的鼓吹及宗教革命的实践，基于原子化的自由的公众迅速崛起。但是这种自由带来的却是不自觉的公众的专制与奴从。其根本原因在于现代社会的自由来源于：文艺复兴与宗教改革对财富、权力的张扬所带来的经济自由；笛卡尔的"我思"、牛顿力学及其直接催生的启蒙运动对作为神话的真理知识的发明所带来的政治自由；拉斐尔对上帝女性化所带来的肉身欲望的自由；地理大发现与殖民扩张所带来的博物学丰满意义上的自由。自由与财富、权力、欲望、知识真理呈勾连状态。自由就是知识真理，自由就是权力，自由就是财富。如此，原子化的个体在启蒙自由的旗号下成了这三者的奴隶，这正印证了卢梭"人生来自由，但却无处不在自由的枷锁之中"的观点。然而，这还不是根本的。按照后现代主义哲学家福柯的观点，通过知识考古与道德系谱考察，知识、道德与财富等最终都可归结为一种"微观规训权力"：

> 规训权力的主要功能是训练，而不是挑选和征用……。它通过分类、解析、区分等训练把大量混杂、无用、盲目流动的肉体和力量变成多样性的个别因素——小的独立细胞、有机的自治体、原生的连续统一体、综合性的片断。规训造就个人。这是一种把个人既视为操作对象又视为操作工具的权力的特殊技术……这是一种精心计算的、持久的运作机制。与君权的威严仪式或国家的重大机构相比，它的模式、程序都微不足道，且正在

逐渐侵蚀那些重大形式，改变后者的机制，实施自己的程序。……规训权力的成功无疑应归功于使用了简单的手段：层级监视，规范化裁决以及它们在该权力特有的程序——检查——中的组合。[21]

这种微观权力的规训与控制主要不是通过赤裸裸的肉身惩罚方式，而是通过个人自由的理性化和合法化实现的。它让每个人通过知识、道德和法治的训练和学习过程，逐步使个体变成理智的、道德的、合法的自由主体，让自身肉体的欲望满足和活动方式自律地符合整个社会的规范。积极地追求自由的标准化"公民"是其目的。[22]

这种微观权力的运作典型地体现在近代工厂、学校、军队、政府单位、监狱、医院等你能想象且可视的所有知识、道德与财富的单元里。以学校为例，这些单元又不断地层级化且横向地分成如教务处、办公室等各个知识部门，各个部门又分成各个知识小组，如研究中心、教研组、备课组、跨学科的文科综合组，而小组又由各个以知识、财富构建的个体所组成。而知识、财富只能通过以年、月、日、时、分、秒的机械时间的数字计量方式得以体现，如教师的自由就只能是三年备考的高考成绩数字的等价值、官员的自由就只能是任期内GDP 的数字值。这些"量值"的形成过程就是规训的过程（如女性舆论监视、个别谈话或者领导身势暗示等），如果"量值"没有达成，则规训的变体"规训矫正术"就登上了舞台。如此，基于知识、财富、道德等基础之上的自由个体就在微观权力的规训与矫正中被权力所宰制。笔者认为，公共历史学及公共历史教育若没有关于微观权力的根基——知识与财富进行根本性的拓扑流动性的话语革命，就如《手册》一书期望对个体的历史知识素养进行培训一样，尽管是一种暂时的启蒙性进步，但个体自我终究很难摆脱作为自由的微观权力的牢笼。

进行了上述理论分析之后，再回到个体来到博物馆被公共历史教育化的场景，就会于在场情景的亲临中感受到个体的匮乏与自由的妥协，甚或是英雄崇拜的美的征服。这需要从个体的构成、博物馆的性质与个体和博物馆之间的空间博弈三个角度进行思考。通过前述福柯的分析，个体可被视作知识权力与财富组成的布尔迪厄式的"量场"，如此，个体必然是社会自我，浸染着语言、社会关系和符号系统，而且被束缚于身体之中。[23] 但同时个体也离不开作为"偏见与传统"的过去所形成的"前理解基础"或者作为视域的本体论条件。[24] 个体是作为历史权利的累积并为现实权力所塑造的产物，包括其审美、知识、道德、理解、反思、传统等。

至于近代以来的博物馆的实质可以从博物学的实质得知："西方近代博物学的兴盛与近代数理实验科学的发展相伴随，其'帝国博物学'传统与近代求力科学一脉相承……帝国博物学的目标是完成对自然资源的完备记录，从而征服和控制自然资源，这完美地体现了近代科学秉承的'求力意志'。"[25] 博物学的权力扩张实质不只适用于自然物，也适用于近代人类社会的、历史的、文化的产品，如大英博物馆中陈列的间接从埃及掠夺的罗塞塔石碑、从中国掠夺的《女史箴图》和敦煌经卷等文物。故无论是自然博物馆，还是历史博物馆、艺术博物馆等都在这一实质范畴内。从政治仪式的角度看，建筑与权力的关系紧密相连。建筑是一种权力的雄辩术。[26] 而作为建筑的博物馆则是仪式象征的重要表征。博物馆作为"象征与仪式对于政治生活至关重要……权力必须披着象征的外衣才能表现出来。象征是支持政治统治秩序的必需品"。[27] 基于此视角 [28]，博物馆普遍起到的主要作用是"构筑对特定民族国家群体有意义的生活世界秩序和集体身份。博物馆的诸种功能（搜集、保管、研究和陈列）都是为这两个目标服务的，其中的关键在于陈列。陈列是否具有说服力，这决定着博物馆能否有效地使广大群体成员（首先是博物馆参观者）接受它所构筑的生活世界秩序和积极参与想象它所设计的群体身份"[29]。

如此，博物院的"陈列"及"建造"所展示出来的身份、权力、崇高、仪式、威严与意识形态的同化征服性质就特别明显。以云南省博物馆为例，该博物馆分成三个陈列区，青铜时代的大量杀人祭鼓铜贮贝器上展示的"唯祀与戎"的场面，给予参观者的主要是英雄权力的威严与恐惧想象；封建时代以爨氏、段氏为代表的滇中南、滇西几大家族的血腥战争、中原封授的文书以及滇王之印，给予参观者的还是英雄权力的威严与恐惧想象；近代革命时代的重九起义、滇缅抗战、飞虎队援华抗日等巨幅画面，给予参观者的依然是英雄权力的威严与恐惧想象。如此，在参观的整个过程中，参观者被博物馆有意构建的秩序完全征服。一种康德式的崇高之美让参观者甘愿成为博物馆秩序的奴隶，其参观之后最主要的反思是：权力主宰一切，个体无法逃离。但参观者是否就是一个不能被公共历史教育启蒙的个体呢？答案是博物馆的空间也有可能产生启蒙的公众。这里涉及两种知识权力载体——个体与博物馆陈列之间的空间博弈的状态。其主要有三种空间博弈关系：个体知识权力载体用 A 表示，博物馆的象征权力载体用 B 表示，如此就有了 A<B、A≈B、A>B 三种关系。前两种产生的往往是英雄崇拜与对权力的慑服，而唯独第三种才可能产生批判性的启蒙，作为公众的个体才会产生。而第三种只有少数职业历史学家或者另外一批权力设计者才可能做到。进一步设想，即使在技术革命与知识平民化浪潮的推动下，卡尔·贝克的"人人都可以成为自己的历史学家"变成现实，公众"都可以通过历史解释来彰显自身作为权利的存在与自我价值的表达"[30]，又如何来调节"历史书写都是以自我为中心的叙事"与他者叙事形式、观念认可甚或叙事内容冲突之间的悖论呢？也许基于主体间性的叙事形式所带来的真实性回归[31]是作为公众的一部分的职业历史学家可约定俗成的一种务实选择。也许作为信仰的"凭良心作史"也是公众个人历史写作的一种务虚的选择。[32]但是真实与信仰能否约束可怕的自由的权力个体？答案不得而知。也许理论是苍白的，而公众的实践行动及其契约化可以创造一切可能。

综上所述，《手册》一书是对当下核心素养范式的及时阐释与补充，它为中学历史教师知识的积累与人文素养的提高提供了具象的工具。《手册》所倡导的通过博物馆等教育载体所达成的公众启蒙意图，尽管有自由启蒙本身的悖论，但是仍然不失为历史学科知识分子群体作为"公知"的一种良心信仰与节操尝试。

注　释

[1] 钱茂伟：《中国公众史学通论》，北京：中国社会科学出版社，2015 年，第 3、7 页。

[2] 李娜：《集体记忆、公众历史与城市景观——多伦多肯辛顿街区的世纪变迁》，上海：上海三联书店，2017 年，第 62 页。

[3] 李娜：《历史的"公众转向"：中国公众史学建构之探索》，引自李娜主编：《公众史学》（第一辑），杭州：浙江大学出版社，2018 年，第 94、96 页。

[4] 上海博物馆编：《公共历史教育手册》，上海：华东师范大学出版社，2018 年，第 2、3 页。

[5] 托马斯·库恩：《科学革命的结构》（第四版），金吾伦、胡新和译，北京：北京大学出版社，2003 年，第 5、143—144、147 页。

[6] 中华人民共和国教育部制定:《普通高中历史课程标准》(2017 年版),2018 年。

[7] 孙周兴、陈家琪主编:《德意志思想评论》(第六卷),北京:商务印书馆,2014 年,第 103 页。

[8] 樊树志:《晚明大变局》,北京:中华书局,2015 年,第 2 页。

[9] 修·特文－洛佩尔:《17 世纪的普遍危机》,戴鹏飞译,引自蔡乐钊主编:《帝国、蛮族与封建法》,北京:北京大学出版社,2016 年,第 50 页。

[10] 黑格尔:《历史哲学》,王造时译,上海:上海书店出版社,2001 年,第 23 页。

[11] 上海博物馆编:《公共历史教育手册》,第 106 页。

[12] 陈新:《制造"断裂"与建构"连续"——史学家预设的历史叙事单元》,《南国学术》,2018 年第 4 期。

[13] 陈新:《历史认识——从现代到后现代》,北京:北京大学出版社,2010 年,第 249 页。

[14] 陈新:《当代史学的处境与问题:公众史学作为一种选择》,引自李娜主编:《公众史学》(第一辑),第 57 页。

[15] 海登·怀特:《元史学:十九世纪欧洲的历史想象》,陈新译,南京:译林出版社,2009 年,译者的话,第 1—13 页。

[16] 彭刚主编:《后现代史学理论读本》,北京:北京大学出版社,2016 年,第 15 页。

[17] 海登·怀特:《历史学的负担》,董立河译,引自彭刚主编:《后现代史学理论读本》,第 31 页。

[18] 海登·怀特:《元史学:十九世纪欧洲的历史想象》,第 48—49 页。

[19] 南希·帕特纳、萨拉·富特主编:《史学理论手册》,余伟、何立民译,上海:格致出版社,2017 年,第 177 页。

[20] 邦雅曼·贡斯当:《古代人的自由与现代人的自由》,阎克文等译,上海:上海人民出版社,2017 年,第 78 页。

[21] 米歇尔·福柯:《规训与惩罚》,刘北成、杨远婴译,北京:生活·读书·新知·三联书店,2007 年,第 193 页。

[22] 冯俊等著:《后现代主义哲学讲演录》,北京:商务印书馆,2003 年,第 503、470 页。

[23] 南希·帕特纳、萨拉·富特主编:《史学理论手册》,第 675–676 页。

[24] 汉斯－格奥尔格·加达默尔:《哲学解释学》,上海:译文出版社,2004 年,第 5、42 页。

[25] 吴国盛:《什么是科学》,广州:广东人民出版社,2016 年,第 260 页。

[26] 德扬·苏吉奇:《权力与建筑》,王晓刚等译,重庆:重庆出版社,2007 年,第 11 页。

[27] 戴维·科波:《仪式、政治与权力》,王海洲译,南京:江苏人民出版社,2015 年,第 203 页。

[28] 还有一种"阿斯曼式的博物馆记忆断层"视角也是值得引证的。阿斯曼认为:以奥斯威辛纪念物和博物馆的回忆为例,由于博物馆空间的现代化改造,参观的人们在场时联想到的更多是一个度假村,而不是唤起人性苏醒、正义情感的被折磨的生命。如此,博物馆可能不再具有回忆力量,而是在阻碍记忆。这种记忆断层反而是作为载体的博物馆的公共历史教育的去目标化。如此,博物馆的权力与娱乐的双重功能是公共历史教育面临的最大挑战。可参见阿莱达·阿斯曼:《回忆空间——文化记忆的形式和变迁》,潘璐译,北京大学出版社,2016 年,第 387 页。此外,这部分之所以不在正文中详述分析,主要是为了文章基于福柯权力论证的连续性。

[29] 张凤阳等著:《政治哲学关键词》,南京:江苏人民出版社,2014 年,第 376—377 页。

[30] 陈新:《历史认识——从现代到后现代》,第 259 页。

[31] 陈新:《当代西方历史哲学的若干问题》,引自陈新主编:《当代西方历史哲学读本(1967—2002)》,上海:复旦大学出版社,第 12—14 页。

[32] 陈新:《当代史学的处境与问题:公众史学作为一种选择》,引自李娜主编:《公众史学》(第一辑),第 60、61 页。

走向作为日常生活实践的历史
——《公众史学手册》

徐凌 *

摘要： 对公众而言，历史既是来自书本的习得的知识，更是来自日常生活中的实践——体验、感知和行动——的产物；既是客观的，更是主观的、建构的、解释性的、动态的、协商的和参与的。这就是《公众史学手册》（*A Companion to Public History*）所传递的核心观念。

本书较全面地涵盖了公众史学的核心问题，并包含了来自十几个国家或地区的案例，不但很好地呈现了公众历史实践的多样性和复杂性，还可以为我国蓬勃的公众历史实践提供启发和借鉴。

关键词： 公众史学；历史实践；历史感知；历史文化

Abstract

For the public, history comes more from daily life, rather than from books; History is more about practice, i.e., experience, perception and action, rather than objective knowledge. History is subjective, constructive, dynamic, interpretive, negotiable and participatory. *A Companion to Public History* strikes home these ideas. Along with case studies from over a dozen countries or regions, this work covers a range of key themes in public history. It also exemplifies the variety and complexity of contemporary public history practices. With its distinct practicality and feasibility, this book would be of excellent reference and inspiration for thriving

---

* 徐凌：贵州师范学院历史与档案学院副教授。

public history practices in China.

Key words

public history, historical practice, sense of history, historical culture

这个时代见证着一个令人不安的悖论，那就是我国有悠远的历史和丰厚的史学传统，却不再是一个历史实践的大国。中国人曾在特定的历史意识的指引下过着一种道德化的生活，历史于我们曾如此之切近；时至今日，历史蜕变成了或森严厚重或零碎肤浅的知识，甚至是娱乐与猎奇的对象，这表明国人在整体上正在失去从生命体验和生活经历中感知历史的能力，失去从历史中汲取养分的能力，遑论拥有深沉的历史感、理性的历史思维和成熟的历史观。

这在很大程度上是因为我们疏离了作为日常生活实践的历史；它源自很多方面，比如史学的过度专业化、长期简单化的"历史规律"教育、思想的禁锢等。相反，公众史学强调历史是易于接近和讨论的、与个人息息相关的。无论是认为"历史代表丰富多彩的实践"[1]，还是将历史文化定义为"历史意识在社会生活实践中的总和"[2]，都突出了历史作为实践的面向。重要的是，它主要不是指历史学家的学术工作，或学校中的历史教育，而是指在日常社会生活中，普罗大众感受历史、记录历史、演绎历史、争论历史，进而反思与建构历史。

历史实践并不会熄灭，并且不断显示出自己的生命力。历史思维，无论它以怎样的方式显现，也无论人们是否会意识到它，它总是隐现于人们的生活中。事实上，历史构成了基础性的认知框架，离开历史意识，人们无法理解事物，无法认识自己，也无法为生活赋予意义。在此意义上，人的社会存在本质上是一种历史性的存在，历史于人而言是一种"刚性需求"。随着社会进步，特别是由于互联网的发展为更多公众提供了话语权，形形色色记录历史、传播历史知识、争论历史的活动蓬勃兴起，一时间在我国形成了所谓的"历史热"。

这种"历史热"引出了大量理论和现实问题，比如公众和学者的关系、政府和民间的关系、不同历史叙事的关系、历史教育和历史实践的关系、良莠不齐与真伪难辨的问题、历史与市场相结合的问题、历史与民族意识和国际政治的关系、历史信息的丰富与碎片化的矛盾，等等。

近年来，作为一门新学科诞生于美国的公众史学，在我国得到了系统的引介，并在师资培训、学术研究、教学、实践等多方面，均呈现出活跃的态势，为我国蓬勃发展中的历史实践，提供了学理的和方法论的指导，可谓恰逢其时。随之而来的是，国内在理论支撑、案例分析、经验分享，甚至是更直接的操作指南、工具包等方面，对公众史学资源的一个更大的渴求。在国内相应的理论研究和实践总结尚显不足的情况下，参考国外（特别是公众史学发展较成熟的北美、欧洲和澳大利亚）的相关著述，包括教材，便是一个重要的途径。

其中，手册（companion、handbook）和读本（reader）形式的文集一直是笔者比较偏爱的参考读物。顾名思义，这类书的编纂目的便是帮助读者一窥某个领域的全貌，同时兼顾参考性、知识扩展性，甚至操作性，因此既不失为入门的好书，也是在一段时间内可以不时参阅的案头读物。

威利-布莱克威尔（Wiley Blackwell）出版社于2018年出版的《公众史学手册》为我们带来了公众史学研究与实践的最新国际视野。其结构组织显示了作者的匠心：从如何看待（identifying）、哪些领域（situating）、怎么做（doing）、如何用（using）、怎样保护（preserving）、如何表演（performing）、相关争论（contesting）等多角度追问公众史学，并特意用动名词作为每一部分的标题，既提示了本书鲜明的实践性、操作性，也明确地体现了历史作为一种当代的日常实践的意蕴，同时也很好地呈现了公众历史实践的多样性和复杂性。

公众历史实践，和它所融入的当代生活一样，纷繁且多变，这正是其活力与价值所在，但也为从整体上把握它造成了一定的困难。因此，与其试图找寻某种简单的、明确的和稳定的定义，不如把目光转向人们在生活中与"过去"的日常相遇，以更好地体现出公众历史实践的动态性、多样性和持续变化。在决策文化中，如果说那种简单的关系模型，即专家向决策者提供客观的信息与知识的模型是天真的，那么历史学家究竟应该以怎样的角色介入政策议程呢？"公众史学总是属于特定的历史文化"[3]，也即公众史学更主要的是地方性的，那它如何与全球语境建立连接呢？这一方面需要基于全球思维的本地书写，另一方面又要研究地方性的历史表征如何在更广的范围内被理解。本书的第一部分就是从这些问题入手探讨如何认识公众历史的。

第二部分关注的是公众历史实践发生的各种有形或无形的"地方"，无论是博物馆、档案馆、美术馆、数字媒体、流行文化（如绘本小说）还是其他某一场所（place）。它们仿佛是演绎着一幕幕公众历史戏剧的剧场，公众史学中的诸多核心概念"在其中变得鲜明生动，比如共享权威、媒介（agency）、记忆、争论、表演、情绪、情感、遗产等"[4]，因而这些"地方"是学术分析的理想对象。

第三部分关注的是公众史学的方法论层面。如何变革讲故事（storytelling）的方法以促成一种合作的与参与式的历史生产？如何通过拥抱多样性使家史更具史学民主化的品质？如何让历史物件（historical artifacts）——不仅以其在现有意义框架下的对象性，更以其自身的物性（thingness）——在其物质层面和本体论意义上产生出更丰富的公众历史意义？在历史遗迹保护工作中如何面对来自方法论、解释权、代表性等方面的挑战？公众的历史感知如何面对官方历史建构而呈现出一定的自主性和独立性？

第四部分关注的是"历史之用"的问题，显示出公众历史实践作为一种社会协商机制的潜力。在南非，公众史学有助于恢复、保存和呈现一个破裂的社会的历史。在美国，博物馆人从法律、伦理和文化角度思考藏品的所有权和解释权问题。类似地，在我国也发生过殷墟发掘权的争论。[5]在新西兰，历史证据和技能成为法庭上关于原住民的权利与文化之争的工具。在加拿大，记忆与历史在寻求转型正义的过程中发挥了重要作用。在西非和巴西，公众史学刻画了关于大西洋奴隶贸易的集体记忆是如何转变为宏观历史记忆，从而又如何对不同的人群呈现出不同的意义的。

第五部分关注的是历史保护领域。在全球化背景下，物质文化遗产保护如何避开国际层面上的公众史学实践与理念中的一些弊端，而更多关注地方经验、集体知识和替代性的方法论与保护实践？美国国家公园如何吸引参观者并鼓励他们参与，同时又不损害景观和遗产保护工作？数字合成影像怎样拓展一个场所的公众史学意义？"历史住宅博物馆"（Historic House Museums）应怎样从关注名人与非凡（之处），转向关注普通人和日常（生活）？及其如何从简单地作为博物馆，以引导人们面向国家认同的预定叙事，转向作为历史场所，使人们从文化资源管理的角度在更广阔的社会 - 经济 - 政治语境中对其加以解读？

历史首先应该是一种高度个人化的认知，进而在此基础上寻求一定的主体间性。历史感知是一种综合感知，历史理解不仅是理性的，也应该是感性的。比如新媒体对历史感知的影响不仅局限于智识的层面，还包括心理、情感、直觉和体验；[6]我们可以通过阅读、聆听、品尝、体验、观看、游戏、触摸甚至嗅闻等方式[7]去接近历史、感知历史，甚至衍生出情感历史（affective history）和知觉历史（sensory history）[8]这样的术语。通过对历史模拟类游戏、二战时期犹太人社区的喜剧、由非洲奴隶带到巴西咖啡种植园的 *jongo* 等的案例研究，本书第六部分将目光聚焦于表演，论述如何通过调动我们所有的感官，即表演、作曲、舞蹈、歌唱、讲故事和历史游戏等方式，开启人们新的历史理解的可能性。

公众史学应是一个勇于冒险的事业，[9]在一定意义上，其使命、力量与价值就在于激发并促进争论，将尘封的过去或历史"再语境化"，拥抱不和谐，不回避冲突，接受历史的不确定性和含混性。虽然"事实崇拜"在象牙塔之外依旧顽固，但现代编史学早已摆脱了对此的焦虑。无论是历史记录还是历史解释，只要它是一种思想建构，它就不可避免的是多元的。在不同的历史呈现和理解之间保持"必要的张力"，也是一个民主社会的健康标志。历史认识的分歧不会自动消失。对话与协商是解决之道，并导向更成熟和健全的公共理性与公民精神。那么，在广泛的争论中，历史学者当如何自处呢？共享权威是否意味着彻底的信任？是否意味着放弃学者的责任[10]？本书的最后一部分，即通过从北爱尔兰的冲突记忆，到土耳其产橄榄油的标签问题，再到作为一份沉重遗产（difficult heritages）的台湾"228 纪念馆"等案例，呈现了公众史学在记忆与历史的冲突场景中发挥的作用。[11]

虽然各部分的划分有点模糊和重叠，但该书内容较全面地涵盖了公众历史实践的核心问题，并包含了来自十几个国家或地区的案例，实现了编者凸显公众史学之"国际的、跨地域的和跨学科的本质"的初衷[12]。编者还欣喜地提及在相关的学术出版物中有了"第一份来自中国的公众史学读物"[13]。公众史学本质上的地方性，决定了地方性实践的重要性，"基于本地情境的案例研究一直是公众史学的基础"[14]。可见，上述案例更重要的意义即在于为我国的实践提供借鉴。的确，于我国而言，当下最重要的可能不是理论研究，而是投身实践，并促成理论与实践之间的有效互动。

最后，作为补充，有兴趣的读者还可以参阅《牛津公众史学手册》（*The*

Oxford Handbook of Public History）[15]和《公众史学读本》（*The Public History Reader*）[16] 这两本书。其中后一本书的选题、组织和行文都显示了更强的学理性和更广的理论视野，较适合更具理论倾向的读者。对历史的真正尊重不在于仰望和信奉，而在于参与和理解，达到一种"知情统一"。公众史学引导社会有意识拥抱历史实践，有助于塑造一种"参与式的历史文化"，让历史重新成为生命体验的重要部分，让公众抛却对于历史的距离感和无力感，让历史能够再次指导生活，这也算一种赋权吧。"这会是一个耗时的过程，且需要富有想象力的和富有敏感性的进路"[17]，但有助于让鲜活的历史实践再次充盈我们的干瘪的历史思维，使中国再次成为一个真正拥有历史感的历史大国。

注　释

[1] 保罗·阿什顿：《公众史学、记忆与历史意识》，李娜主编：《公众史学》（第一辑），杭州：浙江大学出版社，2018 年，第 24 页。

[2] 沈辰成、孟钟捷：《多维视角下的公众史学》，李娜主编：《公众史学》（第一辑），第 74 页。

[3] 保罗·阿什顿：《公众史学、记忆与历史意识》，李娜主编：《公众史学》（第一辑），第 24 页。

[4] David Dean, "introduction," in David Dean, ed., *A Companion to Public History*, Hoboken, N. J.: Wiley Blackwell, 2018, p. 7.

[5] 肖宇：《中国考古学史上的公众性事件及其启示》，2015 年 11 月 9 日，www.czmuseum.com/default.php?mod=article&do=detail&tid=14027，2018 年 11 月 24 日。

[6] 李娜：《历史的"公众转向"：中国公众史学建构之探索》，李娜主编：《公众史学》（第一辑），第 88 页。

[7] Hilda Kean, "introduction," in Hilda Kean and Paul Martin, eds., *The Public History Reader*, Abingdon, Oxon.: Routledge, 2013 , p. xv.

[8] David Dean, "introduction," p. 5.

[9] 詹姆斯·加德纳：《信任、风险与公众史学：美国的视角》，李娜主编：《公众史学》（第一辑），第 67—70 页。

[10] 同上，第 63—66 页。

[11] David Dean, "Part VII" .

[12] David Dean, "introduction," p. 6.

[13] Ibid., p. 2. 这里指的是：李娜主编的《公众史学》（第一辑），于 2018 年由浙江大学出版社出版。

[14] 罗伯特·韦恩斯：《国际化与本地化》，李娜主编：《公众史学》（第一辑），第 42 页。

[15] J. B. Gardner and P. Hamilton eds., *The Oxford Handbook of Public History*, New York: Oxford University Press, 2017.

[16] Hilda Kean and Paul Martin, eds., *The Public History Reader*, Abingdon, Oxon.: Routledge, 2013.

[17] Hilda Kean, "introduction," p. xvi.

多文化视角下的公众史学
——第二届全国公众历史会议综述

王婕珊 *

摘要： 2018 年 6 月 8 日至 9 日，第二届全国公众历史会议在杭州召开。来自中国社会科学院、北京大学、浙江大学等科研院所和高校的学者，以及在博物馆、新闻媒体、杂志社、高级中学等机构中从事公众历史实践的馆员、编导、编辑、教师等，共近 60 位嘉宾参加了这次会议。会议由浙江大学公众史学研究中心和浙江大学世界历史研究所主办，旨在加强同行交流，以多文化视角推动公众史学的建设与发展。会议主要分为《公众史学》编辑会议与学术研讨两大板块，围绕"博物馆、遗址、历史保护与公众考古""记忆、媒体与历史传播""口述历史""公众史学与历史教育"等四项专题展开讨论。

关键词： 多文化视角；浙江大学公众史学研究中心；《公众史学》；公众史学

Abstract

Sponsored by the Center for Public History of Zhejiang University and the Institute of World History of Zhejiang University, the Second National Conference on Public History took place from June 8th to 9th, 2018, in Hangzhou. Nearly 60 participants, including public history scholars, educators, and practicing professionals, across China, attended the event. The conference celebrated the

---

* 王婕珊：浙江大学公众史学研究中心。

inaugural issue of *Public History: A National Journal of Public History*, and offers a congenial space for scholarly exchanges on the critical issues in the field of public history from a variety of perspectives. The conference was divided into the editorial meeting of *Public History* and theme-based panel discussions, that included "Museums, Sites, Historical Protection and Public Archaeology," "Memory, Media and Historical Communication," "Oral History," "Public History and History Education."

Key words

multi-cultural perspective, Center for Public History of Zhejiang University, *Public History*, public history

2018 年 6 月 8 日至 9 日，第二届全国公众历史会议在杭州召开。来自中国社会科学院、北京大学、浙江大学等科研院所和高校的学者，以及在博物馆、新闻媒体、杂志社、高级中学等机构中从事公众历史实践的馆员、编导、编辑、教师等，共近 60 位嘉宾参加了这次会议。2013 年，全国首届公共历史会议在苏州举办，在此后的五年间，公众史学得到了不少发展，例如成立了专门的公众史学研究中心——浙江大学公众史学研究中心、宁波大学公众史学研究中心；出版了专业的《公众史学》辑丛。本次会议与首届公共历史会议都旨在研讨"公众史学"的理念、实践与方法，不同之处在于本次会议有关学术概念方面的探讨有所减少，更多的是以多文化视角深入到相关学科的建设层面以及对实践领域空间拓展的反思层面。

会议背景

进入 21 世纪，对史学公众性的敏感与关怀，以及将史学技能融于社会发展之中的现实需要，促使史学的公众化成为一种新的时代潮流。历史的"公众转向"不仅意味着史料范围的进一步拓展，同时也意味着历史观念的更新和史学参与群体的扩大，其新颖之处在于新的理论、新的素材、新的方法与新的呈现方式。[1] 作为一种新的学术增长点，公众史学在中国得到了迅速发展。我们看到，近年来历史知识的载体和传播平台呈现出多元化的趋势，公众对于历史知识的需要也急剧上升，传统史学与相关学科的藩篱开始被打破，历史与公众的距离开始逐渐缩短。历史学者、历史机构的实践者以及传媒界的工作者开始关注公众史学，积极开展跨学科合作，共同拓展这一方兴未艾的新领域。

在这样一种背景下，公众史学的专业辑丛《公众史学》于2018年问世。《公众史学》秉承跨学科、跨文化的理念，认为公众史学是一种突出受众问题、关注点和需求的史学实践，能够促进历史学以多种方式满足现实世界的需求，同时也能够促成史家与公众共同"建构"历史。[2] 这次会议特设《公众史学》辑丛编辑会议这一重要环节，旨在倾听来自不同角度的声音，集思广益，从而为公众史学的建设与成长贡献应有之力。

《公众史学》

本次会议的开幕式由浙江大学公众史学研究中心主任、浙江大学历史学系陈新教授致辞。陈教授表示这届会议是五年前首届全国公共历史会议的延续，强调公众历史是面向大众的历史内容，公众史学是偏向学术研究的内容。他在肯定目前公众历史和公众史学的发展的同时，表达了对两者良性拓展的期望。随后，北京大学历史学系王希教授进行了题为《公共空间里的记忆争夺——反思美国内战纪念碑的争论》的主题演讲。王教授对去年美国弗吉尼亚大学所在地夏洛特维尔的李将军塑像被移除一事，做了精彩的历史梳理，并进行了公众历史意识层面的阐释。

在此之后，《公众史学》编辑会议正式召开。《公众史学》主编、浙江大学历史学系李娜教授介绍了《公众史学》辑丛的出版理念、学术旨趣及现实关怀等，同时就第一辑的具体实践问题进行了详细说明。该丛书第一辑收录了国内外有关公众史学研究的二十余篇文章，较全面地反映了当代公众史学研究的视野、前沿和趋向，对于公众史学的研究和教学都极有助益。

王希教授提出，在现今的国内学术环境下出版《公众史学》，优势在于可供借鉴的东西比较丰富。他认为《公众史学》有三种角色：首先，它是一座桥梁，沟通公众史学实践者和研究者之间的关系，也沟通专业史学家和受众之间的关系；其次，它是一个平台，所有从事公众史学的学者、实践者，都可以将其作为一个进行专业交流的平台（至于何为"专业"的标准，尚需探索）；最后，它也是一个战场，因为有各种不同的思想在这里交锋，所以只有以最广阔的胸怀才能最有效地展现这些思想。王教授结合在美国编辑《中国历史评论》（*The Chinese Historical Review*）的经验，不仅对《公众史学》的角色做出了精准的定位，还提出了十分具有建设性的意见：首先，出版相关丛书时借鉴国外的经验是必要而有用的，但不应成为我国建构公众史学唯一的背景知识。《公众史学》需要努力建立一种专业标准，培育一种专业机制，养成一种专业文化。其次，《公众史学》应当积极发表具有创新意义的文章，甚至只要具备一些闪光点即可。至于以何种语言来写作、以何种形式去研究，以及如何在多元化和专业化之间找到一个平衡点，还需要进一步探索。

中国社会科学院马勇研究员认为，我国的历史学从开始建构到现在，本身就具备民间情怀和公众基础，而我们走到今天这种"庙堂化"的学术境地，可能只是最近二十年的事情。历史学术的科学性和规范化有其合理性，但同时还应综合性地发展、大众化地传递，只有如此，一类丛书才能更好地引领一个学科。马勇研究员强调公众史学研究应当有一种宽广的胸怀，这与王教授提出的多元化主张不谋而合。

同样地，南方科技大学唐际根教授认为，一类丛书可以有原则、有门槛，但要留出一部分空间来表达各种不同的观点，否则很难让大家都参与其中。唐教授还提出《公众史学》辑丛需要关注一些公众历史事件。同时，唐教授还强调需要关注一些小群体和个体的历史，这种关注不仅是书写与理论建设，还应包括努力使其参与其中。

首都师范大学赵亚夫教授另辟蹊径，从学校历史教育角度出发，思考公众史学与学校历史教育的关系，包括教师和青少年学生之间的关系，以及他们能做些什么。赵教授认为，一方面，《公众史学》辑丛应该给中学历史教育留出一定空间；另一方面，公众史学的开展也应当充分利用政府在中学教育方面的相关资助。他还肯定公众史学不论是从学术本身出发，还是从实践部分着手，都有很多途径可以开展建设，未来大有可为。

新历史合作社唐建光主编指出了《公众史学》辑丛需要加强的三个方面。

一是议题的公众化，即选题本身的公众化；二是做丛书的公开化；三是传播的开放性。他建议每一辑都要以某个核心选题把理论和实践结合起来，通过特邀编辑或特邀编委的方式，加强某方面特殊选题的策划，实现一种半开放办辑丛的理念。另外，在传播形式上，可以考虑采用微信公众号以及与媒体合作等方式进行传播，以增强丛书内容的丰富性和传播的即时性。唐先生以丰富的媒体行业经验，对选题策划与公共传播进行了颇具建设性的分析，十分有助于《公众史学》今后的发展。

北京大学赵冬梅教授认为，公众史学是专业历史学研究和公众之间的一种对话，它与不断发展变化的现实环境间的接触碰撞，会扩大历史学自身的范围，能够给历史学带来变革。赵教授从自己的宋史专业出发，认为公众史学的问题意识会促进我们从新的角度对古代史展开研究。她还特别提出，公众史学如果过分强调"学"，可能就会和传统的、作为学术学科的历史学没有什么差别了，因而公众史学领域应当特别注重创新性、包容性与实践性。

第二届全国公众历史会议，杭州市百瑞国际酒店会议室，2018 年 6 月 9 日　图片来源：陈新

最后，华东师范大学孟钟捷教授说道，李娜教授的发言与他很多想法高度契合。公众史学一个很重要的关键词就是"多样化"。多样化有两个层面，一个层面是公众史学作为一种世界范围的运动，本身呈现出一种多样化特色；另一个层面是学术化和实践化的问题，而这又触及三个非常重要的话题——历史产品的制造和反省、国家民族范畴内对公共历史文化的分析，以及社会层面上对历史意识的塑造。此外，孟教授还建议应当考虑将一些优秀文章介绍到国外，并以选拔、组团等方式到欧洲去参加大型历史教育会议和公众历史学会议，让世界听到中国史学界的声音。

除了以上《公众史学》辑丛的编委会成员外，上海师范大学徐善伟教授、温州大学杨祥银教授、上海音像资料馆汪珉研究员等与会嘉宾也针对辑丛的内容与形式、稿件来源与评审、专栏与专题分别提出了自己独到的见解及切实的改进建议。

学术研讨之一：

博物馆、遗址、历史保护与公众考古

《公众史学》辑丛编辑会议结束后，与会嘉宾分组进行学术研讨。研讨会共分为四场，第一场研讨会由唐际根教授主持。首先，中国人民大学家书博物馆的张丁先生汇报了论文《民间家书与公众历史建构》，他指出文章中的民间家书主要是指普通人的家书，这与公众历史的主题人群——社会公众是一致的。他认为公众历史书写需要专业史学家积极参与，他们可以起带头作用，带动越来越多的社会公众参与其中。公众历史作品在完成之后，需要借助媒体传播才能影响更多的公众，形成公众历史的良性循环。在传播的过程中，家书这种原本属于个人的"历史"就被转化成了公众历史。所以，家书是进入公众历史的一个切入点。张先生希望在"大历史"中看到普通人的身影，使"大历史"更加丰满和完整，同时也唤醒社会公众的历史意识。张先生的发言将家书与公众历史紧密结合在一起，从实践经验出发，为公众历史的传播提供了有效的经验。

其次，浙江大学周志永博士与浙江工业大学庞乾奎教授合撰的论文《人、空间与历史：清末民初上海哈同花园的场所感知》，以哈同花园为切入点，以场所精神为落脚处，向我们展示了人、空间与历史的关系。该研究表明，清末民初的哈同花园本是一个私家花园，后来由于种种原因，逐渐转变为一种公众空间。在近代史上，"空间"有着纷繁复杂的变化过程，哈同花园在由"私"到"公"的转折方面具有极强的代表性。首都师范大学王涛教授从公众考古学角度出发，以案例形式汇报了论文《考古：走进社区，融入生活——社区考古的三个案例》，强调考古队需要有公众考古的活动，让本地社区和公众参与到考古学的过程中来。

最后，来自全国各地的史学专家及公众历史相关领域的学者嘉宾，对这些会议论文提出了自己的问题与看法，比如史料的处理问题、公众史学的实践方式等等。有关博物馆、遗址、考古如何更好地与公众历史相结合，如何作为桥梁让公众积极融入公众史学等问题都值得我们深入思考。

学术研讨之二：

记忆、媒体与历史传播

在第二场研讨会上，既有关注国内本土文化的讨论，也有从国际大视角下开展的研究，涌现出了更多与公众史学息息相关的关键词，例如记忆、跨文化传播、历史建筑等。在唐建光主编做开场引导后，多位学者与媒体人进行了精彩的汇报。"澎湃新闻·私家历史"的于淑娟女士说道，他们的定位是向公众传达有学术趣味的历史观和历史知识，因而希望得到学界的支持。在新媒体快速发展的时代潮流中，像"澎湃新闻·私家历史"这样看重口碑而不过于看重阅读量的媒体，实在难能可贵。中国政法大学传播学专业的滕乐老师汇报了论文《从跨文化传播的视角浅析〈万历十五年〉的公共史学意义》。《万历十五年》作为近年来的畅销书之一，曾引起很大争议。滕乐老师从黄仁宇本人开始分析，结合相关历史背景，探讨如何讲好"中国故事"。她认为从传播的角度而言，公众史学需要一定的通俗化，符合主流意识形态。这是颇具前瞻性的一种探索。

周新民教授本是江苏科技大学的船舶工程师，但他对"城市记忆"情有独钟。他提出，作为一位老年人，如果知道某些历史线索，那么就应当将其传承下去。如果只是被以讹传讹的所谓"史实"所左右，不去考据事实真相，不向社会披露，那么今后就很少有人有兴趣和机会去关注这些历史线索，而这些历史线索也将会永远湮没在历史长河中。这是对历史的不负责任。因而，公众历史研究需要更多知情人的参与，特别是那些高龄知情者的参与，抢救历史刻不容缓。周老先生的参会文章《优秀历史建筑：究竟是"海军司令部"还是"海军上海医院"？》，体现出他敢于质疑权威、追求历史真相的可贵精神。同济大学建筑与城市规划专业的于云龙博士的有关乡村"建造"与集体记忆的研究，让我们知道对乡村历史记忆的保护不应局限于列入遗产名录里的传统村落，而是应当扩大其范围，努力保存与保护那些留在乡村"建造"中的集体记忆。

除上述几位发言人外，其他与会嘉宾的论述也很精彩，他们讨论到应重视"记忆之场"在公共历史教育中的作用，强调"体验式"与"进入式"，比如通过城市的街道、过去的建筑等等唤醒人们的历史记忆，而这种与生活紧密相关的历史也正是需要我们关注与挖掘的。综上所述，这场研讨会汇聚了传播学、建筑学等非历史专业出身的学者，就像我们整场会议理念的一个缩影——以一种多元化的视角、跨学科的合作，体现出公众史学自下而上、共享话语权的宽广胸怀。

学术研讨之三：

口述历史

第三场研讨会上，在主持人杨祥银教授的引导下，与会嘉宾围绕"口述历史"主题，一一展开汇报与讨论。由武汉大学王萌副教授带领的本科生团队首先汇报了论文《水云间：三峡考古工作者的口述史》。该团队以三峡考古工程中的考古工作者为研究对象，充分运用口述史的研究方法，致力于揭示三峡考古工程背后的"故事"。宁波大学钱茂伟教授以"记忆""口述""文本"为关键词，着重论述了当代公众历史知识的生产，尤其强调个人记忆研究的重要性。

　　与会嘉宾针对口述史的问题设置、文本的可读性等提出建议，并指出在口述史从"记忆"到"文本"转换过程中可能存在的相关问题。口述史是公众史学的一个重要组成部分，公众史学不应局限于口述采访得来的记忆文本，而是应该将这种口述历史传播开来，让更多的人看到和知道，从而真正地影响公众。

学术研讨之四：

公众史学与历史教育

　　第四场题为"公众史学与历史教育"的研讨会由赵亚夫教授主持。东北师范大学研究生刘洋的《美国高校"公众史学"研究生课程的创建与发展（1972—1986）》一文，借鉴了美国高校"公众史学"研究生课程的经验，尝试对中国"公众史学"课程的建设与发展提出几点建议：注意培养公众史学的专业教师、注意地域性和跨学科性等等。陕西师范大学徐赐成副教授在《国际理解：历史教育的重要任务》一文中，指出国际理解教育是历史教育的重要任务，国际理解教育基于具体的历史教学内容，在历史知识的理解中沟通过去、现在与未来，从而准确理解中国和世界的发展。南京外国语学校仙林分校李毅老师的《中学生课余生活指导的实践与思考：历史学科的视角》一文，关注国内中学生的历史教育，他认为中学历史教师应当参照公共历史教育理念，从博物馆教育、个人和家庭历史访谈以及国际理解教育三个角度出发，探索指导学生课余生活的新方式，提高学生的综合素质。

　　上述三篇论文都具有较强的实践性特征，反映出我们对"公众史学"课程的创建有了较为深入的反思，也反映出我们对历史教育与学科发展有了更为普遍的重视。学科建设与历史教育是公众史学发展的一个重要基础，因而不论是在中学教育还是高等教育中，公众史学都不应缺席，而是应在借鉴国外经验和探索自我道路中得到健康发展。

以上四场主题研讨会，以十五篇会议论文为中心，依次展开热烈讨论。与会嘉宾以此为契机，进一步交流公众历史可能的发展方向、传播形式。研讨会结束后，与会来宾共同观摩了由上海音像资料馆工作人员带来的《寻找饶家驹》《印溪之桥》及杭州默片剪辑等作品。与会嘉宾强调，视觉资料可以有效弥补文本资料、音频资料的缺陷，在传播公众史学意识方面可以发挥重要功能，在公众史学领域中具有不容忽视的重要地位。

结　语

在整场会议中，参会者的发言内容深入浅出，精彩纷呈，充分展现出公众史学理论探索者、实践者的密切互动。与五年前的首届全国公共历史学术研讨会相比，这次会议更多地关注相关学科建设以及对实践领域空间拓展的反思。无论是在记忆研究、地域感知，还是在历史书写角度上，基本上都落脚在公众史学的传播与拓展方面。很多与会嘉宾都提出了公众史学如何超越职业历史学框架、如何培养和激发公众的历史意识、如何倡导和吸引公众参与等问题。

多文化视角下的公众史学，具有高度的包容性和可建设性，而如何更好地服务公众，提供何种公众能够参与的平台，将是未来公众历史建设的努力方向和发展趋势。推动公众史学在中国的传播，探索公众参与历史知识生产与传播的新途径，既是浙江大学公众史学研究中心创立的初衷，也是其今后不懈努力的方向。

注　释

[1] 李娜：《历史的"公众转向"：中国公众史学建构之探索》，李娜主编：《公众史学》（第一辑），
　　杭州：浙江大学出版社，2018年，第88—89页。
[2] 李娜主编：《公众史学》（第一辑），前言。

共建共享生态家园
——清华大学人文学院"绿色世界公众史学研究中心"成立大会综述

梅雪芹　陈林博　颜蕾 *

摘要： 2018年10月20日，清华大学人文学院举办了"绿色世界公众史学研究中心"成立大会暨第一届"环境保护与公共历史"论坛。论坛紧扣"绿色，生命和谐的象征；公众，环保护生的主力；史学，求真向善的阶梯"这一宗旨，来自史学界、生态学界、环境教育界和环保实践领域的专家学者100余人济济一堂，畅谈环保、可持续发展和生态文明建设事业。

关键词： 绿色世界；公众史学；环境保护；绿色公民；口述史

Abstract

On October 20, 2018, the school of Humanities of Tsinghua University held the inaugural meeting of "Center for Green Public History ," and the first forum on "Environmental Protection and Public History." The forum was closely linked to the theme of "green, the modern symbol of life harmony; public, the main force of environmental protection; history, the ladder for seeking truth and goodness." More than 100 experts and scholars from the fields of history, ecology, environmental education and environmental protection practice, gathered together to talk about

---

* 梅雪芹：清华大学历史系教授。

陈林博：清华大学历史系世界史博士后流动站博士后研究人员。

颜蕾：清华大学历史系世界史专业博士研究生。

environmental protection, sustainable development, and ecological civilization construction.

Key words

Green World, pubic history, environmental protection, green citizen, oral history

2018 年 10 月 19 日至 21 日，在清华大学近春园第三会议室，由清华大学人文学院主办、历史系协办的"绿色世界公众史学研究中心"（Center for Green Public History，以下简称"绿史中心"）成立大会暨第一届"环境保护与公共历史"论坛隆重举行。来自国内外高校、科研院所、环境教育界、环保实践等领域的专家、学者、企业家以及部分研究生共 100 余人与会，见证"绿史中心"的成立，畅谈环保、可持续发展和生态文明建设事业。

"绿史中心"的成立及工作规划简介

10 月 20 日 10 时许，"绿史中心"正式揭牌。"绿史中心"由清华大学历史系梅雪芹教授联合马来西亚 TGV 绿色事业公司（The Green Venture）执行董事、马来西亚华商杰出代表拿督钟岩般，以及马来西亚《环环相扣》生态文明传播中心总监李达华博士共同发起，TGV 绿色事业公司全额资助 300 万元人民币成立，是一个沟通环保学术研究与社会行动的平台。为此，"绿史中心"将联合清华大学生态文明研究中心、中国人民大学生态史研究中心、北京大学世界环境史研究中心、北京师范大学环境史研究中心、南开大学中国生态环境史研究中心、陕西师范大学西北历史环境与经济社会发展研究院、浙江大学公众史学研究中心、云南大学西南环境史研究所、温州大学口述历史研究所等单位，共同致力于探索在高校如何开展与环保和生态文明建设相关的公众史学科建设，寻求在公共领域如何传播和践行环保与生态文明理念的途径。

针对具体的科学研究和社会服务需要，"绿史中心"拟邀请来自国内外高等院校、科研院所、相关企事业单位以及环保民间组织的专业人士组成专家团队，联合开展各项工作。具体研究和工作规划如下：

（一）设立"绿色世界公众史学"博士后项目，在全球范围内招聘博士后研究人员，从事与环保和生态文明建设相关的公共历史研究。现拟定的研究方向和主题包括：山水林田湖草与生命共同体意识变迁研究；企业的社会与环境责任研究；公民的环保和生态文明行为研究；政府环保机构历史研究；国家环保立法历史研究；环保和生态文明建设口述历史研究。

（二）开设"绿色世界公共历史"暑期班和读书会活动。"绿史中心"将整合校内外和国内外资源，长期开设"绿色世界公共历史"暑期班和读书会，面向全校学生和社会公众，学习和交流与环境保护、生态保育以及生态文明建设相关的理论知识和实践案例。

（三）举办"环境保护与公共历史论坛"和"绿色世界国际高峰论坛"。以"绿史中心"的专家团队为依托，面向学界和公众定期举办"环境保护与公共历史论坛""绿色世界国际高峰论坛"，就环保和生态文明建设的理论和实践问题展开研讨和交流，以推动相关成果的转化、推广。

（四）建设"绿色世界人才培养实践基地"。"绿史中心"拟在国内外选择若干地区和部门，作为绿色世界人才培养实践基地，实地考察并进一步具体探讨政府、企业、社会组织和公民个人的环保和生态文明行为。

史学畅谈：历史学者的现实关怀

10 月 20 日下午和 21 日上午，"绿史中心"适时举办了第一届"环境保护与公共历史"论坛。绿色公众史学需要宏阔的历史视野，运用历史学"以史为鉴"的功能，关注现实问题，为当代生态危机和环境保护提供历史借鉴。因此，史学畅谈，成了本次论坛的亮点。

中国人民大学海外高层次文教专家唐纳德·沃斯特教授（Donald Worster）做了《为什么需要绿色历史》的主题发言，深刻阐释了开展绿色历史（Green History）研究的重要性。他指出，人类所有的文化传统都源自于与自然的碰撞，这些传统仍有力地影响着人类对待彼此与自然的方式；而人类又存在于一个有着自然限度的世界之中，因此我们需要批判性地思考无极限的经济增长思想，更好地了解地球上与人类息息相关的土地。在此基础上，沃斯特教授谈及对绿色历史研究的要求。首先，要将研究范围放在整个世界，必须秉持客观性，重

视环境危机的根源，创立一种新的行星史；其次，要尊重自然科学，力求使其
为历史学者研究过去提供知识与理论；最后，要在时间的更深处进行思考，甚
至要回到人类物种的起源，甚至是地球的起源。

清华大学梅雪芹教授的主题发言进一步对"绿色公众史学"进行了界定
与阐发。她认为，"绿色公众史学"是以人与自然互动关系的变化为主线，对
各个时期人类关注环境、呵护自然、参加环保的思想观念、政策法规和行为实
践的研究。而这一研究的主旨是为培养环境保护、可持续发展和生态文明建设
所需要的人才提供必要的、可行的服务。她还借用环境史著作详细阐释了自然
的巨大力量以及人类和自然须臾不可分离的关系。在此基础上，她提出"绿色
公民"概念，认为关注生态环境、节约能源资源、践行绿色消费、选择低碳出
行、分类投放垃圾、减少污染产生、呵护自然生态、参加环保实践、参与监督
举报、共建美丽中国的人，即是绿色公民。

浙江大学陈新教授的主题发言梳理了公众史学的发展历程，认为它对绿色
公众史学的发展具有重要的借鉴意义。他说，自 20 世纪六七十年代以来，职
业历史学家和公众读者的界限越发模糊，为了将公众的反响、诉求、兴趣迅速
反馈到职业史家的研究中，公众史学应运而生。随着互联网时代的到来，公众
史学也进入一个新的发展阶段；电子信息媒介加快了信息处理的节奏，历史产
品呈现出大规模互动的形态。通过公共信息平台，大众和职业历史学家进行广
泛互动，公众参与的特征越发显著。总体而言，历史学正在转向公众学；而环
境史本身就是一个与公众密切相关的历史分支学科。因此，需要借助公共史学
的理论和方法，促进环境史和公众史的融合，推动绿色公众史学的发展。

温州大学杨祥银教授以环境口述史为题，深入浅出地论述了环境史与口
述史结合的相关理论。口述史是兼具学术研究价值和公共历史价值的学科；而
环境口述史是有关环境的历史、现实、变迁与知识的口述历史研究。环境口述
史研究具有重要意义：在呈现环境历史与环境变迁的基础上，能够反思环境变
迁主体感知，挑战精英与主流环境话语，促进环境正义运动，提升公众环保意
识，并为环境决策提供参考。

中国科学院大学曹志红副教授以动物与人类的关系为例，论述了公众史学
研究框架中动物历史的书写问题。她不仅详细介绍了自然科学研究视域下、地

球进化史领域下以及人类史视域下动物历史书写的异同，而且还以具体的动物为例论证了动物与人类的方方面面所产生的联系。最后，她阐述了公共史学视域下动物历史书写的意义，呼吁公众关注地球上越来越多的动物消失或灭绝的问题，并认为绿色公众史学恰好能将有关的历史知识传播给公众，激发其关爱自然之心。

此外，北京师范大学的李志英教授以中国近代城市环境问题和市政学兴起为切入点，从实证研究角度阐释了城市环境问题如何引起社会公众的广泛关注，由此形成具有中国特色的市政学并影响到今日的城市环境治理。首都师范大学的施诚教授特别谈及近代早期世界的环境变迁，指出西方殖民活动造成的生态破坏和环境污染问题。

上述史学畅想，较为清晰地体现了绿色公众史学的主旨。绿色公众史学需要宏阔的历史视野，将研究时段推至人类的起源，甚至地球的起源，将研究范围放在整个世界；绿色公众史学也需要强烈的现实关怀，职业历史学家需要转变观念和角色定位，将历史研究与现实生活紧密结合，历史学者要站在社会公众的整体利益上研究历史问题，以史为鉴，为当下的生态文明建设提出建设性意见。

科学探究：科学家的环境教育工作

"绿色公众史学"的发展需要借助自然科学的力量。为此，此次论坛也请来了很多来自科学界的学者，与他们交流用自然科学的方法解读生态文化并开展环境教育的经验。中国工程院院士、清华大学环境学院的钱易教授多年来一直关注大学生的环境教育问题。在主题演讲中，她回顾了清华大学本科生环境教育的历程，阐释了清华大学建设绿色大学的由来，指出了是在多方力量的支持下清华大学"建设绿色大学"的计划才得以实现。她还结合自己多年的教学经验，包括参与开设的"环境学概论""环境保护与可持续发展""生态文明十五讲"三门公共课，分享了清华大学绿色教育的成果，讲述了大学生环境教育的必要性和重要性，同时指出了环境教育目前存在的问题和不足。最后，她基于自己从事环境教育工作的心得，希望未来能有更多机会与其他高校合作交流，共同推动大学生环境教育的发展。

北京师范大学环境学院的董世魁教授在主题发言中结合草原文化和生态文明概念，论证了草原文化的生态文明特征。他认为，草原文化是草原民族创造、发展并传承的主体文化，是一种尊重自然、崇尚自然的生态文化。生态思想是草原文化的精髓，游牧的生产和生活方式是遵循自然规律而进行的周期性、循环性的科学运动。它将人—畜—草的关系转化为动态平衡的关系，使三者在变动状态中追求草原生态系统的整体效应，从而实现草原经济社会的可持续发展。

中国林业科学院的樊宝敏研究员梳理了中国林业思想传播的历史发展脉络，包括先秦时期森林崇拜和保护思想，秦汉魏晋南北朝隋唐时期森林培育和利用思想，宋辽金元明清时期森林经济和社会思想，近代时期森林科技和培育思想，现代时期森林生态与多效用思想。他认为，对中国林业思想史的探讨，有助于增加林业史知识，坚定生态文化自信；传承和发展历史上林业思想中先进的部分，为当代生态文明和林业建设服务。

河北环境工程学院的王延伟博士分享了动物伦理学视野下人与动物关系的相关研究。他认为，人类对动物的态度和信仰是文化建构的；人与动物共生的范式是人类文明发展的必然趋势；应从绿色公众史学的角度研究人类社会不同发展时期对待动物的态度、行为和规范的异同。他还介绍了一些切实可行的保护动物的方法，如保护或改善动物的生存环境，提倡有利于动物保护的生活方式，加强动物保护史和动物伦理意识教育和研究。

很显然，教育模式的探索与自然科学的拓展也是绿色公众史学的重要组成部分。一方面，绿色公众史学关注的问题需要通过环境教育传播给大众；另一方面，环境教育也需要借用环保发展的历史来推动人们形成正确的生态意识、良好的生态道德观以及生态审美能力。此外，绿色公众史学也需要自然科学的支持，借鉴自然科学的理论和方法来分析历史上的环境问题，这样才能做好跨学科研究，实现绿色公众史学研究的目标。

社会行动：环保人士的身体力行

　　前已述及，"绿史中心"是一个沟通环保学术研究与社会行动的平台。通过这个平台，绿色公众史学将密切关注环保活动，并试图为环保活动的健康、顺利展开提供历史智慧。在社会行动方面，马来西亚《环环相扣》生态文明传播中心总监李达华博士率先垂范，以环境教育宣讲和环保歌曲创作等多种方式，在马来西亚和中国竭力推广环保教育并进行生态文明传播工作。这一次他应邀参加本论坛，并基于自己的环保公益实践做主题发言。他还认为，绿色公众史学的推进，可以将中国和马来西亚的环保事业紧密地联系在一起；同时强调深入挖掘和反思历史上典型的环境保护和污染事件，将对当前和未来的环保事业大有裨益。

　　中国科学院老科学家科普演讲团的周又红老师以《衣食住行中的公民环保行动》为题，从日常生活的点点滴滴宣传环境保护。譬如，建筑物可以采用双层中空填充惰性气体、有金属镀膜的玻璃，以减少冬天的采暖消耗；每周少开一天车，减少汽车尾气的排放，装修废旧材料的再利用以及垃圾分类回收等。这些案例与人们的生活息息相关。她认为一个环保的小举动也是保护环境的大事件。最后，她呼吁大家从小事做起，为建设美丽家园行动起来。

　　清华土木水利学院学生柳济琛及其团队，借用新型互联网媒体研发了"光盘打卡 App"；通过手机拍摄每餐结束后的餐具图片，使用云端服务器中的 AI 算法（"小光"），对用户上传的图像数据进行分类识别，并对光盘用户予以积分和兑换企业提供的产品和服务等奖励，以此督促人们养成节约粮食、杜绝浪费的习惯。这体现了当代大学生的社会担当和责任感。

　　这次论坛还迎来了一群特殊的客人——远道而来的马来西亚中小学教师代表团，他们也分享了面向中小学生进行环保教育的种种心得体会。其中，马来西亚森美兰芙蓉新华国民型华文小学的曹作英校长谈到了教师应如何借鉴环境历史大数据唤醒学生的环保意识的问题。马来西亚高表现学校槟城协和国民型华文小学的罗月清校长以《环境有爱希望无处不在——谈爱心校园与环保》为题，讲述如何将环保理念融入中小学教育体系。马六甲圣母国民型中学的吴美兰老师主要关注学校内部的环保问题，介绍了她所在中学如何开展垃圾分类实践。武吉丁宜（Bukit Tinggi）有机农场的卢玉芳老师则致力于"让世世代代吃到安心菜，让教育做进家家户户"，在华文小学积极推广绿色环保教育和保土醒觉运动。

企业绿化：绿色企业的环保行为

如上所示，"绿史中心"的创办，有赖于马来西亚 TGV 绿色事业公司的大力资助。TGV 全名 The Green Venture Corporate Limited，是一个提供檀香种植管理服务的专业平台，2011 年成立至今，始终专注于檀香产业价值，尤其是其生态环保价值的挖掘，构建了一个可持续发展的闭环式檀香产业链。多年来，TGV 在檀香种植产业领域积累了丰富的知识、技术与经验，截至 2018 年 6 月，已开发建设了七大印度白檀种植园，种植面积达 3000 余亩，种植规模达 23 万余棵。

在此次论坛上，TGV 执行董事拿督钟岩般反复谈及环境史如何帮助他认识了人与自然和谐共处的重要性。他指出，历史给出了一面镜子，用它能够帮助我们找到与自然和平相处的出路；而绿色公众历史的书写，可以更好地为环保事业的推进提供强大的智力支持。他结合自己的亲身经历，动情地回忆了小时候与父亲共同种树的情景是如何深深地影响了他后来积极投身于植树与环保事业的。他还强调了企业文化对企业发展的重要性，TGV 秉承着"走绿色产业之路"的理念才有今天的成绩；不仅如此，TGV 的企业文化也让整个公司更有社会担当，他承诺未来 TGV 将会不遗余力地支持环保活动。

值得提及的是，一位成功的企业家谷芳彤女士分享了她从事绿色环保事业的经历与感悟。她早年历经商海沉浮，摸爬滚打三十余载，现功名利禄融于一身，但当看到日益恶化的自然环境时，便对城市的污染深恶痛绝，于是想到自己作为"地球村"的一员，应该为恢复碧水蓝天、绿水青山做出一份贡献，并愿意把这项环保事业作为余生奋斗的目标。她还表示要以身作则，感召周围有共同意愿的企业界有志之士，广种绿树，还地球一片净土，给子孙后代留下一片绿水青山，共同为环保事业添砖加瓦。

　　本次论坛是学者、环保人士、绿色企业家的一次大联欢。除了上述方面的宣讲外，与会嘉宾还就"绿色公众史学与新媒体""环保立法与环保机构研究""绿色文化与生态伦理""《公民生态环境行为规范（试行）》的条款设计与修改建议"等主题进行了广泛而深入的讨论与交流。而在 21 日上午的交流环节，中国人民大学历史学院侯深副教授即兴发言，对作为学者的学术责任以及作为公民的社会责任做了特别强调，这不啻是对"绿史中心"创办和绿色公众史学开展之意义的精准诠释。最后，清华大学历史系梅雪芹教授做总结陈词，呼吁大家走出书斋，亲抚大地，与公众携手，共建、共享绿色世界。

　　总之，绿色公众史学的繁荣发展既离不开历史学者对自然的谦恭与尊重，也需要社会各界人士身体力行地支持环保事业。而绿色公众史学作为研究视野宽、研究范围广、传播影响力强的公众史学，可以帮助公众日益将绿色发展理念融入日常生活，形成绿色生活方式。未来，绿色公众史学会逐步发展壮大，每一个人都可以做自己的绿色史学家，为共建、共享绿色世界贡献一份力量。

清华大学人文学院绿色世界公众史学研究中心成立大会（部分与会人员），2018 年 10 月 20 日，清华大学近春园第一会议室　图片来源：赵梦玉

图书在版编目（CIP）数据

公众史学 . 第三辑 / 李娜主编 . —杭州：浙江大
学出版社，2020.4
ISBN 978-7-308-20062-2

I.①公⋯ Ⅱ.①李⋯ Ⅲ.①史学—文集 Ⅳ.
① K03–53

中国版本图书馆 CIP 数据核字（2020）第 036016 号

公众史学　第三辑

李娜　主编

责任编辑	王志毅
文字编辑	焦巾原
责任校对	王　军　牟杨茜
装帧设计	周伟伟
出版发行	浙江大学出版社
	（杭州天目山路 148 号　邮政编码 310007）
	（网址：http://www.zjupress.com）
制　　作	北京大有艺彩图文设计有限公司
印　　刷	浙江印刷集团有限公司
开　　本	710mm×1000mm　1/16
印　　张	16
字　　数	252 千
版 印 次	2020 年 4 月第 1 版　2020 年 4 月第 1 次印刷
书　　号	ISBN 978-7-308-20062-2
定　　价	72.00 元

《公众史学》征稿启事

　　《公众史学》是公众史学的专业读物。本系列文集秉承跨学科、跨文化的理念，反映公众史学的定义与实践之多元性和多样性，欢迎来自中国和其他国家及地区的投稿。

　　《公众史学》认为公众史学是突出受众的问题、关注点和需求的史学实践；它促进历史学以多种或多元方式满足现实世界的需求；促成史家与公众共同将"过去"建构为历史。我们收录关于公众史学的理论、实践、方法与教学的文章，内容包括博物馆与历史遗址解读与管理、公众记忆研究、公众史学教育、文化资源管理（历史保护）、档案管理、口述历史、地方历史、家族史、历史写作、公众参与、数字公众史学、史学多元受众分析等主要领域。我们设有理论探索、学术述评、实地研究、专题讨论、评论（包括公众史学新书、博物馆展览、影视作品、数字历史项目等）、动态与前沿、读者来信／综述／札记等专栏。

　　我们欢迎对公众史学的理论、方法、实践与教学做出不同贡献的原创性研究，侧重文献考证与实地考察结合的反思性文章，介绍正在进行中的公众史学项目与研究的工作坊性质文章，以及公众史学异域成果的译介作品。

　　我们鼓励体现出对史学公众性之敏感与关怀的札记类短文、读者来信，以实现公众史学的研究者、实践者和教育者与公众之间的交流；倡导平实易懂、流畅亲切的语言风格。

　　我们遵循中立、严谨的学术准则与伦理道德规范，实行双向匿名专家审稿制度。所投稿件须系作者独立研究完成之作品，充分尊重他人知识产权；文中引文、注释和其他资料，应逐一核对原文，确保准确无误，并应实事求是地注明转引出处。所投稿件，应确保未一稿两投或多投，包括局部改动后投寄给其他出版机构，且稿件主要观点或基本内容不得先在其他公开或内部出版物（包括期刊、报纸、专著、论文集、学术网站等）上发表。引文注释规定参见《历史研究》规范。来稿请注明作者姓名、职称、工作单位、联系电话、电子邮箱、通信地址及邮政编码等基本信息。

联系我们

编辑部：浙江大学公众史学研究中心

通信地址：浙江省杭州市天目山路 148 号浙江大学西溪校区历史学系西四
教学楼 257 室

邮政编码：310028

电话：86-571-88273301

电子邮箱：linalarp@163.com, linalarp@zju.edu.cn.

海外编辑室

通信地址：7032 N. Mariposa Ln., Dublin, California, 94568, USA

电话：+1-925-361-2087

电子邮箱：linalarp@gmail.com

合作出版物

The Public Historian（美国公众史学委员会《公众史学家》）

Public History Review（澳大利亚悉尼科技大学公众史学中心《公众史学评论》）

合作机构

National Council on Public History, NCPH（美国公众史学委员会）

International Federation for Public History, IFPH-FIHP（国际公众史学联盟）